威廉·弗卢塞尔作品

Lob der Oberflächlichkeit
Für eine Phänomenologie der Medien

表象的礼赞

媒介现象学

[巴西]威廉·弗卢塞尔/著　　[德]斯特凡·博尔曼/编
周海宁　许凌波　周　轩/译

复旦大学出版社

序言　弗卢塞尔的数字启蒙

启蒙之问

启蒙之问题关涉欧洲的现代性进程。或者说，欧洲的现代性是基于人类的理性并通过启蒙而得以完成的。所有面向未来的答案都可以从过往中找寻。文艺复兴之后，启蒙作为一项工程，其目的是解构神话，通过所谓"知识"这一工具颠覆空想，尝试将世界去魔术化并将其从魔术之中解救出来。这一概念在18世纪的欧洲启蒙中达到顶峰。启蒙的目的在于努力通过理性，将人类从被传统与偏见支配的状况中解放出来。启蒙以人类理性作为基础，发源于所有人的合意或真理的到达等共同点被发现的这一假设之中。然而，法兰克福学派（Frankfurter Schule）的创始者霍克海默（Max Horkheimer）与阿多诺（Theodor Wiesengrund Adorno）在著作《启蒙辩证法》（1947）中对启蒙的副作用进行了强烈的批判。第二代法兰克福学派的中坚人物尤尔根·哈贝马斯（Jürgen Habermas）继承并发展了康德哲学，致力于重建启蒙传统，视现代性为"尚未完成之工程"（一个未完成的方案）。这实际上也是从传播（交流）理性（communicative rationality）的视角对理性现代性的启蒙副作用进行有力的批判。启蒙的副作用实际上在于，受到反启蒙的人类优越性的支配作用的影响，被完全启蒙的地球已沦为灾难的牺牲品，并且启蒙已经变质为一种欺瞒大众的工具。

虽然弗卢塞尔对启蒙副作用的意义完全熟知，他却在符号（code）的革命时代再次探讨了启蒙的兴起。弗卢塞尔在他最后的著作《书写有未来吗？》(*Die Schrift: Hat Schreiben Zukunft?*，1987)一书中指出，就像在历史时代之初字母文字对（传统）图像进行的抗争，如今的数字符号也正是为了超越字母文字进而作出反抗。如果说在历史时代，以字母文字为基础的思考（意识）是对前历史时代以图像为基础的魔术意识的挑战，20世纪末以数字符号为基础的思考则是对以数字-字母符号为基础生成的结构性、系统分析性、整体性思考方式所对应的过程性、发展性意识形态的对抗。弗卢塞尔指出，虽然数字-字母作为启蒙的符号是在文字被发明以后，经由文字文本到启蒙的成功，历经近3000年的岁月。但是，可以预见的是，数字符号在21世纪引发的新启蒙，从开始到成功仅仅需要几十年的时间就足够了。在20世纪后半期，当"启蒙"这一概念在西方的学术土壤中呈现出其副作用效果之时，弗卢塞尔再次提及它。那么，对于弗卢塞尔而言，他的这一"启蒙"是什么？他口中的"启蒙"隐含的特殊的理论战略又是什么？这些都是能够被推测出来的。基于新的启蒙，即数字符号的启蒙对于弗卢塞尔而言是什么，并且它是如何发挥功能的这个问题，我试图探寻它的答案。换句话说，我思考的问题有以下几个：字母符号的启蒙是如何历经近3000年的岁月并不断对传统图像进行反抗的；在20世纪末21世纪初，数字符号如何超越了基于字母的文字文本世界并实现其启蒙的过程；弗卢塞尔的"远程信息社会论"战略如何通过数字符号的相互交换而得以实现；以及替代性世界的数字虚拟及其启蒙的完成是如何在没有原本的（original）情况下实现的。

数字-字母符号的启蒙

弗卢塞尔在其著作《传播学：历史、理论与哲学》(*Kommunikologie*，1996)中阐释了以象征系统的符号为基础的人类文化史及传播哲学。人类为了与其他生命体相区别（差别化），主要进行了三次质的飞跃。同时，在这三次质的飞跃过程中，人类分别使用了三种不同的符号作为传播的手段（工具）。这三种不同的符号分别为前历史时代的图像（传统图像）、历史时代的文本和后历史（后文字）时代的技术符号（Technocode）——技术图像（新的图像）。

在人类初次飞跃的阶段，即前历史时代，诞生的符号是传统图像。作为主体的人类通过对客体进行观照，从而产生了与周边世界（环境）的缝隙。在人类力图弥合这一缝隙的时候，传统图像诞生了。总体而言，图像是由象征覆盖的平面，是在想象的帮助下移动物体的四维关系，并通过将其缩小成二维关系而形成平面。想象可以被视为将四维的时空关系缩小为二维（平面）关系的能力，以及能够将缩小的二维关系再次转换成四维关系（对图像进行解读）的能力。这种图像（的生成）是一种信息的同时化（同时性），对这一图像的解读则是一种信息的历时化（历时性）。前历史时代的图像表现出的事物之间的关系是神与灵魂的绝对的、永恒的、不朽的关系。换句话说，这种关系是基于时间循环的魔术意识所规定的关系。图像中的时间是一种循环时间，图像内的那些要素是正当的、崇高的且占据着正确的位置（上、下、左、右等），并且要素之间固守着一种不变性。然而，实际的人类世界是可变的，而且人就只能位于可变世界的现象之中，所以人生意味着移动（变动而非不变的）。由于这种移动是对正确场所的脱离和对规则的违背，所以它往往伴随着报复——人生便暴露于这种报复中。因此，人生充斥着畏惧，图像继而成为人们祈祷的对象。此时，人类就被所谓的"偶像崇拜"的集体疯狂笼罩了，即沉溺于幻象之中。为了能够从这种集体疯狂所笼罩的地狱般的氛围中逃脱，人类发明了线性文本，并成为人生的救赎。因此，文字文本发挥着救赎人类的启蒙作用，即具有粉碎神话的功能。具体而言，文字文本是将图像的要素一一粉碎，并将其排列成行，然后再按照时间顺序将人类的故事自由地书写成文本，进而将人类从地狱般的氛围中救赎出来。如此，文字文本发挥了启蒙的作用。

人类的第二次飞跃指从图像到文本的飞跃。这一飞跃源于从危险的幻象的疯狂中寻求新的意义。进入一维的线性文本时代后，人类开始使用文字媒介对世界进行观照和想象。在这一阶段，人类利用文字媒介分析概念并创造故事。基于此，人类进入历史时代，而且人类在这一过程中从想象的关系进入了概念性的关系。同时，这也意味着人类意识的变革，即构想替代了想象，历史意识超越了魔术意识。如果说传统图像承载着神话和魔术的意义，文字文本则通过强调基于理性的启蒙历史（故事）的书写推动了"发展"的意识形态（现代性）的生成与发展。在公元前1500年左右的地中海东岸，商人们为了记录商品的目录、船舶的载货目录、结款清单、货物的数量和重量而发明了数字-字母。在公元前800年左右，以《旧约·圣经》和荷马叙事诗的出现为契机，数字-字母在神学、哲学、文化等领域被用于手记文本。然而，此时字母符号的使用者仅局限于极少数的精英者，他们站立于依旧生活在传统图像的魔术性意识下的民众之中，即大多数文盲的沉默与愚钝之前，并展开启蒙。在公元1455年，古腾堡发明的活字印刷推动了平民的去文盲化进程。于是，这些人被吸收进历史之中。因此，字母符号的启蒙历时近3000年。然而，从15世纪古腾堡发明活字印刷到19世纪末为止，达到高潮的线性符号的动力导致了以理性为中心的科学语言和抽象概念的大泛滥，文字文本就犹如过去的传统图像一样，成了幻想性的存在。这种幻想性的存在可以被称为使人类囿于无法渗透的书籍之墙壁中的疯狂，并成为人类传播的一种障碍。这种文本的不透明性成为预告历史意识没落的征候，但它也成为新图像媒介诞生的契机，即推动了技术图像从文本中超脱而出。

人类的第三次质的飞跃始于后文字时代（1900年之后）。在这一时期，人类从文本的世界中跳跃而出，并跃入赋予了新意义的"技术图像"这一新的平面符号的世界中，因为人类在线性符号中形成的"发展"这一历史意识中体悟到了无意义感。在后文字时代，线性符号（文本）在照片、电影、电视、视频、电脑动画等装置（apparat）的加持下崩溃了，并再次汇集成零维的点的要素。然而，这种新生成的平面并非对场景的摹写，而是源于文本的程序。换句话说，这种新生成的平面发生于历史转换为程序的瞬间。更为重要的是，在一维线性符号中产生崩溃的点通过计算汇集起来，促成了计算机化时代的到来。由此，作为新平面符号的技术图像成为如今占据支配地位的符号。20世纪末，作为技术图像符号之一的数字符号正是利用计算机这一装置，使历史转换（崩溃）成点，并再次以组合的方式创造了程序的启蒙，即发挥着粉碎历史的功能。数字符号是接收对文本的概念进行分析、计算的信息，这就与原来进行模仿的（抽象）传统图像不同。换句话说，数字符号生成的新图像与传统图像不同，因为即使新图像没有原本（正本），它也能够将可能性的世界设计为模型。这种新的图像将点的要素进行组合，这意味着它忠于程序的计算要素。同时，这种新图像并不是抽象的图像，而是指向具体之物的移动的产物。数字符号的启蒙能够创造超越文字的作为超语言符号的电脑动画（computer animation），而具备将这种图像解读为文字文本能力的"技术想象力"则是数字符号启蒙的本质。如今，由于个人电脑（智能手机）和数字网络（互联网）快速地在全球扩散，在黑暗中摸索着键盘并尽情享受游戏的网民（netizens）数量也正在大幅地增长。这些享受着游戏的网民迅速地具备了技术想象力,即具备将从文字文本而来的概念转换为程序,以及利用电脑将历史转换成程序(新平面符号)的能力,同时也具备了将这一程序再次解读为文本的能力。基于此,弗卢塞尔的预言应验了——数字符号的启蒙仅需几十年的时间就可以完成。

数字符号的启蒙过程

如今,技术图像作为数字符号所代表的媒介世界,它又是如何超越文字文本的呢?这一问题的答案正藏在弗卢塞尔的著作《表象的礼赞:媒介现象学》(*Lob der Oberflächlichkeit: Für eine Phänomenologie der Medien*, 1995)之中,从他构想的"抽象游戏"的终结与"组合游戏"的开始中便能察觉端倪。在这本著作中,弗卢塞尔考察了非信息的盖然性与信息的非盖然性,并赞美了数字虚拟及其外观,即对计算机化的图像进行了礼赞。首先,文字文本作为"抽象游戏"的结果,是源于四维世界里移动的物体去掉时间而生成的三维立体符号(雕塑作品),然后从立体符号中去除深度而生成二维的平面符号(图像),最后从平面中去除宽度又生成一维的线性符号(文本)。随着我们迈入数字时代,这种线性符号再次崩溃为零维的点,而这就是抽象游戏的终结,即抽象游戏作为崩溃的现象,它的终结是去除线后生成的零维的点。现在,基于线性符号而进展的历史终结了,人们开始利用电脑展开对零维的点的组合(组合游戏的开始),从而拉开了创造图像的后历史时代的帷幕。电脑时代中的图像是一种证据,是抽象游戏的终结与组合游戏开始的证据。同时,电脑屏幕上的文本也是通过点的组合而被创造出来的新平面符号。体悟数字符号的启蒙过程,需要我们从抽象游戏、组合游戏及对这两种平面的解读开始。

首先，是抽象游戏。所有"实际之物"都是作为移动的物体才具有了时空的四维属性。我们能够从这一物体开始展开抽象的过程。例如，我们在实际之物中将"时间"省略，它就成为"空间性"的立体；在空间之中将"深度"省略，它就成为"平面"；在平面之中将"表面"省略，它就成为"线"。基于此，我们能够试图通过概念和想象对抽象游戏进行把握。同时，我们通过这种方式在被想象并被分析的线中省略"光线"，就可以把它视为点的世界（马赛克）。因此，在这种抽象游戏中，多样化的"非实际性"的世界就被创造出来了。雕像的世界是没有时间的立体，图像的世界是没有深度的平面，文本的世界是没有平面的线。直到最后，电脑化的世界是去除了线的点。这种抽象游戏一步一步地前进，而且需要历经数千年的岁月。起初，在时空之中，雕像的世界（如维朗多尔夫的维纳斯）被抽象出来；随后，图像的世界（如拉斯科的洞窟壁画）被抽象出来；再后来，文本的世界（如美索不达米亚的叙事诗）被抽象出来；最后，电脑化的世界（电脑动画）被抽象出来。但是，对人类文化史进行描写并非如此简单地仅仅通过这种抽象游戏。问题在于，人类的文化史与其说是从"实际"之中进行的阶段性的后退，不如说是犹如跳舞一般的后退，因为无论何时，行进的脚步总会留下供人追溯的痕迹。例如，点是为了形成线而进行移动，线是为了形成平面而进行移动，平面是为了形成立体而进行移动，立体是为了形成"实际"而进行移动。因此，点+时间=线，线+时间=平面，平面+时间=立体，立体+时间="实际"。

历史时代的线性符号是作为抽象游戏的结果而登场的。如果说文本就像珍珠项链一样，是借由针线贯穿（串联）的，是对历史（故事）的原因和结果进行说明的逻辑性思考发展而来的，数字符号需要的思考则产生于电脑的键盘，即人们通过指尖的活动捕捉崩溃为粒子的线性符号的间隔，并以弥合缝隙的方式将偶然与可能性的世界展示为"模型"

的"荒诞无稽"的"思考"。在历史时代,起着贯穿作用的书写动作(姿势)需要三种要素,即松散的要素、线和针。我们在书写之时,松散的要素指的是字母和数字,线指的是语言,针指的是笔或打字机。在书写文字文本之时,即进行"贯穿"之时,我们需要跟随语言规则的逻辑。这种逻辑性的思考伴随着基于理性而发展的意识形态,并且到目前为止依旧发挥着支配性的作用。然而,在20世纪,随着打字机与电脑的发明,通过展开文本的文字符号之间的间距,文本的行面临着崩溃为点的危机。于是,文本的世界就像微尘一样,四散为飘浮着且嗡嗡乱舞的微粒子。由于我们无法再抓住线头,所以只能以遗产的方式继承而来的线与针的"贯穿"之法就没有了用武之地。

其次,是组合游戏。现在,我们不再寻找线头,而是试图离开崩溃的世界的微尘,并指向新的平面。因此,我们不再进行解释(Erklärungen),而是开始寻找感觉(Sensationen);我们不再发现真理,而是开始使用在我们周围嗡嗡乱舞着的可能性,意欲创造非盖然性(信息)。于是,我们如今不再是研究者,而是发明者,不再是科学家,而是艺术家。同时,数字时代的新图像(平面符号)是一种模型。换句话说,新图像是一种源自点的世界的设计,它是为了让人们能够想象(点)世界而被创造的。这种新平面是要在点的世界上再次赋予其长度和宽度,获得了长度和宽度之后,对深度和移动进行再构造。而且,这一平面由于是抽象性的点世界,所以它犹如"应该存在"之物,是一种具体的模型。从点的世界那里投射出来的那些模型不再需要与客观性相关并相互论争。由于具体的世界在这些模型之中不再是真理的标准,所以相信一个模型比另一个模型更真则失去了意义。在具体的世界中,那些不可能的模型的对象被分解为点,它们是被输入计算机记忆中的方程式,并以客观的方式被忠实地投射出来的。

如果我们根据弗卢塞尔的新平面符号理论探讨数字时代的程序

化（programming），此时能够被抽象的东西已经所剩无几了。这一假设应该被视作讨论历史终结的出发点。因为，具体之物，即无法固守实际的点的世界诞生了。实际是基于清晰度而被决定的，这一清晰度能够告知点的组合是多么的细密。同时，为了体验这一实际，我们需要有意图地设计能够被体验之物。如此，被人为创造的世界就成了一种可能性的实现。无论可能性之物是什么，我们都可以进行创造。真理与虚伪、科学与艺术已经达到不再能够被区别的程度，我们迷失在数字的世界中，我们所有的体验都将成为一种空想科学。

最后，是两种平面。我们能够区分两种类型的平面，即从立体中通过抽象而创造的平面，以及通过点的组合而投射出的平面。传统的平面属于第一种类型的平面，即抽象的平面，同时形成了人为性的图像世界，而图像的世界从历史时代以前就成为我们行动的指南。第二种类型的平面，即组合的平面作为完全的新型平面，是将点之间的间隔微分成无限小，并在使之统合（组合）的意图下能够被所谓的"通过计算而形成的点"组成的马赛克。然而，这一平面形成的是如今还没有被完全统合的世界。程序化这一平面是为了像机器人一样发挥它的功能，而非为了行动。如果这一平面是完全被统合的世界，我们就能够在由点的要素创造的书桌之上进行书写，并且能够坐在点的集合体所创造的椅子之上。在第二种图像中，重要的问题并非平面的真假，而是作为引发平面印象的点，其状态具有的非物质性的（犹如幽灵般的）特征这一事实。由比特要素组合而成的新图像意味着基于程序的计算要素，并且这一图像不再是抽象的图像，而是可以被称为从抽象之中意欲具体化的试图。然而，这种新的图像是由文本形成的概念的表面。如果说传统的图像是从具体之物指向抽象并移动的结果，新平面则是由最后的抽象之处出发并指向具体之物，进而移动的结果。

数字符号的启蒙战略：远程信息社会的实现

数字符号的启蒙战略是对如电视等大众媒介所产生的宇宙性"机构-极权主义"进行对抗的民主性程序化。该战略通过建构话语（信息的分配与储存）与对话（信息的合成与创造）达到均衡状态的远程信息社会，从而使坐在电脑终端前进行游戏的人能够共同参与责任感强大的互动游戏。游戏的人使纯粹美学得以实现，即通过纯粹的体验和纯粹的人际关系的缔结推动"人之为人的根本"（Menschensein）的实现。大众媒介作为话语媒介受到了权力与资本的支配，其信息传递是无责任感的（收信者指向不特定的大多数，并且不需要应答），而且它具有中央集中式（由上而下的位阶式传播）的传播特点。数字符号的启蒙战略就是将这种以送信者为中心的信息传送路径转变为使民主参与成为可能的对话式路径，进而实现对传播的重构。如今，这已经不再是技术性的问题，而是需要社会协商（合意）的政治性问题。为了达成这种协商，需要新图像的创造者、电影制作者、电脑使用者等"静穆的新革命家们"的积极参与。

人类作为个别的、孤独的大众媒介使用者根本无法对装置-极权主义进行控制。然而，创造新图像的静穆的新革命家们的广泛参与能够克服装置-极权主义。为此，社会应该重新建构双向（对话式）的传播路径，以替代大众媒介的单方向（话语式）送信者路径。这种送信路径的重构需要在由远程信息（telecommunication）与信息学（informatique）的合成物，即远程信息（telematique）这一技术的协助下才成为可能。远程信息是通过自动移动（automat）而将远处之物拉到近处（tele-）的技术，并且允许一般性的、全球性的话语与之对话。如今的互联网便是远程信息技术的一个代表。这一技术使所有人的同时参与成为可能，即民主性的传播成为可能。这种送信者路径的重构与其说是一个技术问题，倒不如说是为了导出作为政治问题的未来的协商（合意），需要技术图像的创造者和网民的积极参与的问题。同时，在远程信息社会中，静穆的新革命家们不会将自身托付给大众媒介提供的娱乐，而是会沉浸于对话之中。

弗卢塞尔在《技术图像的宇宙》(*Ins Universum der technischen Bilder*, 1996)中指出，从传播学的立场对所有的社会结构进行考察之时，所有的社会结构都可被视作一种话语与对话协演的结构，进而区分为不同类型的社会。从弗卢塞尔传播理论（Kommunikologie）的观点来看，社会是一种为了将信息在他人的记忆之中进行储存而发挥生产和分配作用的织物（网）。基于这一认知，弗卢塞尔将社会分成三种类型。第一种类型是"对话式"社会，启蒙是其代表。在这种类型的社会中，存在持续地扩大信息（及再生产）的众多对话式群体（如科学式、政治式、艺术式的信息）。然而，由于这种精英群体没有将信息以话语式的方式进行分配的渠道，所以社会就存在被分裂为意识化的精英与无意识的大众的风险。第二种类型是"话语式"社会，西方的中世纪后期及 20 世纪之后的大众媒介社会是其代表。教会的话语以中央集中的方式送出，并以此对社会发挥着支配作用。如此，信息的源泉就可能面临着枯竭的风险，而且社会面临着陷入熵增的忧患。如今，将信息以中央集中的方式进行送信的话语媒介（大众媒介）中依旧存在着使我们的社会陷入熵增的风险。第三种类型是"理想式"社会。在这一社会中，话语与对话互相维持着均衡——对话依靠话语（得以产生），话语刺激（产生）对话。远程信息社会就是这种社会的重要一例。

远程信息社会由于自动地程序化了对话与话语，所以不需要任何的作家或权威者。因此，远程信息对话不需要权威的对话，潜在于远程信息的对话的可能性并不是对话语式社会结构的支持，而是对话式社会结构的打击。远程信息借助装置运行，并适用于一般的全球性对话。于是，指向反抗大众媒介的最重要的特征，即宇宙式装置-极权主义，开始创造规则。因此，在远程信息社会中形成的并非"程序化的民主主义"，而是"民主式的程序化"。这种"民主式的程序化"势必在未来以相当快的速度生成。如今，全球流行的视频网站正表明这种民主式的程序在相当程度上实现了。

当静穆的新革命家在远程信息中并没有将自己交付于娱乐，而是沉浸于对话之时，技术图像的特征就突然发生了变化。技术图像成为使人们创造信息并进行对话的平面。技术图像发挥的媒介作用就像过去人们为了能够彼此通信而拿着线性文本进行游戏一样。由于技术图像的平面由众多的行构成，所以与文本相比，技术图像能够传达更多的信息。特别是通过处理远程信息，人们拥有的图像能够使如今还无法被设想到的艺术得以诞生。换句话说，无限丰富的图像对话能够比线性的"历史性"对话产生更多的艺术。如此，通过图像而相互分享对话的社会就犹如艺术家的社会，这种社会将无法预料或不能预料的状况以对话的方式转移到图像之中。同时，这种社会是游戏者的社会，就像在使用相互攻击（或防御）的马的象棋游戏中一样，它创造出新的关系，并将开创一种人类还无法预测的新局面。在这种由攻防游戏产生的社会中，图像作为媒介贯通了装置，并且为了将装置程序化而生成了合意。据此，人类从劳动中被解放出来，从而与其他所有人一起沉浸在游戏的乐趣之中。在这种游戏里，新的信息常常被创造出来，人们能够体验到新的挑战——正是基于静穆的新革命家的参与，"媒介乌托邦"具有了实现的可能。

远程信息社会实际上是人类创造的社会中最早的自由社会。这种社会是选择作为寻求新信息方法的对话游戏的社会。这种信息的寻求是人类的"自由"。通过使用电脑和便携式传播工具，人类第一次创造信息，并将这些信息洒入对抗熵增并逐渐满溢的信息洪流之中。当将人类定义为具有反熵增倾向的动物之时，人类就是"拿着"信息进行游戏的"信息游戏者"。因此，远程信息社会是一种自由的社会。同时，由于远程信息社会具有民主性对话网的结构，所以支配性或其他任何权威都不再适用——政府、权力、支配的概念就有了反对偶然混沌（无政府）的意义。对于"远程信息社会如何进行统治"这一问题，我们能够通过"控制论"（cybernetics）这个概念来回答。控制论是为了最大地使用偶然，进而创造信息，这就意味着复合性体系被自动操纵了。因此，远程信息社会具有控制论的特性。

在数字化的远程信息社会中，与善恶、真假及客观性相比，重要的是作为"纯粹美学"的真正精神的尊严性被发展出来了。换句话说，纯粹的体验与纯粹的关系正如人类的脑神经控制论一样发挥着作用。据此，远程信息社会推动了社会所有成员间的"内在对话"。然而，这种对话是一种潜在的、瞬间的，无论何时何地任何人都能共同参与的强责任感的互动游戏。由于远程信息像"全球大脑"般发挥着功能，所以生物学意义上的人类的肉身就变得不那么重要了。通过电脑，立体的存在被数字化了，而数字化的工具也将逐渐变得小巧。体验在头脑中自由地产生，也变得更丰富、更迅速，它的强度也在逐渐增加。同时，远程信息社会超越了机器控制人类的工厂社会，能够将在观照真正信息（的余暇）时创造观点的大学、休假、职业学校、安息（日、年）①合而为一，加以

---

① 在以色列人的年日里，有安息日、安息年、禧年。以色列人认为这些年份、日子是神亲自给他们制定的，显示了神对人的看顾与怜悯。犹太人需要守安息日，因为神用六日创造天地万物，到了第七日神造物的工完毕，停歇了他一切的工。于是，第七日被定为安息日，并约定为圣日。以色列人守安息日的习惯保持至今，万民和牲畜在安息日都要休息。同样，安息年是对安息日的延展，前六年努力劳作，收获足够的粮食，第七年让土地安息，不事稼穑。禧年为七七四十九年之后的第五十年。千禧年则以耶稣基督的再临与圣徒（义人）的复活为标志，是撒旦被绑缚的千年，并且是耶稣基督与圣徒一同做王的一千年。——译者注

融合。数字符号的未来取决于所有人都能够参与的民主性的对话网能否得以建构,而且对此作出预言的数字思想家弗卢塞尔的数字启蒙战略也正是通过如今的互联网而几乎实现了。

在《图像的革命》(*Die Revolution der Bilder*,1997)中,弗卢塞尔将我们的认识论、存在论、伦理及美学的转换现象称为"图像的革命"。在图像的革命时代,人们通过计算而非基于试行方案制作图像,进而沉浸于"纯粹的美学",即在具有纯粹形式的游戏中沉浸于感受到的快乐之中。那么,人类是什么?——人类从生产者(homo faber)转变为游戏者(homo ludens)。换句话说,通过所谓的"技术图像",人类开始超越了由"劳动"缔结的关系,随之转入由"游戏"缔结的关系网络。进而言之,作为信息的游戏者,人类正在从"制作者"转变为"游戏者",使自己处于又一次的重生之中。

数字虚拟与启蒙的完成

弗卢塞尔指出,一方面,虽然文字文本的鲜明性与差异性主导着以理性与科学技术为代表的历史的发展,但另一方面,由于文字符号的专业性与抽象性,其自身也处于危机之中。弗卢塞尔向我们发出历史危机的警告的同时,也强调在科学技术的产物(照相机和电脑等)被发明之后,在借助它们展开的新图像(技术图像)的世界中,人类也只能积极地应对宿命论。最重要的是,在电脑被发明以后,人类对由 0 和 1 数字形成的(数字化)世界(使用算法)进行了结构上的分析,进而迅速地生成人类的思考方式和决断行为。这种计算机不仅能够将方程式分析为数字,还能够将这些数字综合为图像。计算性的思考能够将世界分解为微粒子,并能将这些微粒子再次进行组合——这一事实是人类接受数字世界结构的证据。

如今，人类在电脑的帮助之下开始超越历史性（文本式）意识的客观的认知（真理）水准，进而根据美学式（体验式）的认知水准创造出一个替代性世界（并非同一个世界）的模型。即使没有原本（原型）也能被创造出来的替代性世界，实际上正向我们走来。弗卢塞尔在《表象的礼赞：媒介现象学》中展示的作为"数字虚拟"的这一替代性世界，也正是我们生活于其中的世界。能够创造数字虚拟的技术想象力是从电脑平面散发的光线之中生发的。在自然科学将光线视为电磁式的发散这一认知出现以来，由于技术能够对光线进行操作，主体将光线照射在客体的黑暗之处的那种"启蒙"的"光的比喻"就变得没有意义了。现在，自然科学改变了光的本体论属性，即光不再是从主体发散到客体之上，而是从客体处发散而出。光的那些比喻，如"现象""说明""启蒙"，以及最重要的"思辨"和"省察"获得了与传统意义正好相反的意义。这些将不再是主体对客体作用的效果，而是正相反地成为客体对主体作用的效果。换句话说，光是主体原来的对象，而且光不再与黑暗、隐藏之物、秘密之物等相对，而是与发光的、开放的、爆发的及威胁之物相对。据此，数字虚拟就完全去除了"现代性的世界价值观"。值得一提的是，弗卢塞尔对数字符号的本质进行了探究，并断言数字虚拟的世界是"照亮空虚的夜晚的亮光"。同时，我们自己是"指向无，并在无之内对替代性世界进行设计的前照灯"。这一断言能够被视为数字启蒙的完成。

朝鲜大学新闻与传播学院名誉教授　金成在
于韩国全罗北道任实郡德峙面
2023 年 6 月

目　录

第 1 部分　表象的礼赞

1. 抽象游戏：人类文化史的再考察　　　…003
2. 贯穿：一个具有疑问的手势　　　…018
3. 缝隙：填补空白　　　…029
4. 平面：传统图像与技术图像的区分　　　…039

第 2 部分　符号化的世界

1. 符号化的世界：价值危机的出现　　　…051
2. 信仰丧失："不信"的信仰奠基人　　　…059
3. 论背叛：秘密的泄露与精英的背叛　　　…069
4. 批判性思维：标准、危机与批评　　　…076
5. 参与公共对话：为了电子出版而进行的书写　　　…086

6. 符号转换：思维方式的重新编码 ··· 093

7. 色彩而非形式：弥合现代科学与艺术思维的鸿沟 ··· 099

第 3 部分　基于新媒介的图像的后历史

1. 图像的地位：图像与装置 ··· 111

2. 新媒介内的图像：对三种图像的理解 ··· 123

3. 技术想象的境况：电影生产与电影消费 ··· 129

4. 描写与象征：区分现实与虚拟的意义 ··· 142

5. 对《野性之眼》的解析：一种现象学的视角 ··· 148

6. 电视：一种现象学的阐释 ··· 154

7. QUBE 和自由的问题：具有决断的行动者 ··· 173

8. RTL Plus 的"脱口秀"：文化的境况与知识分子的良心 ··· 182

9. 电视与前缀"tele-"：理解装置对距离的操纵 ··· 185

10. 黎巴嫩与视频：社会共识的呈现 ··· 193

11. 明科夫的镜子：一个辩证法问题 ··· 198

12. 录像视频探究：发现隐藏的可能性 ··· 204

13. 技术图像时代的政治：后历史时代的魔术 ··· 207

14. 没有图像的伊斯兰：一种后历史的视角 ··· 213

第 4 部分　新的想象力

1. 计算机化：知识分子的任务　⋯ 221

2. 分散与集合：关于信任的问题　⋯ 223

3. 艺术与计算机：新意识维度的转换　⋯ 228

4. 想象：走出传统并创造一个新领域　⋯ 234

5. 数字虚拟：一种形式性、数学性的思维　⋯ 241

6. 物质的表象：质料与形式　⋯ 253

7. 摹写-模范：何谓再现　⋯ 260

8. 没有背景：赋予表象以意义　⋯ 281

与文章有关的说明　⋯ 293

第二版编辑说明　⋯ 300

译后记　⋯ 302

第 1 部分

表象的礼赞[①]

[①] 第 1 部分原标题为《表象的礼赞或抽象游戏》(Lob der Oberflächlichkeit oder: Das Abstraktionsspiel),此处根据内容进行了调整。——译者注

1. 抽象游戏：
人类文化史的再考察①

从位于我们身外并对我们发挥着功能的意义来看，所有"实际之物"②（Wirkliche）都具有时空（Raumzeit）的四维属性——它与可移动的立体有关。基于以上认知，我们可以从这一立体开始进行抽象。例如，我们将时间维度从实际之物中抽象③（省略掉）出来（没有时间就只剩下空间），然后试着在想象和概念之中分析"时间"（Zeit）和"空间"（Raum）。以此类推，我们从实际之物中将空间（从想象及分析的空间）维度中的"深度"（Tiefe）抽象出来，就可以尝试着在想象和概念中分析"平面"（Oberfläche）和"容器"。之后，再用相同的方式，我们可以将平面维度（想象及分析的平面）中的"表面"抽象出来，就可以尝试着在想象和概念中分析"线"（Linien）和"线的系统"（Liniensysteme）[织物

---

① 本文原标题为《抽象游戏》（Das Abstraktionsspiel），副标题为译者根据文章内容补充。——译者注
② 在德语中指"现实的东西"。为了区别中文表达习惯，如"虚拟现实"，此处译为"实际之物"，后文在不强调"虚拟现实"的情况下都译为"现实"。——译者注
③ 此处的"抽象"指抽象化（abstrahieren）的行为，暗含想象的成分，强调想象能力。换句话说，抽象是一种具体行为。在抽象中，时间、深度、平面及线被冻结，而非被抽离。——译者注

(Gewebe)]。以这种方式继续推演,我们可以将线(想象及分析的线)中的"光束"(Strahl)抽象出来,尝试着在想象和概念中分析"点"(Punkte)和"点的系统"(马赛克,Mosaiken)。据此,在这种抽象游戏中,众多的"非现实的"(unwirkliche)世界被创造出来,如雕塑的世界(无时间的立体)、图像的世界(无深度的平面)、文本的世界(无平面的线)、计算机化的世界(无线的点)。这种抽象游戏将一步步展开,并且需要历经长年累月的演化:首先,从实际的时空中抽象出雕塑的世界,如"维纳斯"的世界①;其次,由此抽象出图像的世界,如洞窟壁画的世界;再次,由此抽象出文本的世界,如美索不达米亚叙事诗的世界;最后,由此抽象出计算化的世界,如电子计算机的世界。

但是,这种抽象游戏的描写,这种文化史般的描写并非如此简单。这无法从"现实"中渐渐地后退(schrittweises Zurücktreten)。就如同尼安德特人②(Neandertaler)在他们的女性雕像(Figuren)中只将时间进行抽象。这样一来,他们就像远离了"现实"一些(退后了一步)。记录账簿的人(Buchhalterin)从账簿计算中将时间、立体、平面(Fläche)及线进行抽象,也就是从现实中退后了四步。由此可见,这种抽象游戏与其说是一种行进(Marschieren),倒不如说是一种舞蹈(Tanz)。换句话说,人们总是可以将已经采取的后退步伐按其相反的顺序(umgekehrter Reihenfolge)进行撤销。例如,人们可以用想象和概念性的方式分析以下内容:点移动形成线,线移动形成平面,平面移动形成立体,立体移动就可以再次形成"现实"。因此,我们也可以将它们描述为如下的等式:点+时间=线、线+时间=平面、平面+时间=立体、立体+时间="现实"。然而,当对这种匆忙的过程进行如此考察时,我们不禁感到有些

---

① 指雕塑的世界。——译者注
② 尼安德特人(Homo neanderthalensis)生活于石器时代的欧洲,因其化石被发现于德国尼安德特山谷而得名。——译者注

不寒而栗（Gruseln，颤栗感）。例如，一个移动的维朗多尔夫①（Willendorf）的维纳斯（公元前25000年左右制作的维纳斯像），她果真就是"现实的女性"（wirkliche Frau）吗？借助计算（Komputationen）而重构的经济情景（Szenario）果真就是"现实的经济状况"（wirkliche ökonomische Lage）吗？或者，在旧石器时代和"罗马俱乐部"（Club of Rome）的魔法仪式（magischen Riten）中，被召唤出来的"现实"难道不是一种如幽灵般的存在吗？

　　这种围绕失去的"现实"而跳动着的种种抽象舞蹈的恐惧，这种"文化的不安"（Unbehagen in der Kultur），可以被称为"文化批判"（Kulturkritik）。所以，这种颤栗感会在人们存在的数万年中浓缩（kondensieren）。毫无疑问的是，在篝火旁的维朗多尔夫居民（如果我们能够挖掘他们的内心），（几乎）一定能够具体地体验到维纳斯雕像中承载的女性气质（Weiblichkeit）的本质与想象（Vorstellung）。然而，当我们看到儿童死亡率的曲线时，我们却几乎无法体会到任何具体的事情。不过，如果我们羡慕维朗多尔夫居民，认为他们相对地更为"接近现实"或认为他们缺乏抽象性，就未免太草率了。维朗多尔夫居民的处境与我们的处境一样可怕。这是因为，对于他们来说，"现实"也是有问题的。如果他们能够书写，他们就会将现实置入引用的符号之中。一旦我们被卷入抽象游戏［换句话说，一旦我们开始"存在"（existieren）］，我们的惬意（舒适）就必然终结。正如情况所呈现的那样，任何一种退后、任何一种"具体化"（Konkretion）、任何一种浪漫主义（Romantik）和任何"返本"（Rückkehr zu den Wurzeln，"根源性的回

---

① 考古学家约瑟夫·松鲍蒂（Josef Szombathy）于1908年在奥地利维朗多尔夫（Willendorf）附近的一个旧石器时代遗址发现了维朗多尔夫的维纳斯（Venus of Willendorf）。它是一座约11厘米高的小型女性雕像，现收藏于维也纳自然历史博物馆（Naturhistorisches Museum）——译者注

归"),都无法使我们再次变成"蚯蚓"。这种颤栗是我们人类固有的情绪(Stimmung)。

然而,我们试图从这种战栗中挣脱出来,并试图区分上文涉及的各种抽象世界。这样做的目的是在其余世界的光照(Licht)之下,看到浮出水面的点的世界,以及这种原子与比特、粒子与间隔的纠缠(Gewirr)。因为我们正处于一个转换点(Wende)之上,即在一个类似于维朗多尔夫居民最早创造维纳斯雕像时所站立的地方,或是乌加里特(Ugarit)人最早创造线性文字时所站立的地方。我们从线中,从"织物"的抽象世界中,从比"马赛克"更为抽象的"脉络"(背景)中,正在对光束(Strahl)进行抽象。因为我们仍游弋在这一背景、"线"和"历史"(Geschichte)中,只是零星地出现在马赛克、"后历史"(Nachgeschichte)中——这是便于回顾在历史中游弋着的我们自己。在我们每日端坐在房间中观看的电视世界之后登场的是电脑化的点的世界,但点的世界依旧还没有深入我们的经验。如果将点的世界与历史的织物世界(线性世界)进行比较,然后再将点的世界与前历史时代的平面世界(传统图像世界)进行比较,那么我们可能会克服点的世界所带来的战栗感。

如果将上述四个世界进行比较,我们就无法不去面对文本,尤其是面对苏格拉底以前的思想家们的文本。这些思想家们努力地在他们的想象和概念中,将自身所处的平面的世界、传统图像(图画)的世界、魔术的世界粉碎,并通过思考预见了线和点的世界。一方面,从赫拉克利特[①](Heraklit)的观点来看,光束、波浪(Welle)、生成之物

[①] 赫拉克利特是古希腊哲学家,认为万物都处于不断的变化之中,并坚持对立统一的观点(但没有明确提出"对立统一"这一命题)。所以,列宁称其为辩证法的奠基人。赫拉克利特著有《论自然》一书,其重要的观点有:"万物皆流",体现其辩证法的第一方面,即"人不能两次踏进同一条河流";"罗各斯说",体现其辩证法的第二方面,具体而言是将对立统一与和谐的规律归结为罗各斯(Logos),而人只有通过语言和理性思维把握它,才能获得世界万物运动变化的规律。——译者注

(Geschehen),即作为"现实之物"的基本结构而生成的事物,作为历史性世界的基本感觉(Grundgefühl),以及作为每一时刻不可重复的独特性("我们不能两次踏入同一条河流"),都以戏剧的方式(dramatisch)被表达出来。另一方面,从德谟克利特①的观点来看,原子、砂砾(Sandkorn)、马赛克的一小块(Mosaiksteinchen),即具有"现实之物"的基本结构的组合游戏(Kombinationsspiel),以及后历史世界的基本感觉[成为必然的偶然性(Zufall)],即"原子具有使其偶然地互相组合的链条",被勾画出来。赫拉克利特预见了历史世界,他将平面分解为线条,并接受了这一事实——毕竟,他明确地站在从传统图像到文本的过渡之处,即他站立在历史的源头。但事实上,德谟克利特预见了计算机的世界——他将直线分解成比特。同时,我们实际上是最早能体验这一世界图景(Weltbild,世界观)的人。这一定使我们大吃一惊,因为我们想知道这些文本如何制造了上述事实,并且它们如何设法预测了抽象游戏,即预测了从"现实"之中后退的脚步。

　　为了回答上面的疑问,我们的第一步应该模仿(再现)维朗多尔夫居民,思考用鹿角雕刻维纳斯的雕像时到底发生了什么事。如果我们能够重温这一点,就会发现从具体到抽象的所有后续步伐。要知道我们只能如此,因为所有的"起源"(Ursprung)(在没有任何模型的情况下飞跃到下一个区域)都是无法被模仿的。在没有看到一个形象(Figur)之前,如何去创造(模仿出)这一形象是很难被想象的。然而,我们可以描述发生在那里的事情,即维朗多尔夫居民一定想象过一个永恒的(zeitlose,无时间的)世界会是什么样子。换句话说,立体(雕像)并不是

---

① 德谟克利特是古希腊唯物主义哲学家,原子唯物论学说创始人之一,著有《宇宙大系统》《宇宙小系统》。他指出万物由原子构成,并认为万物的本源是原子和虚空。具体而言,原子是不可再分的物质微粒,虚空则是原子运动的场所。人们的认识是从事物中流射出来的原子形成的"影像",并作用于人们的感官和心灵。——译者注

与我们相关，而是与我们周围的世界如何被展示相关。维朗多尔夫居民已将自己从与他有关的世界中移除，从而使那个世界成为一种状态（Umstand，事态、状况），借助这种状态而抽象出来的世界允许改变。人们可以有意识地展示人为的立体，即展示的是立体本来应该的样子。用鹿角雕刻而成的维纳斯是一种想象状态的人为性技巧。此时，人类已经成为"艺术家"（Künstler），并且成为一个意识到"存在-应该"（Sein-sollen，应在）的价值观的人。但是，人们并非在与自身相关的"现实"中实现他的价值，而是在一种为了实现目的而抽象出来的状态（环境、事态）中实现他的价值。

维朗多尔夫居民在与其自身相关的世界（实际世界）面前，对他们的想象状态进行了展示，而这种展示的想象力源于维朗多尔夫居民的双手。因为需要分析（begreifen，理解）与我们相关的立体（雕像）就必须具有抓取（把握）的能力，而双手正好具有这种能力。维朗多尔夫居民将与我们相关的立体（雕像）"放在前面"（Vorgestellt）。按照这一词语的文字的本意进行理解，就是他们通过双手将该立体抓住（把握住）。维朗多尔夫居民进行了行动，其行动指向的是走向抽象的第一步。

在拉斯科①（Lascaux）究竟发生了什么事情呢？在石壁上刻画牛和马的时候又发生了什么？虽然这些问题会令人难以置信，但答案的关键就隐藏在上述内容中。拉斯科人与前文提及的维朗多尔夫居民不同，他们将强调的重点从双手转移到了眼睛。在此处，我们讨论的目的是分析眼睛的本质（Wesentliche），可它却无法成功，因为即使存在无数的分析，眼睛也只是一种无法被分析的身体器官。但是，如果讨论对平面的观

---

① 拉斯科是法国的一个小镇。拉斯科洞窟壁画于1940年被发现，位于法国的多尔多涅省（Dordogne）。其中的壁画大多描绘的是对成功狩猎和富足生活的祈祷，用红色、黑色和黄色等色彩描绘了如马、鹿、野牛等动物。它和西班牙北部的阿尔塔米拉（Altamira，1870年被发现）石窟壁画被称为最有名的旧石器时代的石窟壁画。——译者注

照,那么眼睛就十分充分了。拉斯科人首先是用看,其次是做出行动。据此,对于拉斯科人来说,维朗多尔夫居民的立体状态就成了平面的场景。基于此,一个没有深度的世界诞生了,而且这个没有深度的世界是"影子"的世界。同时,各个影子之间开始以有意义的方式转向彼此,从而彼此相关。在拉斯科,世界从立体的状态(körperlichen Umstand,物理环境)变成表面(平面)的事态(flächenhaften Sachverhalt,表面的事实)了①。这得益于眼睛的想象,它将世界的深度进行了抽象,并在这个世界的面前放置了一个代表事态的"屏幕"(Bildschirm,画面)。

虽然柏拉图批判拉斯科人只能看到影子,但他自己究竟通过他"内在的"(inneren)、理论之眼(theoretischen Auge)看到了什么呢?这个问题引出了另外一个问题,即当线性书写被发明时,究竟又发生了什么事情,如出现在乌加里特的问题。在回答这个问题时,我们不能像在维朗多尔夫和拉斯科那样局限于我们自己的同理心(Empathie,移情)。换句话说,我们可以通过整理计量式的资料粗略地重构发生在那里的事情的轮廓。这几乎可以被称为一次"历史性"的事件(Ereignis)。在进行回答时,人们有义务避免使用先入为主的模型(vorgefaßte Modelle),并坚持所谓的"已证明的事实"(belegte Tatsachen)。

综合来看,这个事件是出于商人计数的需求而产生的,如准备送货单和发票,制作库存清单和清点装运量。然而,在事态中对事物进行统

---

① "Sachverhalt"翻译成中文为"事态",是现代哲学中的一个概念,表示"实际情况"。卡尔·斯图姆夫(Carl Stumpf,德国心理学家、哲学家,又译为斯顿夫)将事态的概念引进了现代哲学。这个概念后来通过胡塞尔的著作得到普及。同时,事实与事态在一定程度上存在区别,即事实是事态的实现,事态是事实未现实化之前所处的可能状态。换句话说,现实世界是彼此独立的基本事实的总和,可能世界是彼此独立的基本事态的总和。基于此,可以认为事实表达的是现实性,事态则表达可能性。参见卢雁:《论维特根斯坦〈逻辑哲学论〉中的基本事态》,《湖南科技大学学报》(社会科学版)2009 年第 5 期。事态与事件不同,事件是一个具体的个体在具体的某个时刻所具有的性质。例如,"我正在写作"这是"我"这个个体在写作的时刻时所具有的性质,而"我"本身不是事件。——译者注

计是不方便的。为此,将事物整理成行就方便得多。所以,将事情从平面中"撕"下来,然后将它们排成一行,这样就可以将它们相加。于是,事物就变成了小石子(Calculi),以便于计算。事物变得可以计量,于是它们就变成了"故事",从而也可以被叙述。乌加里特的商人们为了方便计算,将拉斯科的重要的事态变成可以计算的"故事"。从此,新诞生的"六头牛"(sechs Rinder)的叙述替代了"神秘的黄牛"(geheimnisvolle Stiere)的场景。平面从世界中被抽象出来,场景就变成了线性的过程。

在此处,商人们所做的事情就不再能够用"想象"二字来概括了。将这种从表面撕扯下来的图像元素组合成一行,并将其称为"分析(理解)",那么这就更符合事实了。商人们使用的身体器官是手指。他们在观看(如账簿)之前先是移动手指(计算),然后在行动(如商业活动)之前首先是观看(如账簿)。商人们只看他们用手指抓取(计算、分析)之物,而且他们只操作他们看到的东西。从这个意义上来看,"商人"是历史的中介人(经销商)。使线性文本诞生的力量是概念思维的力量,借助它,线性排列的概念世界被置于想象的二维世界之前。

然而,线条定义的特征在于它们所具有的"流动性"。它们显然是计算的结果,并指向"和"(总计)。文本只有到达其结尾才能获得相应的意义。换句话说,只有读到文本的结尾才能破译文本的含义。珍珠项链的珍珠并非历史(故事)的基本结构,而项链本身才是历史的基本结构。"叙述"是与一个目标相关联的列举。历史的世界有始有终。历史世界是"叙事性的"(是史诗),并且,在历史世界中没有任何重复,如此,每一个失去的时刻都是一个绝对失去的机会,因此,历史的世界具有"戏剧性"。那么,一个人如果必须以历史的意识去行动,也就意味着他首先要理解线性关系(对因果的链条进行分析,然后才能想象行动的结果),然后才能将行动的结果呈现于眼前,并且只有在完成了以上所有的过程,才能作出决断。基于线性书写的发明,具有过程性的抽象世界则被置于事态性世界之前。

柏拉图以其"内在的"理论之眼,准确地看到了这种线性排列的概念性结构。他看到了逻辑顺序,并认为这比用肉眼观察到的影子"更为现实",即与平面相比,概念性的逻辑顺序更为真实。这就是柏拉图式的"现实主义"(Realismus),即只有概念、理念①(Ideen)才具有实际性。柏拉图相信在表面和现象(Erscheinungen)背后的是可以被观察到的理念的"真实"(现实)。其中似乎有一种奇特的看(Sehens)与听(Hören)的混淆现象。虽然"理念"(Idee)和"理论"(Theorie)出自视觉,但"逻辑"(Logik)二字是出自听觉。如果我们试图解决这一困惑,我们就会注意到柏拉图和犹太先知(预言者)所依赖的共同基础,即线性文本的基础,以及已经变成生动的口头语言的基础。"理念"是看得见的词语,"理论"则是这种词语的视线(Anschauen)。正如犹太先知一样,柏拉图也听到了声音,只是这些声音也被他看见。基于此,从传统图像的前历史迈向概念的历史时发生的事情就变得越发清晰了。

乌加里特的商人们为了将图像的要素转换成指示声音的文字记号而进行符号转换——他们用手指将平面中的要素撕扯了下来。并且,此时乌加里特商人们的手指服务于耳朵。"概念"(Begriffe,被手指指示之物)和"理念"是同义词,因为两者是手指进行移动的结果,旨在呈现"逻各斯"(Logoi),即手指移动的目的是将口头描述可视化。这就是线条流动的真正原因,也是历史之所以为一个过程(Prozeß)的真正原

---

① 柏拉图的重要哲学概念(idea)在中文里被翻译成"理念"。但是,idea 的词根是"ide",即"看"的意思。换句话说,用内在的意识(内在之眼)看待"意识的影像或影子"。这就需要理解柏拉图著名的"洞穴隐喻"。柏拉图借助这个比喻向世人描述了"重叠结构世界"的世界图景,即存在一种"完整的世界",包含隐性的世界和显在的世界(感官可感知的世界)。在完整世界中存在的人能够感知现实世界,能够调用"内在之眼"对应的深层意识,可以"看到"显性世界中的事物在隐性世界中的主体。——译者注

因,因为线条流动意味着口头话语。随着线性书写的发明,话语从事态中被呈现出来(话语优先于实际情况)。自然科学是一门具有典型历史特征的科学,是处理"自然"话语的话语,因为它将自己置于图像的事态之前。因此,这种"自然"的基本结构是数学式的,即"自然"是以计算为目的而排列的话语,是"自然史"(Naturgeschichte)。

正如我们现在所知道的,令人懊恼的是,抽象游戏并没有随着从表面抽象出来的线条而终结,因为目前这条线即将崩溃成点。换句话说,对点进行排序的向导(Leitfaden,手册)正在被抽象出来。这是一个当代的过程,是我们生活在这一时代的人所共同面临的一种过程。此时我们既不会产生同理心(移情),也不再依据记载的资料。如果我们想知道发生了什么,那么环顾四周就足以了然。然而,在这样做的过程中,我们注意到抽象游戏并不是遵循任何先入为主的策略的自愿行动。点的世界并非如线的世界一样,它不是由人决定从与我们有关的世界中进一步抽象化。相对而言,点是自行地崩溃而成的,并强迫人们从过程的世界跳跃到粒子的世界。在线的内部,即存在于过程的最深处的内核里,点不再想要服从因果链条,于是它们开始嗡嗡乱舞。线(条)本身的这种"自然而然"的崩溃,自动地从过程走向"场域"(Feld)。这或许不仅仅是现在的"起源",而且适用于一般的每一个"起源",并可能包括雕像、传统图像及文本的"起源"。或许,所有的抽象游戏都是一种崩溃现象,而且早在亚当和夏娃从乐园里被驱逐的神话中就得到了确切的描写。

如今,波涛被分解为水滴,沙丘被分解为沙砾,行数被分解为数量(der Zahlenreihen in Mengen),逻辑思维被分解为计算,这种崩溃的现象同时唤起了一种虚无感(Leere)和质量感(Masse)。虚无是因为点与点之间存在着间隔(缝隙),并且我们透过点与点之间什么也看不见(是空的);还有质量,因为点的整体就像面团一样没有形状。虚无和质量

1. 抽象游戏：人类文化史的再考察

这两者都归因于点的零维——它既是无法测量的"无"，也是无法测量的"万有"。如此一来，在一个呈现在历史世界面前的点的世界里，我们所有的努力都指向弥合缝隙并为面团赋予形式——这就是所谓的整合与信息（Integrationen und Informationen）。我们所有的努力都指向一个目标，即让人类能够更好地生活在点的世界之中。然而，难点在于我们还不具有与这种世界相对应的形式，即我们还不具有顺应新世界范畴的意识。我们处于危机之中，因为我们试图将历史性、过程性的范畴应用于点的世界。

在历史世界中，我们固守着某种虽然光滑却能被抓住的线，但在新世界（后历史世界）中，我们不再能够把握（分析）任何东西。从严格的意义上看，这些点什么也不是，但它们却是潜在的万有。这样来看，点就是一种可能性（Möglichkeit）。我们应该在"可能性"的范畴之内思考（denken）、感受（fühlen）及行动（handeln）。点的世界由于除了可能性之外不包含任何之物，所以是空（虚无）的。同时，由于点的世界只包含可能性，所以它又是一个完整（万有）的世界。然而，"可能性"的范畴催生了"必然性"（Notwendigkeit）的范畴，因为"可能的"和"成为必要的"（notwendig wurde）是现实的。与"必然性"相反的概念是"偶然性"。如果想要在点的世界中抓住方向、定位自己，我们就应该学习在"可能""必然"及"偶然"的范畴内进行思考。尽管我们一直在谈论这些范畴，但从因果关系范畴向这一思考范畴进行飞跃却很难成功。然而，我们的装置，特别是计算机，却出色地进行着这种高难度的飞跃。计算机是为了在点的世界中确认方向、进行定位而被创建的。为了从历史飞跃到后历史，我们开始将这一装置视为我们思考、体验及行动的模型来使用。

然而，当我们考虑到这一新世界诞生的手势（Geste）时，这种飞跃就变得相对容易了。线性的历史性世界源于一边倾听，一边用手指轻抚平面的动作,即手指和耳朵成为历史世界的监护人(Pate,教父)。当我们通过手指尖触及线条和过程时,就像我们在游戏中解开串在线上的小石子,然后有趣地重新将它们组合起来——新的点的世界就此便诞生了。此时,我们将历史放在指间把玩,就像摆弄十字架念珠(Rosenkranz)。同时,线和珠子就像水银珠一样分离开来。诞生量子世界的身体器官是指尖,所以在这种抽象游戏的最后一步,需要我们探讨的不再是"想象力"(Vorstellungskraft)或"概念"(Begrifflichkeit),而是探讨"指尖的感觉"(Fingerspitzengefühl)。新世界无法想象或分析,只可以被触知。同时,与这一世界相应的行动方式是通过指尖来按压键盘。如果我们认为这并非"得出"和的问题,而是计算数据的问题,我们就能够实现从因果关系到组合思维的飞跃,即意识的转换就会成功。

如果我们认为四个抽象世界是在人类存在过程中逐步分离并诞生的,而且将使之源起的人类的手势作为标准进行比较,那么人类的存在过程可以被描述为如下的"文化史现象学"(Phänomenologie der Kulturgeschichte)。首先,维朗多尔夫居民创造了无时间的雕塑的世界,即他们从与其相关的世界中走出,并面向世界张开双臂,然后在世界中抓住立体(雕像)后,使这种被抓住的、静止的、"被把握的"立体之物发生了变化。其次,拉斯科人创造了无深度的传统图像世界,即他们走出了立体的三维世界,并凝视着这个世界,然后观察"被把握的"立体之物的表面。在想象这些被观察的表面之间是具有何种关系之后,想象的表面发生了变化。再次,乌加里特人创造了无平面的文本的世界,即他们从二维的平面世界中走出,为了能对传统图像的要素"进行概念性分析",在将手指伸入平面后,撕碎了这些要素,为了能对要素进行计算、说明、叙述,又将要素排列成行。最后,现在的人创造了零维度的量子世界,即现在的人从一维的线性世界中走出,并用手指触碰线条,在线条的顺序之中将概念分解(梳理出术语),并把玩它们,从呈现的可能性中找出可以组合的东西（进行游戏）。

我们可以如此概括文化史：首先，人类在与其相关的世界中行动；其次，人类为了行动而进行观看；再次，为了观看和行动，人类移动手指并进行倾听；如今，人们大体上能用手去触摸、用耳朵聆听，为了凝视并操作而用手指摸索和找寻。

在这种描述中，值得注意的是信任的逐渐丧失，一种不断加剧的信任危机（Krise des Glaubens）明显地浮现于眼前。人类在从与其相关的具体世界中走出来以后，首先相信的是他们的双手。此后，通过双眼控制双手。然后，他们不再相信自己的眼睛，而是用手指和耳朵对眼睛进行控制。现在，他们不再相信手指和耳朵了，却为了寻找某物而在黑暗中用手指进行搜索。基于此，我们将在黑暗中进行摸索的行为称为"进行游戏"（spielen）。正是这种信任丧失和"信任危机"的出现，触发了人们再次考察图像世界的动机。

不可否认的是，对手、眼、手指及耳朵的信任丧失是有道理的，因为它们是骗人的。为了洞察这一事实，我们没有必要马上阅读与此相关的宗教性、科学性的文献。然而，虽然我们的身体器官无法向我们传达"真理"（Wahrheit）（无论这一词语意味着什么），但我们的眼睛至少是能够向我们传达盖然性的①（wahrcheinlich）事物的器官。眼睛看到的是表象，因为表面看起来像是某种东西，或者说眼睛看到的是看起来像什么东西的东西。外部世界就是看起来很有可能的东西。从平面中走出来进入线，即从传统图像的魔术中走出来进入文本的逻辑。此后，我们能做的仅仅是轻视暗中（黑暗中）很有可能的倾向。"表象"

---

① 盖然性介于偶然性和必然性，当偶然性指向必然之时就获得了盖然性。例如，人终有一死，是客观性世界的自然结果，是一种化为土堆和灰烬的自然倾向（热寂现象）。但是，从人类传播的角度来看，人的信息积累和创造活动（非自然的人为性活动）具有非盖然性，因为其目的是反抗人类终有一死的盖然性。——译者注

(Oberflächlichkeit)沦为谩骂的对象。然而,我们却因对现象的轻视而无法看到盖然性之物。现在,我们不得不通过概率计算这种人为性的概念,追溯盖然性之物并重构它们。我们在黑暗中通过手指摸索着,因为我们并不相信自己的眼睛。因此,盖然性之物便不再出现。至此,我们才必须计算它,从各个方面将它们组合在一起。文化史中的重大裂痕(große Bruch)竟然是图像世界和文本世界之间的间隔(缝隙)——非盖然性[1]之物(Unwahrscheinliche)就闯入其中。

在从文本到计算,从历史到系统分析的过程中,我们逐渐变得谦逊,因为我们相信文本在现象背后能够发现"本质",能够从盖然性之物中发现真理。然而,事实证明,这种观念是错误的,因为文本源自盖然性之物,并进入幻影之中。与图像相比,文本并不是"更深刻的",而是更"浅薄的"。如果计算成功了,它将满足对盖然性之物的再构成,这就是为什么我们试图从点的角度(马赛克)去组合图像(如在电视图像中)。计算通过指尖的动作而返回图像的世界。如果我们观察坐在电脑前的人如何敲击键盘并凝视屏幕,我们就能认识到那种盼望盖然性之物出现的急切憧憬。然而,开启回归图像、魔术、事态、现象(或者正如胡塞尔所说,"回到事物本身")的道路的背离之行是令人毛骨悚然的,因为画面上出现的东西并非如同拉斯科洞窟中的影子,它们是一种合成的幽灵(synthetische Gespenster)。在找到盖然性之物(Wahrscheinlichem)后,我们会发现它不过是一种可能性(Möglichkeiten)罢了。

以上的意图是对盖然性(Wahrscheinlichen)进行的操作,与它对立

---

[1] 非盖然性是人类传播具有的特征,也是人类传播的目的,即人类传播是通过协商达到目的,而不是通过概率统计上的掷骰子而偶然性地达到目的。因此,人类传播(人类符号化世界的建构)是通过象征的传播为世界带来秩序,以规律性的非盖然性对抗具有盖然性的世界。——译者注

的概念是非盖然性（Unwahrscheinlichen），即对信息（Informationen）进行操作。这种意图是对虚拟之物、外观（表面现象）性的存在进行操作，即对图像进行操作，因为这种意图是对图像、平面进行礼赞。这并非怀着一种要返回拉斯科的希望，甚至我们根本没有想过要达到这种目的，因为这一意图并非让我们为了魔术思维而放弃计算思维与逻辑性思维。这种意图就是对表面（平面）和表象性进行礼赞。这一意图怀有的希望在于，指尖服务于眼睛、电脑服务于想象、装置服务于世界观（Welt-Anschauung）。这一意图也并不一定要是1968年5月被大学生们强调的"想象力的力量"（L'imagination au pouvoir）内涵中的希望。相对而言，它是新的、"有见识的"（informierten），并且是应该要表现的想象力的意义中所怀有的希望。这一想象力是从投射（Projektionen）中绘制图像，以及对从比特（被称为所谓的"应该存在的图像"）而来的投射进行设计（entwerfen）。

对"渊博之眼"（informierte Auge）的赞歌是无法成功的，因为正如图像从我们周围开始向我们走来一样，正如这些图像通过计算以电子的形式呈现一样，这些图像是在辱骂"渊博之眼"。换句话说，这些图像所做的正是点的世界要求我们的——这些图像弥合缝隙（空白）并为人类群体赋予形式，整合并提供信息（使其有见识）。那些图像正以与"渊博之眼"相反的意义行动着，它们正使眼睛远离。上文提及的颂歌要失败了，因为诞生于点的世界的图像正对那首颂歌进行欺瞒性的处罚。然而，颂歌是应该被吟唱的。我们不要在黑暗之中摸索，不要对我们演奏非盖然性的小调。那么，对我们而言，眼前的现实还有什么呢？在对抗突然发出的嗡嗡之声，以及乱舞的无①的世界，我们根据什么才能将有意义的图像放入世界之中，即放入与人之为人的根本相契合的图像呢？

---

① 一无所有，即"零"。——译者注

2. 贯穿：
一个具有疑问的手势[①]

我们当前所处时代的特定手势是按压按键(如键盘按键)。自钢琴和打字机被发明以来,我们熟知了这一动作。然而,在照相机被发明之后,按压按键的意图发生了变化。在敲击钢琴和打字机时,重要的问题是将这些松散的要素(如乐音、拉丁字母)像串珍珠一样串起来。换句话说,就是将这些要素以话语的方式排列成可被听见的音调的顺序或可见、可听的陈述。然而,从照相机、电视、计算机的情况来看,最重要的问题还是呈现图像(影像)。照相机和打字机服务于行(Zeile),电视机和计算机则服务于平面(Fläche)。钢琴和打字机发挥贯穿(fädeln,穿线)的功能,它是为线服务的;照相机、电视机和计算机(如织物一般)的功能是编织(webe),它是为面服务的。在按压按键时,我们应该真诚地接受这种意图的变化。将个人电脑的键盘视为质量提升(verbesserte)了的打字机是错误的。在按压电脑键盘之时,一种对世界的新态度、新的存在形式就产生了。为了确认这种新的存在形式的真假,人们必须尝试想象以前的存在形式,即线性形式,因为通过两种

[①] 本文原标题为《贯穿》(Das Fädeln),副标题为译者根据文章内容补充。——译者注

手势（Gesten）的比较，新的手势才能显示它的新特征。

为了能够贯穿（穿线），人们需要三种东西，即松散的且能够被贯穿的要素（如贝壳、珍珠或豌豆）、线（细绳）和一根针。贯穿是这样发生的：人们看到一个场景，其中不同的元素相互关联。例如，人们面对一片海滩（场景），不同的贝壳以某种方式在沙子中组合；或者，人们潜入海中，看到躺在海底的珍珠和贝壳；又或者，人们看到一个种满豆类植物的庭院，豆荚以某种方式附着于庭院之上。在人们能看到的事态（Sachverhalten）中，只有可贯穿元素（fädelbaren Elemente）对所有其他元素都感兴趣，但它们之间存在的关系并没有被注意到。元素从它们的环境（事态）中被撕裂（herausgerissen），即它们被拾起并聚集在一起。为了能够"阅读"它们，人们首先必须发现它们——海滩上的贻贝必须从沙子里被挖出来，珍珠必须破壳而出，豌豆必须从豆荚中被取出。事态必须被破译（entziffert）。拾取到的元素可能会随机、偶然地堆积起来。此后，人们可以试探性地，以"发现性的方法"（heuristische），将手伸入其中，渐渐地将这些元素取出来，并尝试用线把它们串起来（贯穿）。这将创建"假设性的"（hypothetische）贝壳、珍珠和豌豆项链。人们现在将长时间地摆弄这些项链，直到它们满足一些先入为主的标准，即直到它们中的元素按照大小、色彩或形状排列起来。现在，这些假设性的链条如果必须达到标准状态，我们就必须用一根针从这些要素的内部穿插过去，所以我们要用针在元素上戳些尽可能细小的孔洞。对这些元素穿孔的这种操作，此后在项链上是不能被看到的，因为我们紧接着便会用针和线将它们以链条的方式编织起来。如此一来，那些处理好的贝类、珍珠或豌豆项链就可以被使用了，即作为实现其他价值的交换商品（伦理性的），作为装饰品（审美性的），作为计数（认识论的）的功能被使用。这些使用方式是可以变换的。比如，人们不仅用贝壳项链装饰自己，也可以用珍珠项链作为投资的手段，还可以用贝壳项链来计算，甚至可以用豌豆项链交换珍珠项链。

不可否认的是，对于贯穿的这种描写是狡诈的（hinterlistig）。这种描写指向的是一种科学的手势，即在所有的贯穿中描绘出最重要的手势的意图。豌豆项链意味着科学的话语，以及贯穿作为所谓"研究"的不同阶段的每一个单独阶段。但是，这种狡诈和这种偏见不应该贬低原来的现象所具有的忠诚。如果这种描写能够满足相应的要求，我们就应该提出以下的问题：从本质上来说，贯穿者从哪里得到了线和针？谁将它们提供给穿线的人呢？那些要素，如贝类、珍珠、豌豆，即所谓的"那些现象"都是外在的，不是它们"自己"生成的。但是，我们首先要解读出来的是，线和针是为了贯穿（穿线）而被创造的吗？因为如果我们在一条完好的项链上看不到针或线，针和线就遭受着被遗忘的危险。即便如此，我们如果再三思考线和针的问题，（谈论一下顺序和方法的问题）就可以识破为什么人类在创造出项链（链条）之后，长久地对那些链条进行批判。例如，为什么要研究科学哲学（Wissenschaftsphilosophie）？我们并不能简单地接受链条，就像接受事态（事实）那样，因为在事态背后隐藏着看不见的线和针（意图）。所有的链条，从贝壳链条到因果链条，都隐藏了它们的目的。

贯穿（穿线）一直是一个伴随着疑问的问题手势。人们不仅常常问自己如何贯穿，而且也常常问自己是否应该贯穿。这一怀疑有着与贯穿相适应的氛围。然而，这种氛围并不能简单地妨碍贯穿的进行，或者说妨碍被接受的事态持续发展和创建更大的链条。

自古代希腊人和犹太人之后，人类以链条的方式将具有决定性的人类行为（"有趣的"行为）贯穿起来，并创造了人类的历史。至少也是从达尔文开始，人们将植物和动物的历史贯穿起来，并且从某个时间点开始，人们将物理世界的历史也贯穿起来。在所有的事态中，人类将那些有趣的要素撕扯下来，并忽略了其他的一切，然后将这些有趣的要素排列起来用以计算,最后讲述了一个故事。如果不是因为链条如此起作用(那些链条具有价值且是美丽的,还允许人们用于计数),那么如何理解人们即使有疑问却还要这样做的事实呢?

然而,在评价贯穿时,我们必须牢记,它仅代表着一种人类文化(西方文化)的手势。换句话说,人们的确随时随刻地使用线条,贝壳项链可以在许多所谓的"原始"文化中被找到。但是,只有在西方文化中,这种计数才有意义。所有的文化都在讲述故事,它们都在讨论事态。然而,只有西方文化探讨计数,即只有西方文化是历史性的。换句话说,在所有文化中,计数都是通过手指来进行的,并且故事都是被言说的。但是,仅对于西方文化来说,计数的手指是服务于口头语言的。也就是说,贯穿无处不在,但在我们这里,语言就是贯穿。只有这样,我们才能解释为什么贯穿从公元前2000年开始就成为西方文化的支配性手势。

字母文字的诞生可以从文献中得到证明,并可以识别出以下几个步骤。首先,美索不达米亚人可能借助黏土制成的小物件进行计数,如骰子(立方体)、球体、圆锥体。这些小物件很快就变成了象征符号,它们的形状"象征着"能够对数字进行计算的事物种类,如骰子意味着绵羊和山羊等。后来,这些符号变得更加抽象,以大的骰子为例,它可能意味着"十只羊"之类的东西。然后,人们将用于计数的石子保存在容器中,通过在容器的表面进行镌刻来记录容器中物品的数量。最后,人们可以不再使用石子就能满足于雕刻代表它们的符号。正是在这种过程中,数字诞生了,也可以说数字的符号诞生了。

同时,与此相关的是,美索不达米亚人可能会将图像雕刻在黏土表面,然后将它们烘烤成砖块。这些图像在其他所有的地方都"意味着"事态。此后,人们开始强调表示个别事物的个别图像要素。这些符号排列成行,以事物的重要性构成顺序,而不是它与其他事物的关系。例如,"王"不再位于图像的中心,也不再根据事态来决定一张图像中元素的位置,而是将"王"的符号置于行的开头。不久之后,这些象征的意义逐渐以更为精致的方式(Weise)发生着变化——它们不再表示事物,而是表示事物的词。这种意义转换(Bedeutungsverschiebung)的结果是决定性的,即句子不再根据外部的标准(如"事物的重要性")进行排序,而是根据口语的结构进行排序。可以说,词汇象征符号的发展不言而喻。象征符号一开始就不仅表示实体,还表示其他口语,如用大步走的脚表示"走"(gehen)。于是,文字符号忘记了它们原本是要形象地表示文字的意思,而开始表示词汇的发音。例如,符号"Meer"("大海")与"mehr"①("更多")具有相同的发音。也就是说,符号最后仅表示声音,而字母正是在这个过程中直接出现的。

这两条线已经交织在一起并互相滋养,一条通向数字,另一条通向字母。其中,字母就像数字一样发挥着功能,数字也像字母一样发挥着功能,两者根据词汇(语言)的规则,即根据"逻辑"而成为链条的要素。然而,在这一链条的内部,两条相互缠绕的线都各自维持着它们最初的意图,即数字用于计数,字母用于描述事物。计数和描述的综合就是叙述,按字母顺序排列的文本讲述事实。整体而言,它们形成了一个像网一样覆盖事态(事实)的上下文,以便根据其结构进行过滤。最终,事态(事实)通过文本的上下文显得合乎逻辑和可叙述,而这就是"历史"。

不过,对于这种字母文本的起源,这种从文献中被粗略地重构的历史和历史意识的起源,我们忽略了具体的过程。我们将具体的贯穿手势称为"书写",为了进行贯穿,松散的要素、线和针这三种东西是必需的。在书写的时候,松散的要素指字母和数字,线指语言,针指笔或打字机。在这里,我们通过用打字机来书写的事例进行说明。相对而言,与用笔书写相比,用打字机更为便利,因为用打字机书写时,要素(字母

---

① Meer 与 mehr 的发音都是"密阿"。——译者注

和数字)储存于机械性记忆,而不是储存于我们称为"人类记忆"的不透明之中(这些人类记忆存在于生理学、心理学要素的不透明的纠缠之中)。打字机是数字和字母的机械储存器,它具有一种机制,即可以从储存器中提取个别的字母和数字,并在一张纸的表面进行按压。为了更加容易地提取所需要的要素,打字机需要遵循一种值得思考的秩序,所以这些要素并非随意地储存于打字机的"记忆"(储存器)之中。

打字机的键盘上标示有三种类型的字符:第一种类型,如">>"或"?",表示的是书写手势本身的符号;第二种类型是字母;第三种类型是数字。在人类的记忆中,可能会认为第一种类型的文字符号是无序的,因为无论何种情况,"……"或"﹡"这样的符号如何储存的问题一直没有被看破。字母则不同。在人类记忆中,它们是随着流传下来的秩序而被储存的。这一秩序虽然显示出局部变化(如"A—B—C"或"A—B—G"),但奇异的是,自从字母被发明以来,它们作为一个整体被传递却没有变化。数字按照十进制的顺序储存在人的记忆中。在打字机的"序列"中,只有数字遵循人类记忆规定的顺序,所有其他字符根据相应按键被按下的次数排序。储存的标准是储存项的冗余度(Redundant),而这种冗余度取决于人们讨论的语言。德语打字机的键盘是拉丁字母,这就是德语打字机的键盘排列方式与英语或法语键盘不同的原因。

在印刷机被发明之前,人们的印象是文字和语言之间存在一种清晰、明确的对应关系,即每一种文字都意味着与它相应的语言。希腊语用希腊字母书写,拉丁语用拉丁字母书写,希伯来语用希伯来字母书写,阿拉伯语用阿拉伯字母书写。换句话说,人们已经忘记了文字符号并非单纯意味着词汇,而是意味着发音,并且这些声音可以凭这样一种方式被约定俗成,它们甚至可以出现在整个语言范围内。当人们开始在书籍印刷中以非常物质的方式处理字母时,可以这么说,人们记住了字母的含义。从此以后,一整套语言都可以用拉丁文字来书写。从理论上看,所有的语言都可以这样书写。这样一来,语言和文字的关系已然开始松动。随着打字机的发明,这种关系又明显地发生了变化。当然,人们也可以用德文打字机书写法文,不过还是用法文的打字机书写法语文本更为方便。

从经济与性能的层面来看,便利性是打字机的制造标准(所有的机械都是如此)。换句话说,打字机对应的是手指,所以对手指来说,书写就更为便利,因为书写者在书写时并不需要特别注意自己的手指,而是应该将注意力从手指转移到其他事物上。也就是说,当使用者进行贯穿时,所有的注意力都应该集中到链条上。使用者不应注视着键盘,而应该注视打字机的"纸面"(Seite),即注视投入打字机内部的纸张。打字机比笔"更好"(besser),因为打字机使书写的手势机械化(mechanisieren),并据此使人从注意力中解脱出来,允许人们将注意力从书写文本中解放出来。因此,可以说打字机的书写是"解放了的"(emanzipierte)书写,因为处于书写中心的并非打字机,而是文本。

然而,声称书写者是将注意力集中于打字机的纸面,这种说法并非十分正确。换句话说,在书写时,书写者的眼睛专注于正被创建的文本,但他真正的注意力是在内部。当他向外看时,他其实在向内倾听(lauscht)。书写者努力地试图将他无意中听到的内心声音翻译到外在的页面上。换句话说,书写在纸面上并不是将内部的声音(sotto voce)通过所说的语言发声,而是让它变得可见。打字机是将书写的手指及其特有的贯穿手势机械化,以便于作家将手指作为语言和文本之间几乎不怎么引人注意的桥梁。

作家似乎只能感知到线、语言的话语和针。在这种情况下,书写者所做的是从声音到线的翻译,而不是让贯穿的元素、文字符号被书写者认知。书写者世界的基本结构是线条本身,看起来像一种过程。由此,我们可以得出结论:作为与书写相对应的意识维度(历史性的意识)并非在过程中产生的那些要素,而是历史性意识的本质存在于对过程的认知中。套用路德维希·维特根斯坦(Ludwig Josef Johann Wittgenstein)的主张,对历史性意识来说,世界就是发生的一切,而不是"情况性的"。

也就是说,虽然利用打字机进行书写的人能够很好地学习敲击键盘的方法,但他们也常常与符号冲突。这样说的理由有两个。第一,基于信息冗余标准对文字符号进行排序,手指越自然地按下相应的按键,字符出现的可能性就越大。但是,字符出现的可能性越小,手指就越需要搜索标志。事实上,可能的、无趣的元素几乎不会被注意到,但有趣的、信息丰富的元素会渗透到作者的意识中。第二,作者会注意到他是否打错了字,他会注意到他从记忆中带出了一个他不想带出来的元素。同时,历史意识不知道线条的点结构是不正确的。它知道结构,但只有当点很有趣或不符合线条时才会被感知,即当它们成为"问题"(Problemen)时,书写就阻碍了历史的流动。在这种对书写手势的描述中,一些本质的东西,如语言和书写之间的复杂辩证关系没有被考虑到。没有人提及这样一个事实,即在书写中,语言的所有方面,包含语音、语义和句法都会受到书写的影响和修改,而且尽管书写本身在传统上是僵硬的,但仍与语言保持一致。换句话说,书写既刻画了语言,又刻画了文字。贯穿是一个"创造性过程"(schöpferischer Prozeß),创意如此之多,以至于它可以成为充实(lebensfüllende)生活的职业。同时,作为历史性的意识与这一意识在书写时的具体手势,正如被表现出来的那种令人陶醉和令人感动的事实一样,所有的东西(事实)都没有被提及。其原因是,这里并非赞美线条的地方,而是赞美表面(平面)的地方。线条历经了几个世纪的发展过程,一直被赞美着,所以从代表着神圣历史的人们那里,到支持发展的人们那里,众多的支持者已经将它过度神圣化了。然而,在书写的手势中,我们逐渐感知到线条的没落,这就成为一个重要的问题。也正是在这一理由的支持之下,打字机成为书写工具,并将笔取而代之。

人们用笔进行书写时(在流动的字体中),那些文字符号互相混合并流动着,所以用笔书写的手势具有流动性——这是一种赫拉克勒斯①式的手势(heraklitische Geste)。然而,在使用打字机书写时,人的手指就像挥动锤子一样地进行敲击。此时,与用笔进行线性书写相比,虽然字体能够更快地流动,但此种手势已经与历史性意识的"连奏"(Legato)不再相符,而是具有了"断奏"的结构(Staccato-Strucktur)。因此,从某种意义上说,打字机虽然是历史性意识的胜利,是一种"发展",但从其他意义上来看,打字机已经一脚迈入了后历史。人们的手指已经无法再抓住任何东西(手指不再能抓住任何笔),并且手指不是在紧握的状态下敲击键盘打字。然而,文字符号在行中,作为具有鲜明性和差别性的要素被呈现出来——符号只有在阅读时,才能以一种链条的方式被结合在一起,并变得可视化。用打字机书写句子就犹如敲击的书写动作一样,证明了笛卡尔的时空性间隔(Intervalle)问题。

如果我们以内省的方式深入写作,而不是将其作为"现象学式"(phänomenologisch)的手势进行描写,我们就会遇到将那些要素从上下文中撕扯下来的过程。换句话说,这是在利用打字机进行书写时忘记贯穿的第一个阶段。当我们在书写时,我们确实在倾听我们内心的一种未说出口的语言。但是,这种不言而喻的语言有两种内涵:第一种是,这一语言通过我们的手指和眼睛,为了在那里成为"现实性"的存在而与文字产生了关联;第二种是,这一语言为了将某些前语言性的东西

---

① 赫拉克勒斯是古希腊神话中的英雄(Hercules,又译海格力斯),神王宙斯与阿尔克墨涅之子,天生力大无穷。但是,他由于出身而被宙斯的妻子赫拉憎恶,因此遭到赫拉的诅咒,导致其在疯狂中杀害了自己的孩子。为了赎罪,他完成了十二项"不可能完成"的任务。途中还解救了被缚的普罗米修斯,隐藏身份参加了伊阿宋的英雄探险队,并协助伊阿宋取得金羊毛。——译者注

表现为词汇而进行描写。我们能够将这种前语言性之物称为我们的"想象"。存在于我们内部而没有被说出来的语言，是在概念中对想象进行的描写。这一语言将那些要素转换成思考过程的概念后，为了能够将这些要素变成"现实性"的，为了努力指向文字，而从想象中将这些要素撕扯下来——这是一种指向内部的手指。

在维朗多尔夫、拉斯科、乌加里特，人们一直在说话（言说），甚至可能早在他们开始制作雕像之前就开始说话了。因此，他们看起来似乎总是以过程性、逻辑性的方式进行思考一样，因为如果根据上文言及的内省，即说话是从想象中将那些要素撕扯下来，并将这些要素以话语的方式排列成行，那么打字机可以表明我们在这里犯了一个概念性的错误——逻辑思维过程只在文本中才能成为"现实的"，并且只有未被说出来的语言才具有走向文字的倾向。没有被书写下来的语言只是成为话语式思考（推论思维）的一种可能性而已。换句话说，虽然人们总是讲故事，但这些故事遵循着非逻辑的顺序，因为它们事前不会数数（计算）。对我们来说，此类故事看似具有非逻辑性，是因为故事中的那些要素并非像我们以为的那样一个紧跟着另一个，而是处于一种相互面对面的状态。前历史的说话者并没有按照逻辑贯穿他们的故事，而是（像织物一样）编织故事。他们的故事形成了一张密密麻麻的网，而不是我们想象中的像一条线。这就是为什么我们在倾听那样的话语时常常会犯下错误，误以为我们要在其中寻找线。前历史的人不用通过文字范畴事先记录他们的内在语言，而是让内心的声音说话。我们可能会这样言说：即使不控制内在的语言也能够被听到。书写大致是对思维过程的控制，即让思维首先成为一个过程。打字机展示了书写如何使思维发生变化，以及在字母文字发明以前过程性思考是不可能的这些事实，因为当时也并不具备能够发挥贯穿作用的针。（在想象的事态中）那些要素是被赋予的，在人们实际说话之时，这些要素是从事态中被撕扯下来并出现的。事实上,语言是被赋予的,并且它实际上是从口中向外流出的。文字不是被赋予的,因为还不存在将那些要素贯穿起来的针。书写字母文字是将思维过程变成逻辑性的过程,是将事态转换成历史的过程。在字母文字的帮助下,西方文化一时地支配了地球。当前,置入文本的文字符号间的缝隙正在逐渐扩大。此外,还有一个事实尚未被阐明,即文本文字符号的间隔促使了事态(事实)的逃逸。至此,文本的行即将崩溃为要素。人们开始意识到这些文本的创作要归功于线和针的存在,但这两者都是值得怀疑的。因此,这是历史(故事)的终结。

3. 缝隙：
填补空白①

抽象就是撕裂（Auseinanderreißen）。在抽象之后，一侧是抽象的，另一侧是暴露的。具有抽象能力的人会发现自己处于抽象在"真实"中打开的裂缝（Kluft）里。人类是抽象的动物，他们的栖息地就位于缝隙（Lücke）里。人类存在着，并生活在撕裂的伤口处。为了能够生活在这种张开大口的虚无之中，他们试图再次愈合被撕裂的伤口，即试图再次具体化他们的抽象。这种对救赎和治疗的寻求，这种对被分析者的再综合的寻求，是一种反对抽象游戏的运动。同时，这一运动在起初就与抽象游戏相伴而生，以魔法（Magie）作为开始，以技术（Technik）作为结束。然而，此时呈现的结果不是一个理想的、完全被疗愈的世界，而是一个伤痕累累的世界。

此时，重要的问题是将抽象之物重新附着于（zurückzukleben）"事物"之上，通过拼贴将抽象的世界具体化，即对其进行建模。我们可以在抽象游戏（文化史）的过程中观察抽象出来的维度是如何一步步以建模的方式来整合剩下的东西的。例如，我们知道图像世界的时间模型。

---

① 本文原标题为《缝隙》（Die Lücken），副标题为译者根据文章内容补充。——译者注

根据该模型，时间是一种在图像表面上旋转的永恒回归运动，它总是把图像元素放回原位。又如图像世界的空间模型。根据该模型，上层世界和下层世界在现象平面的上下弯曲会影响它们从这些崇高的和地狱般的曲线流到图像表面的过程。就历史的线性世界而言，我们知道整个范围的时间、空间和平面模型，如犹太-基督教，赫拉克利特或黑格尔的时间模型，托勒密、牛顿和爱因斯坦的空间模型，以及欧几里得和非欧几里得几何的平面模型。所有这些模型的共同之处是，它们或多或少都可以很好地适应抽象后被剩下的"事物"，它们或多或少是很好的权宜之计，它们与剩余的"事物"匹配得越好，模型就越被视作"接近真理"，因为"真理"是使模型适应抽象后仍然存在的"事物"的同义词，即"事物与认知的一致"（adaequatio intellectus et rei）。例如，图像世界的时间模型在历史性的世界中就不再是"真理"，因为它与留在那里的事物不太相符。

　　在抽象的最后一步，即从线到点的阶段中，没有留下模型可以适应的"事物"。在那里，人们手中再也抓不住任何东西。刚刚出现的世界是完全抽象的，它是作为引号里面的整体而存在的——它是一个空的世界。这是一个如大口般张开的虚空，其中充满了零维的虚无。那里的一切都是抽象的，并没有什么是被赋予的。就像在以前的世界中一样，它不再是一个弥合缝隙以找到回到具体之路的问题，因为整个世界本身就是仅剩的一个缝隙。相反，要创造出一个可以放置在虚无与虚无之间的巨大鸿沟上的模型，才能给生活在这个抽象世界中的人类一种富足的印象（感觉）。因此，毫无疑问，在刚刚兴起的世界中，概念获得了新的意义。由于模型不再适用于任何事物，建模也将不再只是附着物，而是成为通过设置使我们可能放弃"真理"的标准。使模型适应剩余的"事物"（现象）的真理，在没有更多现象可以适应的情况下失去了它所有的意义——人们将不得不去寻找新的模型标准。

3. 缝隙：填补空白

进而言之，在抽象游戏进行的过程中，我们可以观察到作为区分模型标准的真理的概念是如何逐渐淡化的。世界越是变得抽象，维持这一世界的那些模型就变得越可疑。那些图像世界的模型毋庸置疑被视为真理，即它们是"被信任"的，它们具有宗教性。与此相反，历史世界越发展，那些过程的线就越发崩溃。如果人们越能意识到这个宇宙中的缝隙，那么维持这一世界的那些模型就越值得怀疑。到19世纪为止，人们已经不再认为牛顿的模型是实际的真理，但人们却认为这一模型比托勒密①的模型更为真实。那些历史性世界的模型越来越具有科学的特征，即它们越来越好，越来越真实，但真理却被视为无法实现的模型。即使是在20世纪初，认为爱因斯坦的模型比牛顿的模型更真实也是没有什么意义的，因为它只是"更好"，即更简单、更深远，它填补了更大的空白（缝隙）。

在新兴的点的世界中，那些模型将失去其科学性。人们会完全意识到它们是被有意制造的人工制品，是"艺术品"，并且制造它们的意图是掩盖世界的空虚。换句话说，人们会意识到科学是一种艺术。随着人们对艺术作品本质的洞察，如爱因斯坦的世界观，人们在区分模型时将不得不应用美学标准，而不是认识论标准。一个模型越好，它就可以被体验得越深入，而不是越真实。

我们之所以意识到围绕着自己的所有东西都是人造的，是因为它们是由人类建模的，而且是在一个巨大的虚空中被建模的，这标志着从历史世界到点的世界的转变。这种洞察力迫使我们放弃任何存在论，放弃对所有的存在方式进行区分，尤其是对"赋予"（Daten）和"制造"（Fakten）的区分。更为重要的是，它是关于最终天真的丧失，关于在

---

① 克罗狄斯·托勒密（Claudius Ptolemaeus）是希腊数学家、天文学家、地理学家和占星师。他住在亚历山大，并有一个拉丁名字，所以有历史学家认为他可能也是罗马公民。——译者注

我们开始抽象之前与那个世界的完全疏离。我们之前的那一代人仍然能够区分"自然"和"文化",从而区分自然科学和文化研究。他们可能认为区分"事实"和"幻觉"是有道理的,在"发现"和"发明"及"观察"和"幻想"之间,这一类范畴的边界已经变得狭窄,并且这些类别之间的界限对于这一代人来说已经开始模糊。然而,对于我们来说,一切都变成了虚构。或者换句话说,我们认为所遇到的一切都是人为制造的。

举例而言,在花园大门后狂吠的狗和陈列柜中用陶瓷制造的狗的区别如下:狂吠的狗就是原型的狗,陶瓷制作的狗是根据狂吠的狗的模型被制造出来的;狂吠的狗是自然属性的,陶瓷的狗是人工属性的。同时,我们一下子便可以发现二者的差异。然而,最重要的是,这种认知在另外一种视角的观察中出现了些许差异。我们知道,吠叫的狗是由小得不能再小的粒子组成的。这些粒子在虚无中旋转。由于我们拥有"狂吠的狗"的一个模型,所以我们知道能够使狂吠的狗从这一可疑的环境(这只狗的"生态体系")中凸显(区分)出来的事实。根据另一种模型,我们不会感知到狗吠,而是感知到狗用尾巴敲击花园的围栏,并且是以特定的振动来传播声音。我们知道自己面对的是一只狂吠的狗,因为我们有"狂吠的狗"这个词语。换句话说,我们知道自己在这里经历的是我们自己以某种方式从大张着嘴巴的空虚中提出来的,并以"狂吠的狗"的名义来命名它。进而言之,虽然产生了"狂吠的狗"的一些模型是古老的且在我们心中根深蒂固的,但我们与前几代人的区别在于,我们了解这些古老的模型。即使大部分狂吠的狗是无意识地被制造出来的,但我们知道它们是一种创造而并非赋予。狂吠的狗和陶瓷做的狗之间的差异因此缩小为程度的差异,并且我们可以想象中间的阶段,想象狂吠的狗的全息图像和狂吠的狗的人工智能,即可以想象一种与所谓的"自然"生命没有任何区别的人造生命,因为这种"自然"生命本

3. 缝隙：填补空白

身就是生物学模型产生的虚构。

当然，古老的模型仍然有效，这多亏了我们从周围嗡嗡作响的虚无的点中创造出了或多或少被清晰界定的形状。我们仍然害怕被狂吠的狗咬伤，实际上我们偶尔也确实会被它咬伤。然而，我们现在知道吠叫的狗和被咬是模拟经验性体验。这一体验改变了我们的经验。生理学、心理学、认识论和类似的学科目前与所谓的精确科学交织在一起，表明我们要从这些古老的模型中解放出来，并使用其他模型来代替它们。例如，在我们体验狂吠的狗的地方，我们也可以体验完全不同的东西，因为狂吠的狗只是我们在那里体验可能会发生的众多形式的事情中的一种。总之，古老的模式仍然奏效，但它们不再是"绝对的"。我们意识到，在某种尚不明晰的意义上，我们对自己所经历的一切进行建模，并且我们可以用不同的方式进行建模。我们现在所处的世界，这团虚无中的点的混乱是一堆可能性。虽然自古以来我们一直使用传统的方式建模，没有其他的形式，但当前出现了以不同的方式进行建模的可能性。我们知道是自己以某种方式具体化了这些可能性，并且我们根据自己制定的模型做到了这一点。我们将自己视为艺术家，并将我们周围的世界视为自己的艺术品。

我们可以从不同的角度来处理这种随着世界分解成点而产生的高度异化（Entfremdung）。例如，人们可以从精神病学上讲"集体偏执狂"（kollektiver Paranoia），或者从神学上讲"上帝之死"（Tod Gottes）。然而，这里的重点不是要诊断我们当前的异化，而是要尝试想象这种异化在不久后的将来会产生的后果。为此，我在这里展开的思考可以总结如下：人类有史以来一直参与的抽象游戏已经到了一个没有什么可以被抽象的阶段了——游戏结束了。一个完全抽象的点的世界出现了。在这个世界中，我们不能再坚持任何具体的东西。为了能够体验任何事情（为了能够真正地生活），我们必须有意识地创造出我们自己要体验的东西，而以这种方式人工生产出来的东西，可以被视为抽象世界中蕴含的可能性的实现。我们可以通过捏造任何东西来体验具体的事物，但我们不能将不存在于世界中的东西捏造为一种可能性。在我们的这种局限性中，在这种对世界的依赖中，我们仍然是"存在于世界内"（in der Welt sind），而不是具有"自由精神"（freie Geister）的人。然而，我们与世界的距离已经足够遥远，"疯狂"到无法再分辨真假、科学与艺术，我们所有的经历都变成了空想的科学。

这种异化的后果广泛地存在着，并且已经相当充分了。当前，试图区分真与假是没有意义的。换句话说，当我们头晕目眩地想象在人工建模和幽灵般的现象中生活会是什么样子时，我们已经成为科幻生活的一部分了。我们没有必要想象一个人在全息图下漫步，也没有必要想象一个人不能区分他对另一个人的爱和对编程机器人的爱，因为我们当中的一些人已经变成这样了。如果我们想想自己在电影院、电视屏幕或电脑屏幕前的经历，就不难想到这个未来的人类图景了。空想的科学已经是适合我们这个时代的现实主义和自然主义了。

例如，在电影中，我们体验到一些被投射的东西，这是这种新体验的典型特征。那些图像被投射到虚空之中，如对着空白的屏幕进行投射。试图用手或手指抓住这些图像是荒谬的，因为这些图像不存在，它们只是一种设计而已。当我们对这些图像进行存在论分析时，我们理解和掌握的只有虚无（如屏幕的空白）。同时，我们在这种荒谬的尝试中获得的经验是，这些图像并不存在。尽管如此，或者正因为如此，我们体验了这些图像。因此，设计这些图像的意图不是理解和掌握它们，而是要体验它们。现在，人们的意图是用可以体验的东西来覆盖现在被理解和把握为虚无的世界，即填补空白。

我们不能基于存在论来分析我们在电影院和其他地方的经验，虽然探究这些经验是否真实是没有意义的，但我们仍然可以判断它们。

换句话说，我们可以问问自己对它们的体验有多强烈。我们可以在美学上评价它，而且现在已经发展出一门学科，即信息学。借助这些学科，我们能够或多或少地、精确地作出评价。我们可以询问自己的经验在多大程度上提供信息，这使我们能够定量地组织我们在新兴的人造领域中的经验。在将要建立的模型的一端，将会存在几乎没有信息量、无聊、多余的体验——"低俗品"(kitsch)；在它的另一端，将会存在高信息量、耸人听闻、令人惊讶的体验——"非盖然性"的体验。对线性历史世界的批判就是对进步的批判，对新兴计算领域的批判将是对信息的批判。这意味着，在这个世界中，我们将不再（就像我们在历史世界中所做的那样）对屏幕上或发生在其他地方的事件进行批判，而是对它进行模型设计，即对事件背后的设计进行批判。

据此，批判的兴趣从外观（屏幕、电视屏幕、照片、一般的空表面上）转移到投影设备（放映机），即到一般的装置为止，并通过装置转移到投射意图——胡塞尔(Husserl)在另一个语境中称之为"纯粹的意向性"(reine Intentionalität)。批判性兴趣的这种革命性逆转，即不再通过现象走向基础文本的方向，而是从现象之中跳脱出来，走向设计的方向——这就是我们进入抽象的最后一步的典型特征。甚至在我们实践科学哲学时，我们也在实践艺术批评。在所有的领域，我们根据信息标准对自己想要研究的现象的模型展开批评。我们不能提出"这个模型或多或少是正确的吗"这一问题，却必须提出"它包含多少信息"的问题，并展望未来。然而，关键问题是，模型是如何被创建的，所有这些电影、小广告、科学世界观和政治计划，是为了让我们体验虚无而设计的吗？它们由什么材料制成，又是如何制成的？

我们看一眼电视屏幕就有答案了。那里投射出的图像是为了具有一定形态而集合成的点。投射模型是点的集群，这些点被体验为"好像它们是我们关注的东西"的感觉。投射模型是模拟具体事物的虚无的集合。建模目前是一种将飘浮在虚空中的点组合成形状的手势,即它是一种"提供信息"的手势。我们在计算机操作者身上可以最为清楚地看到这种手势——他们用指尖按下按键,使按键代表的点在计算机屏幕上显示为形状。但是,电影制作人、摄影师、视频操作者的手势也具有这种点结构。同时,如果我们考虑理论科学家(theoretischen Wissenschaftlers)或政治程序员(politischen Programmators)的内在(innere)手势,我们也可以在其中找到相同的结构。这就是为什么所有的建模都可以计算机化——它是点的计算(Kom-putieren)。

在前三个世界中,试图回归具体就是一种坚守的手势。模型是黏在剩余事物(verbliebenen Sachen)边缘的胶水。在新世界中,试图回归具体是一种握紧的手势,模型是不知从何而来的棉球(Watteballen)。我们模型中的这种棉花状、云彩一样的东西,虽然难以理解,但这些很容易形成和改变的部分解释了我们如今的生存氛围。要知道,我们能够存在于这样的氛围之中——我们正徜徉在浓雾中。

模型的制造者(程序员)处在大量的可能性(处在一个作用域)中,就像磁铁处在电磁场中一样。然而,与磁铁不同的是,程序员通过键盘被武装起来——他们是与钢琴师类似的装置的权威者。键盘使程序员能够从大量的可能性中进行挑选,以便使它们成形,就像磁铁处理铁屑一样。然而,与磁铁有关的这个类比具有误导性,因为模型的创造者并不遵循可能性领域的形态赋予(gegebenen Struktur)结构,而是遵循发明(erfindet)的结构。我们可以在自动化、人工智能化的模型生成器那里了解这个"发明"是如何工作的,即通过偶然得以生成。模型的"发明"与可能性的随机聚集有关,即关于使可能性被"盖然性地创造出来"有关。此时,可能性如何重合,它们又如何"依附"?借德谟克利特的话来说,这就是使链条重合的方式,是构成盖然性的原因。那些模型看起来成为可能的可能性,就是对真理的模拟。

3. 缝隙：填补空白

通过这种"自动"发明的方法，随着时间的推移，我们能够认识到，我们目前在点的宇宙中看到了一种组合游戏。由于这种"自动"发明的方法，即使是非盖然性的模型（如只有像太阳系、活细胞或人脑这样非盖然的形式），随着时间的推移也有偶然形成的可能。就像不可能形成的云层一样，这些形式从可能性的阴霾中出现，但必然会消散于其中。"必然性"是一种越来越盖然性的趋势。人类模型制造者与"自动"模型的不同之处在于，人类模型制造者的意图是创造非盖然的模型，利用机会（迎接着必然性、秉持着偶然性并进行游戏）来对抗战胜时间的需要，即现在有意识地生产将成为自动、及时的东西。人们不要等待文字处理器在可预见的未来自动创建《神曲》(*Göttliche Komödie*)，而是现在就创建（创作）它。模型的研究是预测盲目的、无意义的、自动的可能性组合游戏，它创建了非盖然性的模型。这种意向可被称为"发明精神"或简单地称为"精神"(Geist)。

为了寻找非盖然性，人们在大量可能性的集群中用手摸索"信息"，这是在寻找可体验之物，寻找"冒险"，因为一个"事物"越具有非盖然性，就越能提供丰富的信息，也就越轰动。人类的模型创造者的目标是创建体验模型。同时，借助计算机键盘，人类在模型创造之中常常更能够取得成功。我们在迷雾笼罩下的生活越来越轰动，一种强烈的体验追逐着另一种体验。这样的生活是如此的迷人，以至于我们几乎无法将自己从电视屏幕上移开。然而，我们同时又知道所谓的"非盖然性"之物，它们意味着"表面上的虚假"(scheinbare Unwahrheit)。我们生活的科幻世界向我们提出的问题是：所谓"表面上的"(scheinbar)和"虚假的"(unwahr)这两种否定是否能够通过一个立场而得以扬弃？"越是非盖然的，就越是具有真理性"这样的问题是否正确呢？或者再问一个可能过时的问题：在科幻世界中，体验的强度是具体的衡量标准吗？至此，用概率的计算代替历史意识的列举和叙述成为一个至关重要的问题了。

这些反思旨在表明历史存在和意识的"贯穿"与历史存在和意识之后的"摸索"之间的区别,并以此看到从过程到我们被要求采取的计划的艰巨步骤。在这一点上,我们可以暂时说出这种差异:我们已经失去了之前几代人将世界融入过程的指导方针。因此,世界被原子化,分裂成呼呼作响的粒子。没有了指导方向,我们继承的所有的针,所有使过去几代人适应被赋予的贯穿之法,都变得毫无用处了。于我们而言,再没有什么可以计算、讲述或解释的了。我们不能再致力于反对形象束缚的、神奇的存在和思维,而只能支持科学思维和历史存在。

相反,我们的存在和思维发生了一百八十度的革命性转折。在存在和思考中,我们不再远离平面而走向线,而是远离崩溃世界的尘埃而走向平面。我们不再寻求解释(Erklärungen),而是寻求感觉(Sensationen);我们不再想寻找表面背后的真相,而是从周围嗡嗡作响的可能性中制造出非盖然的世界;我们不再是研究者,而是成了发明家;我们不再是科学家,而是成了艺术家。毕加索所说的"我如果不寻找,就无法发现"(je ne cherche pas, je trouve)对于我们而言,是再适合不过了。在历史世界中,人们怀疑艺术和人工接受了向魔法世界倒退的协议;如今的科学被怀疑接受了将自制的、新发明的线走私到现在的世界中的协议。但是,作为艺术,作为指南(线)的发明者,科学恰恰对我们仍然奏效。

我们对非盖然性的探索逆转了历史的手势。我们不再试图解释图像,而是相反,试着以类似于马赛克的方式从点开始创建图像;我们不再克服表象性,而是从张开的巨口渗透到表面(试图展开平面式的挖掘);我们试图像在深渊上人为地拉伸这个表面,即在深渊之上开拓新的空间。表面和皮肤不再是我们的起点,而是我们永远无法真正达到的目标,因为我们的"理想"是表象性的。

4. 平面：
传统图像与技术图像的区分①

平面不可用，而我们手边只有移动的立体。手是将立体握紧并使劲攥住的身体器官，所以我们的手中仅握有立体之物。当然，在我们的周围，平面是随处可见的。这些平面是为了眼睛而存在的，并且在眼中是以两种截然相反的方式出现的：一种是通过立体的抽象，另一种是通过点的组合。两种类型的平面看起来是类似的，我们的肉眼很难区分它们。然而，重要的是，这两种类型的平面在结构和功能上完全不同。这两种类型的平面对我们来说意义重大。如果我们思考这两种类型对我们的认知、价值观、体验、行为产生了多深的影响，我们就可以确信，我们对这两种类型的洞察还远远不够。

乍一看，区分壁画等传统平面和电视图像等新平面似乎并不困难。传统的抽象图像是人造平面，新的计算图像是装置制造的平面。这个明显的标准虽然无疑是正确的，但这两个原因显然不足以支撑它。这样说有两个理由：一是这种区分标准是模糊的，二是它没有解决区分的问题。它之所以模糊，是因为拉斯科的壁画师在创作平面时也有可以

---

① 本文原标题为《平面》(Die Flächen)，副标题为译者根据文章内容补充。——译者注

使用的工具,而相机在拍照时也是摄影师的一种工具。因此,这一标准允许错误的意见,即两种类型的平面之间的差异仅存在于程度上——装置只是精致的画笔。同时,该标准不满足差异化的问题,因为它没有说明装置从另一侧到达平面这一事实。因此,它允许人们错误地认为这两种平面类型仅在生产方法上不同,而在结构和功能上没有区别。这两个互补的谬误普遍流传,并有助于掩盖新图像的不透明性。换句话说,虽然新的计算平面是由装置产生的这一事实,对于理解它们无疑是重要的,但仅仅陈述这一事实是不够的。

考虑差异的更好的起点是检查指导图像制作的"意图"。制作传统图像的目的是使事实显而易见,即它们旨在表示情况。制作新图像的"意图"是让可见的点(零维的点)漂浮在虚空中。因此,新图像意味着那些点,但是却假装像传统图像一样指代着一种情况(事态)。新的图像具有欺瞒性,它们的意图是创造一种视觉性的错觉。这种差异虽然是具有根本性的,但并不容易被识别,因为传统的图像也在对我们进行欺瞒,通过让我们将某种不存在的东西视作某物而进行的一种欺瞒,目的是使我们产生信任感。换句话说,传统图像是伪装成一种可被分析的立体(事态、场景)。然而,事实上,传统图像的重要之处并非对图像观察者的欺瞒,也不在于让人相信某种不存在的东西是存在的,而是其本身被视为某种东西——传统图像应该意味着某种事态的象征,提供事态的抽象。然而,新图像却是实实在在地试图欺骗观察者。具体而言,它通过两种方式达到这一目的:首先,它们隐藏了自己是点计算的事实,并假装与传统图像具有相同的含义;其次,在更高层次的欺瞒中,它们似乎承认自己的起源是点,但并非通过假装自己意味着某种事态,而是谎称自己"客观上"意味着从点到点,即承认自己源自于点,但目的是提供"更好"的图像。

举例而言,一个政治家的油画肖像是为了表示一个人而制作的平面。这个意图对观众来说是非常清楚的，所以这谈不上是欺诈。观众（观察者）知道这是试图在平面上象征性地表现一个立体，是一个从特定角度将立体投射到平面上的问题。因此，观众将识别图像中情况（事态）的主观抽象。通过这种方式，观察者将"解读"这一图像。出现在电视屏幕上的同一个政治家的形象是一个平面，政客就以显在的状态进入观察者的私人空间，并在观察者的私人空间中像模像样地存在着，这就是新图像创造的意图。政治家的图像就是模拟这个人在观众私人空间中的存在。由于两个原因，这种欺骗取得了惊人的成功。首先，图像看起来不是由点组成的，而是作为一个物体的投射出现的，就好像它是传统类型的图像一样；其次，图像看起来好像与政客的身体一点一点地重合，好像身体的每一点都在图像中创造了一个点。电视画面表现为政客身体的一系列序列，所以可以说这个身体实际上存在于观众的私人空间，哪怕是间接的。即使观众无法联系到这位政治家，也很少回应他的演讲，但他们仍然与他有着非常具体的联系。人们不会试图将电视画面"解读"为图像，而是会批评政治家本人。这种在缺乏证明的情况下对新图像展开的批评证明了其欺骗意图的成功。

　　我们可以在不同层次的所有的新技术图像中看到点结构。因此，一张照片是由颗粒组成的表面，一系列照片是由彼此清晰可辨的平面组成的。电影、电视或视频也可以在重叠的平面上进行相同的点分析。似乎每个单独的平面都由"意图"凝聚并构成它的点，但点结构似乎会在下一个更高的层次上重新创建自己。技术图像的量化拼接性一次又一次地突破了技术图像意在以点造面的意图，也突破了技术图像掩盖其意义的意图。所以，根据"意图"，照片应该意味着风景，电影意味着过程，电视画面意味着人物，就像前技术图像所描绘的一样。然而，技术图像实际上表示的是那些与构成它们的点相对应的清晰的和不同的概念。技术图像通过手指指向产生它们的装置中的程序，而不是指向外部世界。技术图像是概念、计算思维的象征,而不是面向具体世界的平面。它们是从抽象到具体的方向的设计,而不是像传统图片那样,是从具体到抽象的平面。创建技术图像的手势与传统图像的方向相反。从这个意义上说,技术图像是反图像(Anti-Bilder)。

举例而言,我有一张美国地图,它的标题是《美国地形图——彩色绘图仪第三表面软件应用实例》(*A Relief Map of the United States, Example of the Application Color Plotter 3rd Surface Software*)。这张地图是绘图员使用计算机程序制作的,计算机已经输入了有关美国的地理数据,如选定点的数百个海拔高度。此外,各种地图生成机制已被输入计算机,如投影规则和色彩代码。根据这些规则,山谷在地图上显示为绿色,山脉显示为棕色。绘图仪的人工指尖将这些数据和规则转移到一张纸上。我看到的似乎是一幅美国的图像,一幅我从未见过的清晰而逼真的图像,哈得逊河谷和加利福尼亚州的大裂谷几乎触手可及。同时,这张图是我根据 14 个投影角度计算出来的综合图。也就是说,美国不是以一个表面的形式出现,而是几乎以"肉体"(körperlich)的形式出现。因此,我的印象是我站在呈现美国表面的客观画面前。

事实上,我知道我面前的地图意味着计算机程序,组成它的线条实际上是储存在计算机内存里的点的投影。我也知道地图试图将点转换为平面,摆在我面前的不是美国的照片,而是与美国有关的概念的图像。此外,我还知道这张地图的出现需要哪些步骤。首先,所有运动都必须排除在"美国"这个具体现象之外,这个现象必须被抽象为一种事态;其次,必须从这种事态中排除深度,即必须将事态抽象为平面;然后,可以将深度重新引入该平面,如通过重新描绘线影(Schraffierung);之后,必须将宽度从表面中提取出来,并将图像抽象成文本,如描述山脉表面的语句;最后,过程必须从这些文本中被排除,文本行必须分解为数据,继而抽象为点，最终构建出我面前的美国图景。不可思议的是，以这种迂回方式制作的地图给我的印象是它比传统地图更真实、更客观。

我的地图（以及经济情况的照片、电影、电视、计算机预测等）在表面上的客观性是基于这样一个事实，即这些图像由每一个点与对应的意义覆盖而成，并且它们整合了这些点之间的缝隙。然而，这种客观性只是表面上的，因为技术图像的意义不是外面的具体世界，而是清晰明了的概念世界。实际上，最重要的显然是一种"忠实的"图像，但它们仅仅忠实于它们的程序，而不是表面上的含义（对所谓的"美国"这一现象并不忠实）。我的地图忠实于计算机程序，而不是"美国"现象。仅就程序员的概念表示美国而言，它才完全表示美国。反过来，这些概念表示对具体现象的"美国"的非常广泛的抽象。我的地图对我产生的影响的不可思议之处是，我通过最终的、无维度的抽象来寻求通往具体的道路，然后体验这种抽象的投射，即来自这种"美国"模型投射出的具体的体验。

技术图像是一种模型，它来自点的宇宙的设计，其目的是使这个世界可以被想象，即旨在再次赋予点的世界以长度和宽度的表面，以此为基础，在长度和宽度"之后"，赋予其能够再次构成深度和移动的可能性。技术图像是一种具体的模型，从抽象世界的角度来看，它呈现的是"应该是这样的"。我的地图上写着："基于对相关数据的计算点的分析，这是美国表面的样子。"如果我根据的是对其他数据的不同分析，那么这个表面看起来就会不同。但是，模型的多样性绝不会降低它们的保真度。模型越忠实，它们投射的点就越密集。所谓的"忠诚"不是模型对具体之物（实际之物）的充分体现，而是对概念功能的体现。因此，模型有效性的标准是它的内部一致性，而不是它与外部世界的关系。我的美国地图是一种"有效的模型"（gültiges Modell），它是忠实的、客观的。这不是因为它以某种方式与美国表面重合，而是因为它一致地协调了可用的数据。

技术图像展现了具体的现象在抽象的点的世界里应该如何存在。技术图像具有命令式的特征,它是一种行动模型(Verhaltensmodelle)。然而,在大部分的情况下,我们在技术图像里无法看出那种特征。我的美国地图将自己呈现为美国表面的认知模型,它似乎是指示性的(indikativisc),并能够唤起人们的印象,即似乎在陈述一些关于这个表面的事情。显然,我可以使用它们来确定我在外面世界的方向。然而,我的地图实际上是绘图仪按照计算机程序绘制的图像。"绘图仪"(Plotter)这个词就很能说明问题:to plot＝遵守秘密战略。这张地图是关于程序和地图仪人工指尖之间的阴谋,而这个阴谋是为了误导我。我应该认为我可以使用地图,但我实际上是通过我相信地图和具体现象之间的巧合,通过我对图像的"视为真理的信念"来为这个图像服务的。我的地图(以及一般包含所有技术图像)的功能是将具体世界的程序化(programmierte)观念(Vorstellung)强加于我,从而将我对世界的认知与评价,以及我在世界上的行动程序化——这就是它的本质。技术图像的这种命令式的功能(更不用说"帝国主义的功能")在电视中尤为明显。

一方面,电视屏幕上的图像经过计算以唤起社会中特定的行动样式。电视图像的收信者在上述意义上"越相信它是真理",电视图像的目的也就越能更好地达成。这是因为,越是相信这些图片与外在现象逐点对应的人,越会体验到其中的世界,并在世界上根据它们开展行动。另一方面,我们可以质疑电视广播存在大量且经常相互矛盾的程序(行动模型)。例如,在全球范围内,所谓的"民主国家"和"社会主义国家"的电视程序相互矛盾,甚至在所谓的"多元社会"的一个电视信道内也因存在差异程序而相互矛盾。接收者可以在不同的程序之间进行选择,对程序进行比较,并基于综合的考量,使自己的观点不断地深化。因此,可使用的电视程序的多元性是指向自由的、具有开放性的,特别是考虑到人工卫星将很快扩大模型选择的范畴，就更是如此。然而，事实上，各个模型之间的矛盾只是表面上的。它们中的每一个都是忠实的、客观的模型，因为它们与投射它们的程序逐点重合（覆盖）。所有的模型相互矛盾，只是因为来自不同视角的预测相互矛盾。任何在模型之间进行选择的人，实际上是在众多的程序与命令之间进行选择。换句话说，他们在不同的主人之间进行选择。任何试图综合各个程序以获得超越它们的观点的人，实际上只是在分析程序，以强调它们的共同点，即为了揭示命令而对程序进行分析。这种系统分析并没有导致程序的超越，即无法得出所谓的"自由的结果"，而是达到一种认知——洞察到我们将不可避免地屈服于技术图像的暴力。要知道所有的电视程序都是经过计算以对特定行动进行编码（程序化）的，并且所有的这些行动形式都具有量子化（比特）结构（它们的共同点是具有人工智能的气质）。这就很好地说明了，在本质上，无论人们如何被这种或那种行动模式程序化，都是基于"大众文化"而做出行动的。因此，世界各地的人的行动模式基本上都是非常相似的。

由此，我们可以得出结论，那些分析单个程序之间的矛盾的人错过了技术图像命令功能的本质。诚然，苏联电视中的意识形态与美国或中国的不同，所以这三个国家的收视者看到的是"不同的东西"。但重要的是，在这三个国家，它们都被程序化为具有相同的行为结构，即在技术图像的功能之内发挥作用。上述媒介的使用者在接受各自的电视的程序化后，无论是在苏联修理拖拉机，还是在美国买狗粮都无所谓，这些都不是问题的根本。相对而言，根本性的问题是，媒介的使用者使用他们的电视媒介程序，并据此做出的行动。决定技术图像功能的不是程序员的意识形态，而是生成技术图像的装置的结构。技术图像具有命令属性，不是因为一些理论家利用它们来操纵社会，而是因为它们是来自点的世界的投射——这些点声称与外部世界可以点对点地相互重合。由此可知，人工绘图仪、人工智能及依赖人类而实现的装置的自动化（而不是人类）需要对技术图像的命令式、"帝国主义式"特征负责。

从点的抽象宇宙投射出来的模型如果是一致的，它们在客观上就都是"忠实的"。它们之间在客观性方面没有争议，因为具体世界对它们来说不是真理的标准。"真理"这一概念并非为了模型而存在，所以认为一个模型比另一个模型更真实是没有意义的。例如，声称美国电视台的谎言比莫斯科电视台少，这是没有意义的。这个事实可以从具体世界中，以及从不可能的物体投射中看出来。这些物体，如弯曲到第四维的球体或莫比乌斯带①，不是具体物体的变形，而是分解成比特，并输入到电脑记忆中的那些方程式，被客观地、忠实地投射了。它们与我的美国地图、所有的电视程序或历史事件的照片记录一样，都具有客观性。任何第一次看到这种不可能物体所形成的图像的人，自然会抗议它们呈现出来的幻觉。然而，人们并非因为从自己具体世界之中获得的某种经验或认识才有所行动，而是那种类型的图像与自己本身的程序不相符。出于同样的原因，巴西的印第安人第一次看到精子奔赴卵子的图像后也会提出异议。那些不可能的事物的图像，因为与观察者本身的程序不一致，才变得"不正确"了。

出于同样的原因，莫斯科电视台的内容对纽约人来说并不是"真理"。如果人们意识到"真理"的概念与具体现象一致在技术图像领域毫无意义，人们就会更接近这些图像的信息功能。只要这些技术图像所代表的东西不在接收者的程序中，它们就会提供信息。从这个意义上说，"信息"的概念在信息理论中是具有意义的。例如，莫斯科电视广播对于美国接收者来说是信息丰富的，而不可能之物的图像对于普通

---

① 莫比乌斯带（Möbius strip）由德国数学家莫比乌斯和约翰·李斯丁于 1858 年发现。具体而言，是将一根纸条扭转 180°后，将两头再粘连起来做成的纸带圈，具有魔术般的性质。——译者注

4. 平面：传统图像与技术图像的区分

接收者来说是信息丰富的。在技术图像领域，信息的含义几乎与"真理"相反，即信息是非盖然性的。技术图像越是非盖然性的，它提供的信息就越多。

技术图像的特征在永恒的回归之中被反复。它们不像传统图像那样是"原件"，而是储存于装置的人工记忆中的原型，并且是能够被不断地复制的。于是，随着时间的推移，原来提供信息的所有图像开始逐渐变得"信息过剩"（redundant）。换句话说，通过不断反复，它们在使用的过程中得以统合。这样一来，技术图像便不再提供信息了。已经习惯了莫斯科电视台的纽约人，以及每天在屏幕上看到不可能之物的普通观众，都会觉得这些图像很无聊，而且不再受它们的影响。这些图像不再将自己的行为程序化，所以如果程序要将接收者的行为程序化，就必须在广播中反复插入能够提供信息的图像。这样的结果就是技术图像的特征，即煽情主义（Sensationalismus）显现出来了。源源不断的非盖然性的图像涌入接收者处，非盖然性通过不断重复而逐渐具有盖然性，并最终因为信息过剩而告终。正是这些煽情主义，即一连串的信息——强烈的经历（Erlebnissen）、经验（Erfahrungen）和洞察力（Erkenntnissen），很快就会变得平庸并被人们遗忘。

基于以上的考察，我们可以很清楚地区分平面的两种类型。因此，存在着通过对物体进行抽象而创建的平面和通过点的聚集而投射的平面。传统图像属于第一种平面，它构成我们行动所依据的视觉世界。我们在行动时，通过跟随这一平面而抓住方向。第二种类型的平面是一种新的平面，它构成那个未被探索的世界。借助于这个世界，我们实际上并没有被程序化并做出行动，而是为了发挥功能，以人工智能的方式行动。目前，两个世界暂时并行于我们面前：客厅里同时有墙壁和电视屏幕，以及窗户和投影仪（Diaprojektoren）。但是，由于第二个世界可以被设计在第一个世界之上，它即将压倒第一个世界并将其从人们的视野中抹去。未来的人类或许只会行走在投影、全息图和计算机游戏之间。

第二种平面,即技术图像,是由点形成的马赛克,它的计算试图通过微分(Differentiale)的无限模拟来整合它们之间的缝隙。但是,这种整合并不是完全成功的。这些图像的点状结构一次又一次地出现在明显被整合过的位于基本层次之上的层次中。这些图片实际上不是真实的平面,而是赋予平面印象的点的状态。这种平面不具有"基础"(Unterbau)这一事实是无关紧要的,因为它们具有非物质性和幽灵般的特征。

无论是由人工智能自动执行,还是暂时由人类程序员执行,生成这些图像的微积分(通过计算的这种"程序")都是一种概率计算。那些点为了能够提供信息,被以非盖然性的状态集合起来。这些信息的目标是使技术图像的使用者能够形成特别的行动,进而程序化信息接收者,最终使接收者成为对计算技术图像的程序的反馈。因此,图像并不"服务于"社会,社会是为图像服务的。

与传统图像一样,技术图像也似乎意味着具体现象。实际上,技术图像是逐点地构成其程序的那些比特要素,它们意味着微积分要素(计算要素)。从这个意义上说,技术图像是忠实的、客观的图像——它们只是通过其程序化的概念间接地表示外面的具体世界。因此,技术图像不是抽象出来的图像,而是将抽象具体化的尝试。

平面的表面是某物的表面,即它们是一种"皮肤"(Häute)。传统的平面体现为物体的表面,而新的平面是概念的表面;传统的平面是从具体之物抽离,并指向抽象而进行移动的结果,而新的平面是从最后的抽象开始,并指向具体之物而进行移动的结果。这两个移动路径相反的"皮肤"的相遇之处,正是我们当下所站立的地方。

(1983 年前后)

第 2 部分

符号化的世界

সংক্ষিপ্ত জীবনের রূপ

1. 符号化的世界：
价值危机的出现[①]

  如果将我们的情况与第二次世界大战之前相比，我们会惊讶于战前色彩的相对缺乏（Farblosigkeit）。相对而言，所有的事物均呈现为一种灰色的特征，如建筑、机器、书籍、工具、衣服和食品。（顺便一提，其他从非资本主义国家来的访问客人，对自己所经历的过去的一个印象就是他们的国家相对缺乏色彩，因为在第二次世界大战之后，资本主义国家所经历的色彩的爆发在非资本主义国家那里还没有发生。）我们的周围充满了色彩，无论是白天还是黑夜，无论是在公共场合还是私下场合，都可以看到色彩试图用尖叫和窃窃私语引起我们的注意。我们的长筒袜和睡衣、罐头食品和瓶子、陈列品和海报、书籍和地图、饮料和冰激凌、电影和电视都是彩色的。显然，这不仅仅是一种美学现象，还是一种新的艺术风格（Kunststil）。那么，这种色彩的爆炸意味着什么呢？——红色交通灯的意思是"停止"，尖叫着的绿豌豆的意思是"买我吧"。我们沐浴在有意义的色彩中，同时我们被色彩程序化了。它们是

[①] 本文原标题为《符号化的世界》(Die kodifizierte Welt)，副标题为译者根据文章内容补充。——译者注

我们必须生活于其中的符号化世界的一个侧面。

色彩是平面呈现给我们的方式。因此，如果目前色彩是将我们程序化的信息的一个重要部分，这就意味着平面已经成为信息的重要载体，墙壁、屏幕等平面和由纸、塑料、铝、玻璃、织物等制成的平面已成为重要的媒介。第二次世界大战之前的情况比较灰暗，因为那时平面在通信中的作用较小。在那时，线条占主导地位，呈现为字母和数字排列成行。这些符号的含义在很大程度上与色彩无关：红色和黑色的"A"表示相同的声音，而目前以黄色来印刷的文本也没有不同的含义。因此，目前的色彩爆炸表明二维符号的重要性在增加。与之相反，像字母（表）这样的一维符号目前正渐渐地失去重要性。

然而，人类正在被平面（图像）程序化的这一事实没能被视作一种革命性的事物。相反，它看似一种向原始状态倒退的行为——这就成为一个重要的问题。在文字被发明之前，图像是人类传播的一种重要的交流方式。由于大多数符号都是短暂的，如口头语言、手势、歌曲，我们主要依靠图像来破译从拉斯科到美索不达米亚平原的壁石所承载的意义——人们赋予他们的行为和苦难以意义。在书写被发明之后，湿绘壁画（Fresken）、马赛克、墙纸（Tapeten）和教会的彩色玻璃窗（Krischenfenster）等平面符号甚至也发挥了重要作用。直到印刷机的发明，字母才真正开始占据主导地位。这就是为什么中世纪（包括文艺复兴时期）与现代相比显得如此的丰富多彩。从这个意义上说，我们的处境可以被解释为向中世纪的回归。换句话说，是向着活字印刷出现以前的时代的回归（retour avant la lettre）。

但是，试图将我们的处境视为文盲的回归并不是一个令人愉快的想法。将我们程序化的图像不是印刷机被发明之前占支配地位的那种图像。电视画面不同于哥特式彩色玻璃窗，汤罐的平面不同于文艺复兴时期绘画的平面。简而言之，它们的区别在于，前现代（vor-modern）

图像是手工艺的产物（艺术作品），后现代（nach-modern）图像是技术的产物。在将我们程序化的图像背后，我们可以阐明其科学性的理论，但同样的做法并不适用于前现代性的图像，因为前现代的人类生活在意味着"世界"的图像世界中。如今，我们所处的图像世界意味着与"世界"相关的理论，而非意味着"世界"。因此，如今的技术图像是革命性的新情况。

为了对这种新情况进行考察，这里需要对符号的概念进行补充，即符号是象征的系统，其目的是使人类之间的传播成为可能。象征由于是指代（"意味着"）其他现象的现象，所以传播是一种替代物——它替代的是在传播行为中对"意味着的事物"的体验。人类丧失了象征的意义与直接性的接触，所以通过符号而相互交流。人类是逐渐变得陌生化（verfremdetes）的动物，是能够创造象征并整合符号的存在，并试图在自己与"世界"之间横亘的深渊之上架设桥梁。人类进行的是试图"调解"，并赋予"世界"意义的活动。

无论在哪里发现符号，我们都可以推断出人类的存在。两百万年前灭绝的非洲猿的骨骼周围用石头和熊骨制成的圆圈，使这些猿可以被视为人类，因为那些圆圈是符号，骨头和石头也是符号。猿之所以是人，是因为它被陌生化（verfremdet）到足以赋予世界意义。虽然我们已经失去了解读这些符号的钥匙（我们无法知道这些圆圈的意义），但我们知道那个圆可以被视为符号，我们能够知道在符号中试图进行意义赋予的意图，即认识到"人为性"。

相对没有那么久远的符号，如洞窟壁画，解读它们相对容易一些，因为我们也正在使用类似的符号。例如，我们知道拉斯科和阿尔塔米拉的图像代表的是狩猎场景。换句话说，这是由二维符号组成的平面，如拉斯科的情况一样，通过将四维时空的事态简化为场景（利用空间—时间—事态进行场景的缩小）来表示世界。象征就是通过对事态进行

"想象"而形成的,"想象"可被表述为一种能力,是将事态(事实)的世界简化为场景的一种能力。同时,它具有的相反的能力是对作为事态(事实)的替代物,即场景进行解读的能力(绘制"地图"并具有解读地图的能力),包括"地图"被期望的情况。例如,未来的狩猎(拉斯科)或要制造的小工具(蓝图)就是如此。

二维符号的场景特征导致了由它们程序化的社会的特定生活方式,我们将其称为"魔术式的存在形式"(magische Daseinsform)。图像是一个平面,其含义一目了然:它将意味着场景的事态共时化(synchronisiert)。但是,在观看之后,眼睛必须以分析的方式在画面中游走(wandern),以此才能真正接收到图像的意义。这就是说,眼睛应该将共时性历时化(Synchronizität diachronisieren)。

例如,乍一看,图1中的场景显然表示散步(Spaziergang)类型的事态。但是,只有在历经共时性的历时化后,我们才能认识到其中的太阳、两个人和一只狗的意义。

图1 散步的场景

对于通过图像而被程序化的人类来说,时间在世界上的流动就像人的眼睛在图像上游移。这一时间是历时化的,它把事物按照层次排列。这是白天、黑夜和白天,播种、收获和播种,出生、死亡和重生的时间,而魔术是适合这种时间体验的技术。魔术命令事物,确定事物在时间的循环中如何建立关系。同时,以这种方式,符号化的世界、图像的

1. 符号化的世界：价值危机的出现

世界、想象的世界历经数千年的岁月，已经程序化并塑造了我们祖先数千年的生活方式。换句话说，对于我们的先祖而言，"世界"是一种场景，需要魔术行为。

此后，大变革、大转换降临了。其导致的结果是，即使从那时起已经过去了 6 000 年，我们仍然会屏住呼吸来思考这件事。人们可以在美索不达米亚壁石平面上的"楔形"中看到这一事件，并能进行如下的描绘。

书写的发明与其说是新符号的发明，不如说是将图像展开成线（行）。同时，因为这一事件，我们使前历史时代终结，而且从真正的意义上来看，可以说历史时代开始了。然而，我们常常无法认识到，这意味着从图像中跃出，将图像延展成行，从而进入一片巨大的虚无，在其中可以将画面展开为一条线。

在图 2 中，右侧的线条将场景中的要素"撕掉"，以便重新排列它们，即计算它们。行展开场景，并将其变成一个故事；行对场景进行说明，为了便于人们能简单明了地理解它，一个一个地列举了所有的象征。因此，这一（文本的）行并非意味着直接性的具体事物，而是意味着按照各自的方式指代具体事物的图像的场景。文本是图像的发展，其符号并非意味着直接且具体的事物，而是意味着图像。比如，文本的"☼"并不直接意味着具体体验的"太阳"，而是以符号的（概念的）方式指代图像中的太阳。文本与图像更加远离具体经验，而构想是比想象更进一步的陌生化的征候。

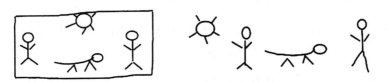

图 2　壁画上的图案（简图）

以文本为例，如果我们试图解读图2右侧的文本，就必须沿着这条线滑动眼睛。该消息仅在行尾才能被完整地接收，并且我们必须尝试对其进行总结和综合。线性符号的信息要求历时性的共时化，即它们要求渐进式接收。同时，新的时间体验的结果产生了，即线性时间的体验诞生了。线性时间是不可逆转的进步的时间，是戏剧性的不可重复性的时间，是设计的结果。简而言之，历史诞生了。因此，我们说历史始于文字的发明，不是因为它记录了过程，而是因为它将场景转化为过程。换句话说，文字创造了历史意识。

这种意识并没有立刻战胜魔术，而是缓慢而艰难地战胜了它。平面与线条、图像与概念之间的辩证法始于一场斗争，文本直到后来才吸收了图像。希腊哲学和犹太预言是挑战图像的文本。例如，柏拉图鄙视图像的制作，而先知们强烈地反对偶像崇拜。直到几个世纪之后，文本（荷马和《圣经》）才开始程序化社会，而且历史意识仍然是整个古代和中世纪的一小部分文学精英的标志。大部分的民众继续被图像程序化，尽管这些图像越来越多地被文本感染。换句话说，大部分民众仍然处于魔术意识中，仍然保留着"异教徒的"（heidnisch）思维方式。

印刷术的发明使手稿更加便宜，并使新兴资产阶级渗透于精英阶层的历史意识。工业革命将"异教徒式的"乡村居民从魔术意识中剥离，以便将他们聚集在机器的周围，从而成为大众。在小学教育和新闻业发展的加持下，工业革命对大众进行了线性符号化。在所谓的"发达"（entwickelten）国家，历史意识维度在19世纪之后变得普遍。但是，对于其他人来说，这种意识维度直到现在才变得如此普遍，因为直到当下，字母（表）作为一种通用符号，实际上才刚开始发挥作用。如果将科学思维视为历史意识的最高表现（因为它将线性文本的逻辑和程序结构提升为一种方法），我们就可以说文本在与图像的斗争中取得了胜利，即科学战胜魔术是最近才发生的事情，但这远未被视作完全的胜利。

相反，如果在上述思考中，胜利进行了逆转，即历史意识走向了消逝，那么就平面符号占主导地位、图像取代字母文本而言，历史的范畴将终止，即被历史范畴分析为不可逆转且具有进步性、戏剧性的时间体验将终止。这样一来，我们所身处的符号世界将不再意味着过程，不再是一种生成过程，不再讲述故事，而且生活在其中也不再意味着行动。我们将这些事实称为"价值危机"（Krise der Werte），因为毋庸置疑的是，我们现在在很大程度上是被文本程序化的。换句话说，我们因为历史、科学、政治程序和艺术而被符号化。例如，我们将世界解读为逻辑性和数学性的。然而，被技术图像程序化的新的一代并不认同我们的"价值"。同时，在某种意义上，我们还没有认识到技术图像的意义——它们已经包围我们，并将我们程序化。

我们对新符号的这种无知并不奇怪。在文字被发明后的几个世纪里，抄写员才知道写作就是讲故事，起初他们可能只是列举和描述场景。在我们了解技术符号的虚拟性之前，即在我们了解摄影、电影、视频制作或模拟编程（analoges Programmieren）的含义之前，这将需要（与抄写员了解写作就是讲故事）一样长的时间。目前，我们还在讲电视故事，但这些故事确实有一种后历史的氛围。我们还需要很长时间才能为后历史意识而战，但可以看出，我们即将为倒退回文本或超越文本迈出决定性的一步。这一步让人想起美索不达米亚的楔形文字抄写员的大胆举动。

文字与图像相去甚远，因为它可以将图像分解为概念。有了这一步，"对图像的信仰"，即对魔术意识的信任也就消失了，意识维度达到了后来足以产生科学技术的水平。技术符号（Techno-Codes）比文本更进一步，因为它们允许概念被转换成图像。照片不像传统图像那样是事态（事实）的图像，而是摄影师与表示事实的场景相关的一组概念的图像。不仅相机不能没有文字（如化学公式），就连摄影师也必须先想象、后分析，在理解后才能最终进行技术想象（techno-imaginieren）。随着从文本到技术图像的这一飞跃，陌生化达到了一个新的程度，即"对文本的信仰"（对解释、理论、意识形态的信仰）已经消失，因为文本就像曾经的传统图像一样，可以被视为"中介"（Vermittlungen）。

这就是我们所说的价值危机：人们走出"解释"的线性世界，进入"模型"的技术想象世界。我们将技术图像称作革命性的新事物，不在于它们具有移动性，不在于它们具有视听属性，也不在于它们能在阴极线中发散光线等。将技术图像称为"模型"是指从一个场景的概念中制造出新的图像，即指向概念的意义。因此，电视节目不是事实的场景，而是模型，是场景概念的图像。这是一个危机，因为当文本被超越时，政治、哲学、科学等旧的程序就会被暂停，变得失去效用了。同时，它们也不会被新的程序取代。

在过去，像色彩的爆发这种技术符号明显地呈现出来的情况，我们并没有与之类似的例子。不过，我们必须学习它，否则我们注定要在一个已经变得毫无意义的技术想象的符号化世界中，勉强维持一种毫无意义的存在。从狭义的角度而言，文本的衰落意味着历史的终结。此处，这种思考是新的问题意识的萌发。

（1978 年）

2. 信仰丧失：
"不信"的信仰奠基人[①]

作为一种设计，图像描绘了社会中人类的立场或作为人类结构的社会。换句话说，图像是储存信息并创造信息的结构（织物）。信息流入这种织物，可以想象它是由线编织而成的，人们可以称这些线为"信道"或"媒介"。接着，想象线以不同的方式交叉。同时，在这样的交叉处，信息混合并拥挤在一起。人们可以用不同的词来标记这些节点。这取决于人们打算将图像应用到的兴趣领域，如类似于"精神""智能""灵魂"的名称或类似于"个人""个别的人类"的名称，以及最后以"送信者和收信者"这样加以表达的名称。如果一个人成功地想象出一个充满信息的网络（一个看似简单的想象力练习），其中的交叉路口出现了交通拥堵，他就可以获得一个可能极富成果的图像，可以用于评估影响当前文化危机的许多问题。

该图像的优点是消除了一些无意义的问题，并将其他问题放在了对它们来说异常重要的位置。其中，有一些问题被遗漏了。例如，关于

[①] 本文原标题为《信仰丧失》（Glaubensverlust），副标题为译者根据文章内容补充。——译者注

人与社会的辩证法结构，人是社会的产物，还是社会是人的产物，以及两者之间是否存在张力？人是为社会而存在，还是社会为人而存在？是否存在与个体相对的集体意识，以及与个体灵魂相对的民众的灵魂？个体是文化的承载者，还是依托于文化而存在？联系到图像，上述问题就失去了所有的意义。在图像中，具象的是线（媒介，即中介关系），由它们构成的节点和由它们构成的织物是图像中的抽象。人和社会以信息渠道（Informationskanäle）的方式在图像中发挥功能，并且无法以任何物理方式对其进行把握。比如，当你把手伸进布料时，你抓住的是线。这就是为什么人与社会之间的辩证法结构，在图像中表现为对具体事态的抽象性论争，因为精神不是文化的产物，文化也不是精神的产物，文化和精神是信息冗余（Informationsprozessen）的一个领域。

例如，记忆问题被转移到了一个不寻常的地方，它正成为当前危机的决定性问题。这个问题似乎在其他情况下没有（也不会）占据中心位置。例如，对于希腊哲学来说，至少自苏格拉底以来，记忆是一个保存理念的地方，人们可以摆脱的仅仅是表象的错误；对于犹太人来说，记忆是死者居住的地方，所以它是一个"祝福"（Segen），是体验不朽的地方；对于心理学家来说，记忆是经验被消化或不被消化的地方，所以如果一个人想从经验的负担中解脱出来，就必须在这里进行干预；对于人工智能（控制论）来说，记忆是信息存在和储存的地方，不仅可以在人工记忆中模拟人类的记忆，而且人工记忆在各个方面都可以远远超越人类的记忆。虽然在广泛不同的背景下，与记忆的中心作用相关的例子不胜枚举，但上文提到的图像对记忆提出的问题却是格外尖锐的。这是事实，它们事关信息如何被储存。基于此，我们是否可以探讨人类和社会，以及个人记忆和集体记忆了呢？

这个问题具有激进性。人类学为这一问题的提出首先预备了契机，但我们并非只能在人类学中找到这个问题。不过，根据人类学的理论,人类就是"记忆"。换句话说,人类并非某种具体之物,如"意识""思考之物"等,他们是关系(信息)的交汇点。进而言之,这一问题的激进性本质不仅在于它们融合了早期的问题,如与苏格拉底、犹太人、心理学、控制论、遗传学、历史主义等相关的问题。同时,在过去的这些问题中,人类是所有这些问题(及其他问题)的"记忆"的含义。而且,这个问题的本质首先在于这样一个事实,即在这个问题中,人被质疑为一种方法,而不是一种事物,是"存在性的",而非"本质性的"。也就是说,当前的问题是"信息是如何被储存的",因为记忆中所有的过去和现在的层面都被存在化了。对当前文化危机的评估取决于对记忆的存在性问题的回答。如果我们要了解并影响我们的处境,那么"信息是如何被储存的"这一问题正成为我们必须回答的基本问题。

找到这个问题的答案并不是特别困难。对上述问题的回答是,信息被储存在符号内。此时,"符号"表示的是分配给系统的那些象征。这个答案似乎预设了所谓"继承"的信息和"获得"的信息之间的明确区分。然而,这一预设是没有道理的,因为存在广泛的中间范围的信息,我们几乎无法判断它们是先天传承的,还是后天习得的。例如,在"自然"方面存在着与运动有关的信息,在"文化"方面存在着与说话有关的信息。不过,这个困难可以忽略不计。考虑到遗传信息领域发生的变化,如"天生的说话能力"具有超越人类的维度,所以必须予以忽视。这就是我们强调人的"自然条件"(natürlichen Bedingtheit)总是具有"背叛精神"(Verrat am Geist)的征兆的原因——从人的方面来看,他们不能对这种信息进行想象并发挥影响。

我们在这里提出的信息储存的图像仅与获得的信息相关,因为这一图像使"社会"产生的震动具有人类维度,而且人们可以体验脉动节奏中发生的变化。这种类型的信息以符号的形式被储存,即在象征系统的形式中被储存。储存信息的符号特征对理解它们而言至关重要,因为储存的信息应该在这两个维度中被学习。我们是无法直接学习它们的"内容"(Inhalt)[信息的"Botschaft"(消息)]的,只有先学习它们的"形式"(在信息内被编码的消息的"符号")之后,我们才能理解它们①。通过这种符号,某些被赋予的记忆只储存被程序化的信息(消息)。因此,我们提出的被图像描写的记忆,通过特别的符号而被想象为特定符号化的集体记忆。在符号之内被编码的信息不在特定社会的程序中,就不会被社会接受为信息。

"信息是从哪里进入结构的"这一问题是被错误地提出的。这意味着为了成为"信息",必须对给定的影响(Einfluß)进行编码。如果将问题拆分为"可编码的影响从何而来"和"符号从何而来",最迟也是康德从这一词语的不高明的意义中,证明了第一个问题是所谓的"形而上学性"的东西,因为没有明显的方法可以给出一个具有意义的答案——任何可能的答案为了具有意义,都必须将自己符号化,并因此才能预见自己。此外,最近的情况表明,第二个问题允许康德未能预见的方法发挥作用。对此,我们可以进行如下的表达,即符号[康德所谓的"理性的范畴"(Kategorien der Vernunft)]是如何诞生的。

当试图阐释这里介绍的织物(图像)时,我们会发现图像不仅可以储存信息,还可以生成信息。由于象征性的信息在两个维度(消息维度和符号维度)上移动,所以人们必须在两个维度上讨论信息的生成。在这两种维度上,我们都可以观察到社会结构中有信息产生。在消息维度中,当多个单独的记忆以交换储存信息的方式耦合时,新的信息就生成了。在这个被称为"对话"的过程中,新信息是通过综合现有信息而生成的,即与非象征性信息(如在通信设备中)以类似的方式耦合时产生的信息丢失相反。这种信息耦合的一个令人印象深刻的例子是科学

---

① 信息在这里被视为外在的符号(形式)和内在的消息(意义内容)的结合体。——译者注

性话语结构,其中盘旋的对话将几乎像雪崩一样的新的信息流喷入话语结构。然而,对于这里提出的问题,第二个维度的信息的生成,即符号维度的信息生成却是决定性的。

从广义上讲,可以说新符号是被"提议"的。换句话说,在图像的特定位置上,在一个或少数节点附近,信息有一种新的方式编码。这种方式可以(但不需要)使信息传播到图像的大片区域。这种说明适用于摩尔斯电码类型的符号(摩尔斯"提议"的在特定范围内被"接受"的符号)。这种描述与浪漫主义美学是一致的。根据这种美学,诗人通过"提议"新的符号系统使迄今为止无法言说之物变得可以言说。然而,仔细观察我们就会发现,虽然这种描述捕捉到了像雨后的蘑菇一样猛增的子符号,包括科学领域、艺术领域、政治意识形态的符号,即涵盖基本的符号,却无法掌握给定社会的符号化进程。同时,这一观察触及符号起源问题的核心——信息储存的方法,也就是符号的位阶(Hierarchie von Codes)问题。

当然,我们无法讨论基本符号的全部。每个符号不仅以其他符号作为前提,即那些"提议"它的符号,如摩尔斯电码以英语为前提,英语以早期的语言为前提等。但是,一般来说,所有符号的起源问题,即人类和社会的起源问题,与其他所有的起源问题一样,肯定是错误的。不过,我们可以相对容易地区分不同级别的符号。例如,直观上不言而喻的是,与在小圈子里传递信息的各种专业术语相比,德语是更为基础的东西。区分符号级别的最佳标准是结构性标准,即存在着由象征整合成符号的几个基本结构。同时,这些结构在一个符号之内越明显,符号就越基础。这样的标准并不是要否认大多数符号的动态性和渗透性,即没有否认它们不断变化并交织在一起。该标准旨在区分这些相对的表象的变化与融合(从根本上产生新符号的事件)。

我们可以根据维度对符号的结构(也就是将象征组织成系统所依

据的规则)进行区分,如线性的、二维的、立体的和时空结构。重要的是,要注意每个结构都能组织许多不同的符号。例如,线性符号可以由字母(字母文本)、数字(数学符号)、图像(电影符号)、结(Knoten,印加文明的符号)、鹅卵石(算盘)和一大堆其他符号组成。每种结构都能将多种不同类型的信息符号化。然而,所有以特定基本结构符号化的信息都有一个共同特征,从而从根本上将之与其他不同符号化的信息区分开来。例如,我们说线性符号"被读取"(gelesen),就意味着它们序列中的各个符号一个接一个地被破译[拾取(aufgelesen)]。线性符号化信息的这一基本特征不受符号类型的影响。例如,电影是"被阅读"的,但照片的解读方式就不同,哪怕这两种符号是由非常相似的象征组成的。

这些基本的符号形式中的每一种都对应着一个"意义世界",并依次将符号内排列的象征的意义按照相应的规则进行排列。例如,线性符号对应着"过程的世界",其信息的含义是按行排列的;二维符号对应着一个"场景的世界",其信息的含义被安排得像一幅画一样。因此,在这个意义上,我们可以说每个基本的符号形式都将其结构投射到对应的意义世界中。换句话说,基本的符号形式是一种"象征形式"。然而,前提是基本的符号形式并不意味着"超越"它们所意味之物(意义),而是与之交织在一起。事实上,人们可以观察到基本的符号形式的诞生过程,它们是如何设计其所对应的世界的,以及这些符号最后又是如何走向枯竭的。

新的基本符号的出现是罕见的。一个例子是公元前 3000 年中东地区线性符号的发明,另一个例子是当代西方技术符号[所谓的"视听"(audiovisuellen)符号]的发明。在第一个例子中,我们很容易观察到多种形式的符号,如与美索不达米亚的象形文字一样的符号、类似的数字符号、字母符号、逻辑符号,以及各个科学领域的符号等是如何从一种基本形式的符号发展而来的。同时，我们还能观察到世界是如何在四五千年的"历史"过程中被设计和破坏的，以及现在这种符号形式最终是如何走向枯竭的。第二个例子展示的是我们如何应对符号基本形式的枯竭，即利用其他基本形式来完善。

如果现在回到前文提到的被信息激扬起来的织物（图像）上，以便与刚才我们考虑的内容相契合，就可以得出这样一个论点：西方社会是一种主要通过线性符号进行程序化传播的织物（即使其他符号结构也贯穿这一线条）。我们目前可以看到这一织物正在瓦解，因为进行程序化传播的线性符号正处于枯竭的瞬间。我们能够观察到这一点，是因为织物中出现了岛屿（weil innerhalb des Gewebes Inseln entstehen），在这些组织中跳动着结构完全不同的符号，如电视、交通信号、模型等技术符号，而且这些岛屿有分解整个组织的趋势。西方的通信结构无法消化这些岛屿。也就是说，它无法将其中律动的信息储存在自己的记忆中，因为它没有将这种类型的符号程序化。此外，这些岛屿又似乎能够吸收西方织物的信息（将西方织物的信息在自身内部进行扬弃），也就是能将信息从线性符号转化（翻译）为技术符号，如将剧本转化为电影，将小说转化为电视图像，或将化学公式转化为原子模型，将方程式转化为计算机程序。

换个角度来看，同样的论点可以表述为西方社会的当前参与者（其结构中的节点）主要是针对线性符号展开程序化过程。尽管他们也可以接收和传输图像符号、时空符号等，但他们无法储存从技术符号孤岛涌出并每天流淌的信息，因为他们没有针对性地程序化此类符号。这使得他们只能作为此类信息的通道，即不是实际的记忆，而是作为信道——人们习惯将其称为"大众媒介的受众"。同时，线性程序化的枯竭表现为节点的松动，连接它们的线变得松弛（所谓的"孤独的大众"），因为线性符号化信息的储存不停地被无法消化的噪声（那些还没有被程序化的符号)渗透、干扰甚至打断。与此同时，新的符号形式不断扩大的岛屿似乎能够在溶解过程中整合个体记忆，将它们重新符号化成一种新型织网，并形成新的能力。这种织网可以称为"大众文化"。换句话说，让大众失去他们的线性记忆，并具有不同方式的打结能力。

西方人和西方社会主要存在于被线性符号程序化的具体传播领域（Kommunikationsfeldes）的抽象世界中，并且仅作为该领域的功能而存在。除了程序之外，这当然也与"信仰"（Glaube）有关，因为程序是传播结构的运作方式。也就是说，人和社会都在那里。西方人和社会的存在是受到一种非常具体的信仰的影响，如果没有这种信仰，谈论西方人和西方社会都是毫无意义的。

关于特定的信仰，只要人们意识到它是一个线性程序化信息的程序，我们就可以讨论使自己存在的这一特殊信仰。首先要感谢我们在这里。这意味着我们并不拥有这种信仰，而是这种信仰拥有我们。这个所谓的"信仰"具有几层含义：人们相信"世界"是过程性的（prozessual），即"世界"是一个事件（Geschehen），而"存在"（Sein）是一种生成（Werden），所以生命是走向死亡的进程；事情是线性"发生"的；时间是一条明确的河流，其中没有任何重复，每一刻都是不可逆转的和独特的；事物都是按照顺序一个接一个地从其他东西发展而来的，所以按照顺序计算，我们就能对该事物进行解释；解读"世界"是可能的，也就是说我们可以将世界分解为清晰和不同的概念。简而言之，所谓的"信仰"就是相信世界具有象征排列成线性符号的空间结构；像人类这种主要通过线性符号而被程序化的记忆，是"历史的"存在，因为他们相信世界具有线性的、"历史的"结构。

这个信仰支撑着我们的存在，而且创造了我们的程序，以传递最多样化的信息，即设计最多样化的"意义世界"，并实际传输和设计这个世界。其中，一些简单的例子就是希腊哲学、犹太预言、基督教福音、人文主义、马克思主义的世界。尽管这些世界存在明显的差异,但它们的共同点是具有线性结构,所以它们的基本信仰是"信仰进步"——从表象到思想,从世界到上帝,从罪恶到耶稣,从动物到完整的人的存在,从异化的劳动分工到共产主义社会等。它们与其他世界在西方历史(这是严格意义上的唯一的历史,因为它是被线性程序化的唯一的传播织物)的进程中被设计、修改和破坏,以适应其他人,并让位给能够更准确地实现西方程序的世界。

人们现在可以观察到,这一设计和破坏世界的过程目前是如何走向终结的。的确,自然科学设计的世界最终是以线性规划实现的。它的结构与线性符号相同,理论上可以被完美地读取。当这样一个世界被收回时,就没有程序可以执行了。在科学世界的底部,线性程序自身被撤销(撤回)之后,线性程序本身以逻辑和数学的形式变得更加明显。西方的历史在自然科学的世界中是穷尽的,因为西方计划中规定的一切都在其中实现了。如果你收回这个世界(人们对它失去了信仰),那么人们就失去了赖以存在的基本信仰。同时,人们通过投射对该世界有所洞察之后,就必须将这个世界(与其他任何世界一样)带回来(撤销)。

这里被提议的图像可以作为当前文化危机的例证,表明我们面临着一场信仰危机,一场我们的记忆正在消失的危机,因为当前的程序已经枯竭,而且它们没有通过程序化来吸收新的符号化信息。换句话说,因为我们没有正确地符号化周围的信息和我们符号化的世界。这反过来意味着,我们实际上不再存在了。当前危机的所有其他征候,如孤独、既有关系的解体、储存所谓的"知识和价值观"的方法的松动、西方社会的解体及其向大众文化的转变等,都是这种信仰消失的附带现象。这是因为我们越来越无法在基本的结构中接收信息,也无法在其中进行转换并将它们再次发送出去。我们作为记忆正在分崩离析,所以我们存在得将越来越少。

我们脚下这个张开大口的深渊也成为一个突破口，而我们正坠入其中。这一突破口不仅让我们能够像提议的那样创造图像，还能超越当前的信仰危机，进入新形成的岛屿。我们自己就像摩西一样，可能不会踏入这片新大陆，因为我们不再相信将我们程序化的那些范畴，但我们仍在这些范畴内存在。我们可以观察到的是，虽然心情复杂，但随着完全与字母化无关的一代青年人开始征服这个新领域，他们开始走出历史并进入后历史。我们自己就像神话中线性文字的发明者一样，可能已经失去了支撑我们的信仰，但我们已经无法迈出新的一步了。这既是我们的悲剧，也是我们的伟大之处——我们是最后一代，也是第一代，是"不信"（ungläublichen）的信仰奠基人（Glaubensstifter）。

(1978 年)

3. 论背叛：
秘密的泄露与精英的背叛[1]

"背叛"是一个蕴含强烈情感的词语，可以等同于"信仰违背"或"欺瞒"这样的词语。然而，也有一些含义相同，但强度较低的词语，如"发表"[2]（Publikation）。背叛与揭露一个秘密有关，即一个谜语的曝光。以这种方式将强词与弱词配对有两个作用，即强词被淡化，弱词呈现出近乎威胁的色彩。本文的目的是思考"发表"一词所固有的这种威胁。如果关于传播和媒介的讨论已经如此之多，那么人们不应该完全忽视关于"发表"的蛛丝马迹。

一个看似无害的例子可能会达到这个目的。例如，一份针对更广泛的、据称面向受过教育的读者的期刊发表了一篇科学家的文章。那么，这位科学家可被视作一名"背叛者"——他背叛了科学话语，将科学话语从本已经清晰明确的符号翻译成另一种可以被不熟悉科学的人破译的符号。通过这种翻译，原始的信息被背叛了——它获得了一种不正确的、不清楚的、模糊的（可解释的）含义。这相当于背叛科学纪律和

---

[1] 本文原文标题为《论背叛》（Vom Verrat），副标题为译者根据文章内容补充。——译者注
[2] 含有公之于众的意思。——译者注

不妥协的态度。从根本上说，这名科学家是在背叛自己，因为他正在做一些他知道不符合其学问领域的严格纪律的事情。从这个意义上讲，我们正在探讨不正直和欺瞒。这个看似无害的例子说明了"知识分子的背叛"（Verrat der Intellektuellen）的含义。

上文提及的"发表"事关科学信息的泄露，而媒介文化作为一个整体也与信息泄露相关。在英语中，泄露（to divulge）意味着"讲述一个秘密"。换句话说，整个媒介文化就是一种背叛。此处应该严肃地将其视作一个问题。泄露的意思是使以前秘密的事情变得粗鄙（或通俗），也就是具有世俗性（vulgär）。而"世俗性"这一词语含有"民众的"（völkisch）意思，即普通的，一般的。由此，我们可以得出结论："世俗性"与"发表"一词具有相同的意义，都是将曾为私人性（秘密是在家里的，指向私人）的东西变成了公共性（发表是在家以外，指向公共）的东西。例如，"民众"（Volk）一词与"家"①（Heimat）一词的含义相反，或者任何举止粗鲁的人都是不在家的。然而，在这里，我们应该得出以下结论，即发表是一件粗鄙的事情（Gemeinheit）。一直以来都是如此，这也解释了很多人对政客（公众人物）的潜在蔑视。但是，在当今的媒介时代，所有发表的粗鄙比过去更令人厌恶，许多人在打开电视或拿着报纸时都会产生这种感觉（但这并不能阻止他们打开电视或拿起报纸）。

从背叛的角度来看，媒介文化是一张网络，其线程（如电视或报纸）将秘密泄露给与之相关的人。它的策略是这样的，即网络中有一些节点（发射器）像吸盘一样吸取秘密。基于此，送信者有两种方法获取信息：一是寻找愿意泄露秘密的背叛者，如接受采访的人；二是派出间谍，如记者。广播公司以这种方式吸收的秘密被以适合媒介的方式进

---

① "家"是私人的空间，而"离开家"，如走向市场进行物品（或思想）的交换，则指向公共空间。"民众"一词指向人与人之间的政治化（交往），需要进行发表（公之于众）；"家"则相反，强调私人性。——译者注

行处理,即从其原始符号(如科学、艺术或技术的符号)转译[加密(verschlüsselt)]为普遍可被理解(通用)的符号。准确地说,这种媒介的世俗化符号并不是语言学中所说的"口语",而是所有人都很容易学会的俚语和暗语①。但是,这种一学就会的特性给人一种错误的印象,让人误以为这些符号犹如传统符号一样。实际上,它们是欺骗性语言,它们用于与被欺骗者交谈。例如,看惯了法国电视的人必须先了解德国电视的图像,然后才能被它欺骗。如此一来,经过转码(转译)的秘密可以通过网络传递到匿名且不用面对面的空间之中。换句话说,它可以被泄露。这就是媒介文化令人作呕的粗鄙之处。众人皆知这一事实,这是一个公开的秘密。

这一问题也就是著名的"先有鸡还是先有蛋"的问题:现在的文化之所以如此庸俗,是因为它被媒介滋养,还是因为我们太粗俗了? 所以,现在的一切都与传播有关了吗? 当然,这里有一种反馈机制在起作用:我们接触的媒介越多,我们就越低俗;我们变得越低俗,我们对媒介的渴望就越贪得无厌。然而,"先有鸡还是先有蛋"的问题并非没有道理。从产下媒介这颗蛋的母鸡的角度来看,由于复杂的社会学原因,随着资产阶级和无产阶级的纠缠,大众媒介出现在这个十字路口的灰色地带,我们正处于一个越来越庸俗、浅薄的平民社会。与此相关,可以参考浅薄、庸俗的纳粹主义,或者粗俗的美国电视节目和俄罗斯电视节目。从老掉牙的平民母鸡孵出的蛋来看,科学技术的进步导致了新的传播方式出现。这不可避免地导致了文化的普遍庸俗化。从母鸡和鸡蛋的角度给出的两种答案都暗示了所有这些粗鄙的世俗化行为的共同根源,即在某个地方的某些时候,对文化的背叛发生了,而这种背叛导致了社会的平民化和新的交流方式的出现。这种背叛的关键词是"精

---

① Rotwelsche 是德国小偷使用的隐语。——译者注

英"。在某个时候，精英们开始背叛(泄露)他们的秘密，而大众文化就是从这种背叛中诞生的。

我们此处要考察的对象，是出于可以理解的原因而变得声名狼藉的术语"精英"。"精英"意思是"被选中的人"，他们不一定是民主选择的人，却是一群被秘密选择的人。(民主国家的选举虽然也有秘密，但"精英"仍然是一个不民主的名词，因为它没有预设公开，所以被视为无法破解的秘密。西方历史上出现过各种类型的精英，最具特色的是犹太人。)他们是被上帝神秘莫测的法令所选择的群体，教会认为犹太人是依据神的意志而被选择的，所以是具有正统性的神的继承人。(顺便说一句，这是对反犹太主义的一种粗俗的解释。)所有的精英都具有一个特征，即他们使用秘密符号，并在这个秘密符号中程序化其组织的社会思想和生活方式。在所谓的原始社会中，这些精英[如巫师和萨满(Zauberer und Schamanen)]的秘密符号是复杂手势的系统。但是，随着社会的日益复杂，这些符号在结构上变得更简单的同时，在功能上却更加复杂了。在西方的古代和中世纪，精英的秘密符号是字母符号，即精英由文人组成。但是，当印刷机被发明时，字母符号的秘密就被揭开了——大众文化开了这种背叛。这是因为印刷品在泄露信息方面的技术上是成功的，而且印刷文本剥夺了以前的文字符号的秘密，并逐渐变得更便宜、更粗俗、更卑鄙。当代庸俗、卑鄙(世俗化)的鸡和蛋的共同根源是印刷机。

如果有人将印刷机视为对字母精英的秘密的背叛，那么新时代①的历史就会从一个非常具体的角度(观点)呈现它的面貌。例如，人们随后认识到现代生活的世俗化(秘密的公开化)是一个过程。在这个过程

---

① 德语中"新时代"(Neuzeit)的含义与古希腊和中世纪时代有区别，它指的是 16 世纪之后的历史时期，在国内一般翻译为"近代"，以区别于"现代"。——译者注

中,越来越平淡无奇的印刷文本使神秘感消失,从而有利于世俗化的进程。或者人们会这样理解启蒙运动,认为它具有通过印刷文本去解释秘密的方法,将现代的进步概念视为将"美好生活"的秘密逐步重新程序化为"公共之善"的倾向(趋势)。人们还可以认识到那些通过发明印刷机和通过在越来越多的实用媒介上发布信息来继续背叛精英秘密的人的动机。他们的意图过去是且现在仍然是让越来越多的人了解精英的秘密,以便让他人参与被选中者的生活。人们也明白为什么这种背叛的意图注定要失败,因为当一个人泄露秘密时,其结果不是参与与秘密相关的人群,而是参与世俗化。因此,对于看破这一点的人们来说,他们就不会再发布信息了。

不过,本文不仅想讨论这个"在我们中间"的问题,还想要公开地探讨这一事实。一个刊物的诉求是具有矛盾属性的,即所谓的"丢掉我们的发表吧"这一声明的发布是具有辩证法属性的。因此,这是关于背叛的探讨——每一次发表都是一次背叛,以至于人们停止发表(公之于众),或者至少在发表、写书、接受报纸采访或在广播中讲话时意识到自己在做什么。为了反对这种对背叛的背叛,我们是否必须写书、接受报纸采访或在广播中讲话?通过否定来获得升职?当一个人想到当代媒介文化迫使一个人做出这样扭曲的行动时,当一个人考虑到要忍受世俗的人那么俗气的表现时,就会给人一种明确的糊涂的印象。(如果我们考虑到如今的媒介文化所强迫的这种类型的别扭,再加上我们如何变得世俗化,以及如果我们与世俗化进行明目张胆的对抗,我们就会觉得自己犯了决定性的错误并到达了令人绝望的状况。)这种印象可能是错误的,但它以我们在 20 世纪的经验作为基础。因此,在表达"希望"之前,我们可能必须先谈谈这些经历。

我在这里指的不是纳粹主义的经验(尽管它比其他所有的经验都更强烈),因为只有那些精英的背叛所导致的庸俗的、凶残的世俗化行为才能得以展现。我在这里指的是斯大林主义的经验。那里有精英在工作，他们本着现代世俗化、启蒙化和希望进步的精神，努力让越来越多的人了解他们的秘密、参与"美好的生活"。其结果是，即使存在一种庸俗的、凶残的世俗化行为，也只是略逊于纳粹主义。这个经验应该能够证明，我在这里提出的考虑不是写在精英的象牙塔里的。这些考虑是对低俗的电视节目的厌恶，但也是对民众性程序和人民民主党程序的厌恶。这里的关键点是要认识到每一种叛国行为都会通过发表而变得粗俗（世俗化），无论它是否旨在亵渎（如纳粹），是否旨在启蒙（如共产党），是否旨在背叛这种背叛（如这篇论文）。这样看来，我们正无可救药地面对着一股世俗化大潮。然而，无论我们做什么，都只能盯着那股愈演愈烈的浪潮。

人们在遭遇这种情况时会很想躲起来（在核掩体中），以忍耐激流。那么，躲避的手势难道不是一种对一般的背叛进行背叛的方式吗？但是，随后你就会意识到自己并不是唯一一个试图躲避的人。隐士（修道士）无处不在，他们倾向于聚集在寺院（修道院）中，以在世俗生活中生存下来。仔细观察我们就会发现，这些人正蹲在个人电脑等小装置前。修道院是由无形的线编织在一起的，这些人正在形成一个新的精英阶层，他们正在编织一个新的谜团。他们正在设置新的秘密符号，其中的数字符号只是第一次犹豫不决的尝试。与字母符号相比，这些符号在结构上更简单，但在功能上更复杂。例如，《圣经》或希腊哲学就是在自身的结构中被符号化的。因此，这些秘密符号还会编织出什么样的秘密，以及新的精英们能否和如何规范未来的社会，这些都无法被预见。无论如何，很明显的是，一张精英网络正开始在世俗化的潮流上方形成，并追赶着世俗化的大潮。

基于这一考虑，本文的内在矛盾，即反对所有论证过程的发表，获得了辩证的影响力。本文关注的重点，与其说是公开背叛，不如说所有

3. 论背叛：秘密的泄露与精英的背叛

的公开都是背叛，因为它不必被公开披露——这是一个公开的秘密，每个发布的人都知道，即使他们不愿意公开承认。更确切地说，秘密是为了表明它再次成为可能，就像在古代和中世纪一样，制定信息并将其传递给其他人，并不必再次发布它。同时，人们也不再需要在被泄露的符号中按字母的顺序书写，因为他们已经可以使用新的符号了。人们可以制作软盘而不是书籍，或制作一系列磁带而不是报纸上的文章。换句话说，人们从泄密的行为中走出来并进入精英对话已经成为可能。总而言之，本文的重点是像那些已经在寻找替代品来打破世俗和媒介的恶性循环的人一样，展开背叛所有发表的背叛。同时，这不是出于精英唯美主义，而是基于我们在这个即将结束的世纪中积累的世俗化经验。

这种背叛中的背叛，这种反公共发表的发表和反政治的政治，必然会被所有继续参与公共领域的人视为欺瞒性的背信弃义。不幸的是，我们不得不接受这个事实。如果一个人背叛了一名叛徒，那么从那个叛徒的角度来看，对方也成为一名叛徒。但是，这里存在一个"更高"的观点。换句话说，我们可以在更高的立场上看到背叛。这只能用消极的方式来描述，即一切都不是低俗的，因为如果你正面地描述它时，你就已经背叛了它。本文是对巨大事物的一种尝试性体验，希望这不是"精英主义者"这个不受欢迎的词的确切含义。

4. 批判性思维：
标准、危机与批评①

初步说明

　　古希腊语动词"krinein"在德语中对应着"分割"（teilen）、"区分"（scheiden）或"清醒"（brechen）。我们可以在"标准"（Kriterium）、"危机"（Krise）、"批判"（Kritik）或"犯罪"（Kriminaltät）等名词中认出这个动词。如果我们用"判断""决断"或"犯罪"代替"分割""区分"或"清醒"，我们会更加接近"krinein"的意思。它是关于一种将单一性一分为二的行为，即关于对一件事情的怀疑。但是，这又不仅仅是随意的怀疑，而是判断性、决断性、犯罪性的怀疑。在我们的会议（1984年11月第5届比勒费尔德摄影研讨会）上，这种对照片的怀疑遭到了质疑。这次会议不是在奥林匹斯山②举行的，而是在一个具体的情况下举行，而且这种情况处于危机之中。眼下，道路四通八达，我们必须选择，我们浸润在犯罪的情绪之中。在我开始谈论照片批判之前，我想提醒大家

---

① 本文原标题为《标准-危机-批评》（Kriterien-Krise-Kritik），主标题为译者根据文章内容补充。——译者注
② 古代希腊众神的生活之地。——译者注

这一点。在我们的反思中,我们不应该忘记犯罪的通奏低音①(basso continuo),即目前伴随着我们所有思想、行动和遭受的痛苦的犯罪的通奏低音。

批判性思维

我们之所以有能力把一个单位一分为二,是因为存在一种特定的做法,就像我们所有其他的能力都来自特定的行动一样。我们将批判性思维归功于线性写作的实践。可以看出,线性书写始于公元前2000年。线性书写能够被证明是为了计数而发明的,计数则意味着将事物从它们的上下文中取出,以将它们排列成行。计数是批判性思维的核心。当我们能够真正地写作时,我们就发展了自己的批判能力。同时,直到我们以逻辑和数学分析的形式(尤其是微积分)达到非常高的批判水平时,理解所有外部现象和内部世界的过程会以划分、分离、打破的能力将所有的对象、过程、思想、感受和行动分解为点元素。

然而,对于我们这次研讨会来说,重要的是线性书写(批判性思维的起源和工具)不应该被用来批判外部世界的图景或当前世界的现象,而应该批判图像的发明。最早的批判者就是图像的批判者,如先知是神像[偶像(Götzen)]的批判者,前苏格拉底的哲人是神话想象的批判者。文字被发明为图像批判的工具,其原因在于图像的内在辩证法特性。这些图像扭曲了它们想要呈现的世界。当图像像文字一样,在被发明时就成为人与世界之间的主要媒介时,对图像进行批判,以扫清被

---

① 通奏低音是巴洛克时期常用的一种记谱和演奏方式,贯穿了欧洲古典音乐的一个重要时期,是巴洛克音乐最重要的特征之一。它基本上是由旋律加和声伴奏构成的,强调高低两端的声部旋律线条。同时,因为它有一个独立的低音声部持续在整个作品中,所以被称为通奏低音。——译者注

它们阻挡的通往世界的道路上的障碍就变得至关重要。例如，如果我对储藏室里的罐子只有一个由图像而形成的想象，我就必须将被如此描绘的罐子一个个地从图像中撕下来，以便将它们排列成无数行。因此，我必须练习对图像的批判。

批判性思维本来就是对图像的批判，针对（对抗）图像和观念的思维是与想象的方向相反的思考方式，如偶像破坏性思维。这种思维的意图是将人们从图像的神话力量中解放出来，并据此用另一种"理性"（rationale）的方式取代跟随图像神话的魔术性实践。简单来说，批判是一种去神秘化和去魔术性的思维。批判性思维划分图像——对图像进行评价——将图像分割成众多的要素——对图像作出决断，简而言之就是分割图像。这是对图像进行的犯罪，因为这种思维方式是对神话和魔术的怀疑。批判性思维的结果是形成了所有胜利与犯罪相伴的西方历史，基本上就代表了西方的科学和技术。

在本文中，我们捍卫以下的观点是十分有必要的。批判性思维无法发挥应有的作用，不能适用于对照片和其他技术图像的批判，因为批判性思维在我们的历史进程中已经形成，但照片和其他技术图像是基于科学和技术形成的。换句话说，技术图像是由装置产生的。因此，对技术图像的批判，本质上是对批判性思维的批判。技术图像迫使批判性思维转向自身，从而向着与自身相反的方向行进。如果有人认为我们可以用批判传统图像（绘画、马赛克或彩色玻璃窗）的方式批判图像，那他们就陷入错误之中了。面对照片和其他技术图像，批判性思维陷入了危机。如果我们试图理解照片投射出来的神话并追溯照片之后的魔术，就需要制定新的标准，因为这些神话和魔术本身就是批判性思维的产物，而且它们的产生是以科学技术为基础的。简而言之，这里的论点是，批判性思维目前处于危机之中，因为它没有足够的直接标准来批判自己的产品。

标准

为了能够批判,就必须具有批判的标准(测定单位和规则的标准)。换句话说,一个人应该掌握适用于被批判之物的标准,以便对所要批判之物作出判断和决断。从传统而言,我们有三种类型的标准,即认识论标准(真理或虚假)、伦理标准(善或恶)和美学标准(美或丑)。测量师像裁缝一样,将这三种标准揣在口袋里,为了量身定制他需要的素材而运用它们。传统虽然是具有正当性的(参考传统范畴的"真""善""美"),但它却无法持续下去。传统一直是可疑的,并在涉及照片和其他技术图像之前就崩溃了。如果要从行动模型或艺术的角度对一张具有记录(文献)性质的照片进行评判,即它是否为真理,是否为善的或美的,那么能作出这种评断的人一定是在胡说八道,因为这样的评判标准对于技术图像来说已经失效(崩溃)了。然而,如今的媒介批评家正是原来批判传统图像的那群批评家,他们依据的标准正是那些在技术图像面前已经崩溃了的标准。

传统的三个标准一直备受怀疑。石器时代的刀只有在符合真理的标准时,即只有被机械地、正确地制造出来,才能完美地发挥"切"这一功能。刀之所以美丽,是因为它是按照标准被正确地制造出来的,而不是因为具有良好的切割功能。此时的评论家(批判者)认为,对真善美的追寻在这把刀上可以呈现出差异,但其中显露的是其创造者的切割意图。作为标准的真善美是切割意图的部分侧面,这些标准只有在批判性的距离(kritischen Abstand)上才能相互区分。

只要批判者保持这种距离,他的标准就不会有错。这些标准对石刀本身没有任何影响。然而,如果评论家与制作人(生产者)交谈,这样的标准就可能会导致毁灭性的后果。举一个最引人注目的例子,文艺复兴时期的柏拉图式的批判断言,人的内部有一种追求纯粹美的倾向,受柏拉图影响的人会成为纯粹的艺术家。其导致的结果是:一方面,博物馆、展览馆和学院里积累的美是不真实的、毫无用处的;另一方面,工业社会的日常生活中充斥着大量真正的科学知识和不人道的好机器、好产品,但它们被剥夺了"美丽"。批判者将美从日常生活中驱逐了出去。这种行为不仅使工业社会笼罩在丑陋之中,还使所有美好的、真实的和美丽的东西都失去了人性。

因此,传统的三个标准一直被怀疑。人类参与改变世界的科学、政治和艺术的传统分离一直是对存在统一性的侵犯,是对人类的犯罪。但是,在与照片和其他技术图像有关的情况下,这种真、善、美的分离已经失去了所有的意义。摄影是一种以科学为基础的技术手势,用于生产审美现象。只要科学是真实的,摄影就是真实的;只要相机运作良好,摄影也就是好的;只要传播照片的媒介允许照片模拟观众的体验,它就是美丽的。摄影与石器时代的刀有一个共同之处,即认识论、伦理和审美参数在它们注定的(新时代)分离之后会再次融合。摄影与石器时代的刀的区别在于,在摄影中,生产标准先于摄影本身。摄影与石器时代的刀是不同的,摄影是批判性思维的产物。

在第一阶段,这里以"石器时代的刀"为代表,它制作了一些东西,然后评论者随之产生,并作出是否使用这一产品的决断。在第二个阶段,此处称其为"新时代"(也就是现代的开始),生产者在制作产品的过程中与评论者存在对话。此时,评论者可以融入生产者。在现阶段(技术图像阶段),批判先于生产,并且伴随着生产和对生产物的分配。事实上,我们接受的是已经被彻底批判过的生产物。这意味着我们作为照片的接收者,必须对照片的制作标准进行批判式的接受——制作照片的装置(摄影机)根据这些标准进行照片的生产,将其符号化,并根据这些标准分发给接收者以达到目的。

当我看着照片批判（Fotokritik）的场景时，我无法产生这样的印象，即我们已经为标准批判制定了这样的标准——"元标准"。相反，我的印象是，我们固守着传统的但不再是可操作的那些标准。然而，如果我们将诸如真善美这样的标准应用于通过纪实摄影、政治摄影（politisch engagierte Fotografie）和艺术摄影拍摄出来的照片，那么我们就不是对照片进行批判，而是陷入照片的传统的标准之中。有了这些不再适用的标准，我们对照片不加批判，而不加批判地接受技术图像会带来所有不可预见的后果。

我们这种无批判的盲目性可以通过以下事实来解释：人们参与了并非完全自动制作的照片的生产过程。摄影师不仅是科学家、技术人员和媒体运营商，也就是说他们不仅是科学、工业和媒介装置的一部分，还是具有个人意图的个体。我们将这些人、这些摄影师与石器时代的刀或新时代的油画制作者混淆了。因此，人们对这些照片进行批判，就好像将图片视为石器时代的刀或油画一样。然而，事实上，摄影师并不像石器时代的刀具或油画的生产者那样与物体作斗争（与石头或油画作斗争），而是与科学、技术和媒介装置的标准作斗争。只要我们忽视了对这种斗争的批判，即对抗那些程序，那么关于照片，我们就仍然无法制定出新的和更合适的标准——我们就会因为无法批判将我们程序化的照片而处于危机之中。

危机

通常，"危机"的概念用来表示曲线中某一特征发生变化的点。在这里，我指的是批判性思维开始反对自己的临界点。在这个点上，人们开始批评那些标准。然而，只有"点"是错误的表达。这场危机持续的时间太长了，至少从康德的《纯粹理性批判》以来，我们就一直被卷入其中。这是对所有价值的一次艰巨的重新评估,因为"标准"只不过是试图说出比"价值"更令人兴奋的东西,而"批判"就是进行价值评价。真善美的价值是所谓的"最高的价值",但当它们在照片中失败时,这个最高价值就会陷入危机。摄影展示了这些最高价值是如何失败的——这些照片被展示了出来,但它们变得毫无意义。

在这里,我们将讨论"这种给定的照片是否真实"的问题。真理表明的是一个陈述与其意义之间的关系。例如,一个科学陈述当且仅当它以某种方式与其含义相符时才是正确的。事实证明,要表达这种"无论以何种方式都必须保持一致"的观点,我们不会说它是不可能的,但这是极其困难的。"真理"一词在科学领域正处于危机之中。但是,关于照片,陈述与意义的关系比在科学命题中要模糊得多。至于摄影与其意义之间的关系如何,正如我们在这里谈到的,其关键在于具有标准的装置和具有意图的摄影师的复合体,而这一复合体实际上是不透明的。因此,询问照片的真实与否是没有意义的。从理论上说,有一些方法可以回答这个问题。但是,这些方法是没有意义的,因为陈述和意义的关系在摄影中被颠倒了——摄影不是揭示意义,而是赋予意义的。因此,不管照片是真还是假,就算能阐明也无所谓。关键的问题在于,在照片中是否能够依据标准而为它赋予某种意义。所谓的"真理标准"的价值问题在摄影中不再奏效,必须被丢弃。

我们可以很容易地证明与"善"和"美"有关的那些标准也必须被删除。例如,在我们想到三明治或高尚行为的意义时,询问一张照片是好是坏毫无意义。相反,关键是要问摄影师打算做什么,以及他打算使用什么标准来做到这一点。询问一张照片(如问一名少女或贝多芬等类似人物照片具有什么意义)是否美丽也是毫无意义的;相反,我们要提出的关键问题(更有意义的问题)是,摄影师打算在接收者中程序化哪些体验,以及他打算依据什么标准这样做。

照片并非诞生于对真善美的追寻，这些价值观也并非高不可攀的理想。照片从旨在维持和繁殖自身的装置中产生并由其分发。对于它们而言，真善美是为这一意图服务的借口。它们不是高不可攀的理想，而是程序化行为的标准。在与照片有关的讨论中，价值已被降级为程序标准。此处，我们以广告海报的美感作为一个例子。如果一个批评家对海报的美进行确认，他就不是在批判海报，而是接受了海报的标准（并放弃了批判）。这就是"危机"真正的含义：所谓的最高价值已经为程序服务，我们没有标准可以用于评判程序本身服务于哪些更高的价值，除非我们说它们是荒谬的——而这些就是我们所做的。

摄影师们试图为自己辩护，反对这种荒谬，反抗装置内固有的价值中立的主题。摄影师们试图面对标准的危机，我们在一些照片中可以看到这种尝试。尽管荒谬，但摄影师们还是试图拍出真实、优秀或美丽的照片。这是一个感人至深却注定要失败的尝试，因为没有什么可以与自动生成的照片（如 NASA）的程序化的真善美相抗衡。如果你想克服危机，就必须制定新的标准。但是，这不是摄影师的任务，而是摄影批评的任务，是这种针对自身及其标准的批判性思维的任务。

摄影批评

鉴于上文的讨论，我们必须区分摄影批评具有的两个完全相反的含义：一方面，摄影批评意味着批判性的、判断性的、决定性的行动，它将相机程序化，并通过从相机中流出的照片将我们引至接收它们的信道中；另一方面，摄影批评指的是试图对此处进行但还没有成功的第一个意义上的摄影批评进行批评。然而，由于我们情况特殊，上述区分很难在实践中得到应用。

作出哪些照片可以出现在媒介（如报纸、杂志、海报、罐头、展览）

中，以及哪些照片应该被丢弃的决断的人，是媒介装置的权威者。他们不仅审查照片，还可以决定它们应该通过哪些可用的渠道被投放——无论是作为文件、政治或广告，还是作为艺术，都需要他们作出决断。这种权威者的判断和决断内容通过专业出版物或市场研究机构等反馈渠道反馈给摄影行业，官方会据此对下一年将生产的相机进行程序的再转换。媒介和产业内的权威通过控制（人工智能的）产生了更真实、更好、更漂亮的照片。也就是说，这些照片更符合装置的程序化标准。这是第一个意义上的摄影批评。摄影师们被他们的装置捆绑住了，被它压垮了。

但是，媒介的权威者通常是在"摄影批评"的第二个和相反的意义上推动摄影批评的人。权威者撰写文章和书籍，旨在向照片的接收者揭示对他们隐藏的标准。换句话说，通过文章和书籍对摄影标准进行批评。这是一种自我批评，是媒介权威者的公开忏悔。然而，它的有效性值得怀疑。这并不是因为他们的每次坦白都必然是不诚实的，而是因为与自己保持批判性距离异常困难。第二种意义上的摄影批评者必须是那些没有受雇于这些机构的人，他们不为报纸、博物馆或广告公司工作，这样才能够真正地从足够远的距离观察被批评的装置标准。不过，我们尚不清楚这种真正的摄影评论者在第二个意义上应该靠什么维持生存。这是我们对照片的无批判性的一种解释。

作为装置的权威者，摄影批评者理论上可以拥有任何其他装置的功能，即程序化和自动化功能。人们可以想象自动对照片进行分类的盒子，丢弃其中的一些照片，给其他的照片贴上"真""善"和"美"之类的标签，并将它们引导至适当的信道。例如，可以根据麦克斯韦妖（Maxwellschen Dämons）原理，使用计算机科学方程和函数程序化此类自动照片的评论。事实上，如果我们看一下大多数摄影批评者的活动，就会觉得摄影批评的自动化迫在眉睫。但是，这不适用于第二种意义上的摄影批评。由于目前缺少标准,所以我们无法预见如何将它们自动化。此外,这种摄影批评的作用是对机器的功能进行批判。因此,我们必须先发明一种反装置才能程序化这种反功能。从对相机和照片分发机的批评意义上来说,这表明我们多么需要摄影批评的思路。在摄像机和媒介的背后,它必须揭露程序化这些装置的装置,并不得不用照片来批评将我们程序化的机器。值得一提的是,整个机器文化都趋向于极权主义。在这次活动中,摄影师,即直接与相机和媒介作斗争的人,通过摄影批评,与将我们程序化的极权主义和与人类之死反抗的那些人相遇。可见,摄影批评的任务是为摄影师的解放作出贡献,并据此为整个社会作出贡献。

(1984 年)

5. 参与公共对话：
为了电子出版而进行的书写[①]

至少出于两个原因，大家的电子出版(elektronisches Publizieren)项目[②]可以被视为具有开创性：第一，它解决了科学信息的出版问题，从而解决了从专用符号(spezialisierten)到通用符号(universale Codes)的重新编码(符号转换)问题；第二，它要求出版商具体说明他的承诺(对其责任进行更加明确的规定)。虽然我对第一点非常感兴趣，因为它质疑科学在社会中的地位(将科学的地位问题化)，但我在这里仅对第二点进行研究。

我们究竟是为什么进行书写，又要书写什么呢？对此，我给出的第一个答案是，一个人的书写是为了根据书写规则处理储存在他记忆中的信息，然后将经过处理的信息输入到一般的对话中。简单来说，就是人们将记忆中的一些东西在公共领域中加以表达。然而，这种"表达"(向外部推送，Ausdruck)和"印象"(向内部置入，Eindruck)的提法包含

[①] 本文原标题为《为了电子出版而进行的书写》(Schreiben für elektronisches Publizieren)，主标题为译者根据文章内容补充。——译者注

[②] 指在卡尔斯鲁厄(Karlsruhe)核研究中心(Kernforschungszentrum)进行的演讲。——译者注

一些需要再思考的问题，这样做可能会推翻各种传统的和"神圣不可侵犯"的偏见。

首先是记忆。在主体间网络［所谓的文化（Kultur）］中流经物质和非物质信道的信息是储存在节点上的。例如，我们可以将这些节点视为位于身体的中枢神经系统或某个个体。应该补充的是：一方面，整个有机体干预了信息的储存，如胃或性体验的信息；另一方面，中枢神经系统可以扩展到人工记忆辅助（künstliche Gedächtnisstützen）装置，如图书馆。随着构成文化的信息总量的增加，这些人工性辅助装置就变得尤为重要。由此可见，关于"孤独的书写"和"杰出的作家"的讨论越来越少。这样，我们就得出了结论：人工记忆辅助将个体中枢神经系统及与其相连的生物体联系起来，从而形成记忆群。同时，由于缺乏可用的信息，个人注定会处于相对无能的位置上。

其次是处理方式。来自不同渠道并以不同方式编码的储存信息被接收，如通过眼睛的光子形态、通过阅读字母形态或通过听音素形态。为了使它们可用，我们必须计算它们。此时，信息冗余、重叠、矛盾和信息之间的不连贯性都会暴露出来。这个过程可以被称为"批判"。同时，储存的信息相互结合，形成新的信息。这个过程可以被称为"创造"。此时，过程中可能会出现噪声，如故障（Störungen）、错误（Fehler）。它们可以被称为"独创性"。直到最近，处理一直是通过体验而产生的，所以有"有创造力的人"的神话虽然是重要的，但目前可以追溯到信息论的装置也包含在这一过程中。

再次是成文规则。处理问题就是将储存的信息从其原始符号重新编码为通用符号，如编码为字母和数字的符号。通过这种重新编码，信息变得符合符号的规则，从而形成一种新的结构，如把眼睛感知到的东西写下来（一系列量子排列成一行行字母）。信息的处理（批判和创造）体现为重新编码的功能。当人们写作时，批判性和创造性与在绘画时不同。自文艺复兴以来,字母数字符号一直在我们的文化中占主导地位。直到最近,科学批判和创造力才成为主流。同时,字母数字符号已被证明不再适用于当前的信息。一方面,这导致数字独立于字母数字符号,并且新的数字符号诞生了;另一方面,这导致了新的图像符号的诞生,如照片、视频、合成图像和全息图。在未来,批判和创造力很可能必须被编码(与解码)在这些符号中。这种思想对电子出版具有决定性意义。

最后是一般对话。在主体间网络(所谓的"社会")中,信息借助信道流动,并在节点中储存和处理新的信息。长期以来,人们一直从社会学、心理学和经济学的角度对这一网络展开分析,但直到最近才开始从信息技术和交流(传播)的角度进行分析。这导致了所谓的"信息革命",即新理论知识的技术应用结果。在此过程中,我们重新审视、研究了社会中的许多方面。其中,最重要的是信道转换问题——它似乎是一个实际的政治问题。来自内部的"被推送"的信息并不直接穿透网络,而是通过网格运行,如通过出版商、电视台或展览。我们将这些网格视为位于通道节点之间的审查过滤器,所以出版(发布)被视为将信息从记忆中(通过挤压、推送)表达出来,并通过网格进入网络。网格的功能对于出版而言是至关重要的,而且在我们这次讲座中也是具有根本性的主题,因为任何为出版而写作的人首先都是在为审查员写作。

因此,如果一个人根据一种透彻的传播学分析来考虑为什么书写和书写什么的问题,那么写作似乎是对储存在记忆中的信息进行处理,然后将处理后的信息转发给审查员。但是,这种冷静却不可以使承诺(Engagements)的热度(Hitze)被遗忘。人们在书写时,重点不仅仅是被动地接收被删减的信息,而是还要将其加工成新的信息并在一般对话中传递它们,即增加可用信息的总和。主体间的网络具有负熵的属性,与它互动就是在抵抗自然熵(死亡)。书写者的承诺是针对创造力的，是与死亡相对抗的。

人们若想发表文章，首先就要为审查员书写，即为一个带孔（这些孔可以称为"标准"）的筛子（过滤器）而书写。只有符合标准的文章才会被允许通过。一个人摆脱了"审查员"一词的政治和精神分析含义，就会认识到它的交流（传播）功能。如果没有审查员，人际网络（社会、文化）就不存在负熵的属性（就不是消息的）了。信息冗余会淹没网络，它会在无休止的废话重复（永恒回归）中瓦解。"完美的审查员"将是麦克斯韦妖，即一种增加信息量的装置。如果将装有冷水的容器与装有热水的容器连接起来，最终两边都得到了温水（信息丢失，"空谈"）。麦克斯韦妖只让冷分子离开热水，只让热分子离开冷水。最后，一侧有更热的水，另一侧有更冷的水（负熵，信息的增加）。麦克斯韦妖在物理上和政治上都是不可能的，但它是一种可能的审查者的典范（模型）。电子出版项目必须牢记这种模式。

目前，审查者的运作标准尚不清晰，但它们看起来可悲且危险，是一个只能在这里触及的问题。人们不必研究极权主义社会就能认识到这些标准。换句话说，人们看看电视、读读报纸或路过商店的橱窗就足够了。此外，我们要对有关审查员的标准，即负责任的书面材料出版商加以考虑。这样的出版商可以被作家视为盟友而非对手，经它们审查后表达出来的信息可以更好、更深入、更透彻地渗透于人类网络，从而使作家在一般对话的表达中塑造出深刻的印象。这样的网格是与作者进行创造性的对话，共同负责出版。然而，电子出版的目的是在考量理论和实践的基础上，使这个网格比以前更具操作性。那么，这些标准应该是什么样的呢？它们与麦克斯韦妖的标准（即根据热力学第二原理测量的温度计）有何不同？

第一个标准是符号。如上所述，字母数字符号处于危机之中。它不再适用于当前可用的信息，尤其是科学信息。与现在的字母相比，科学的对象(自然)更容易被计数而不是用字母描述。它创造的图像也是基于计数的,即它们是算法的合成图像。但是目前,由于缺乏装置和知识,这些新符号尚未在一般对话中得到广泛应用。因此,审查者的首要标准必须是"可读性"。作家的表达必须被翻译成一种符号,虽然它仍然主要是字母数字,但必须对新符号的元素开放。不管作家是用文字、数字还是图像来表达自己,审查员都必须根据这个标准重新编码来进行表达。出版物必须按字母顺序排列,但必须在其中嵌入计算机符号和计算机图像的孤岛。

第二个标准是信息内容。它可以被简化为一种信息原则,即信息与传播(沟通)成反比。换句话说,信息越多,沟通越困难;沟通越好,包含的信息越少。检查员的工作是将信息输入一般对话,以便它可以被同化。一方面,如果信息包含高度冗余,它就很容易被同化。不过,这就会产生冲淡对话的风险——可以被称为低俗化问题。另一方面,如果信息是非冗余的,就像数字编码的情况一样,那么它就有无法被对话吸收的风险。此外,要想确定冗余的含量,我们可能需要使用计算机(在此处,麦克斯韦妖是无用的,因为它们消除了冗余)。

第三个标准是话语性。审查的这个标准与字母符号的结构有关。在线性符号中,符号一个接一个地出现在单词、句子和段落之间。这种历时性(信息只有达到行尾时才可用)是话语的特征,即接收者必须跟随"行"。从一般对话的立场来看,只要是按字母顺序出版(发布),就会出现这个问题,因为对话是跨信息的(信息的交叉)。换句话说,对话在共时性上是被结构化的。与之对应,审查员必须将话语纳入对话,即他必须在其他已经发表的话语的功能中进行引用。这项任务也可能只有在人工智能和记忆辅助的帮助下才能在未来实现。与现有的电子检索方法相比,当前的引用和交叉引用策略还是原始的。

第四个标准是一致性。它虽然与第三个标准相关,但参数不同。

5. 参与公共对话：为了电子出版而进行的书写

按字母顺序编码的信息的话语结构需要作家使用具有发展性的表述。也就是说，一条信息必须几乎没有间隙地跟在前一条信息之后。如果不是这种情况，就会出现书写错误，如逻辑错误（适用于逻辑标准的东西也可以适用于其他标准，如文体或视觉标准）。按字母顺序编码的信息的这种内在一致性（它本身必须是正确的）体现在矛盾的地方（在我们信息不一致的地方），对插入的对话呈现出敌对性。与任何封闭系统一样，如果可能，本身完全一致的信息不会对对话作出有趣的贡献。检查员必须确保出版物包含矛盾的开口，并且这些开口可以被识别。

在我看来，这四个标准（以及许多其他不太重要的标准）对于审查员来说应该是至关重要的，如在电子出版项目中。当然，这些标准可以量化，所以可以借助仪器进行操作。对于第一个标准，必须计算出要在字母符号中引入的新符号的数量，并且这个数量可能会随着时间的推移而增加。在第二个标准中，必须根据一般对话及其目标区域来计算冗余量。在第三个标准中，重要的问题与从记忆中检索已经出版的内容并将其添加到出版物中有关。在第四个标准中，话语中的断点将作为一般对话的功能被结构化和量化。因此，如果不想引起上述通常有碍审查的危险，就不可能在没有人工智能的情况下出版。但是，我们不应该忘记这个项目的质的层面，它无法被单独地交托给装置。

任何审查者（制度）都像雅努斯①（Janus）一样有两张面孔，即用一副面孔审查并与作家对话，用另一副面孔进行普通的对话（allgemeinen Dialog）。审查者与作家的对话具有高度的创造性，只有在与（如电子出版机构的）审查员的对话中，作家才能真正地对一般对话进行有效的信息处理。这样的审查制度对作家来说就像他用来对信息加密的符号规

---

① 雅努斯是罗马人的门神，也是罗马人的保护神，具有前后两个面孔或四方四个面孔。——译者注

则一样具有创造性,即同时具有限制性和挑战性。换句话说,既然自由以限制为前提,那么对于作家来说,这种审查制度就成了他们争取自由的一种策略。

总之,大家计划中体现出的是一种具有开创性的努力,一种使私人出版适合当前信息革命的尝试。从作家的角度来看,他们正在为自己开辟一个新的自由领域而努力。无论是个人还是团体,他们都具有更好的表达自己的工具,从而更深入地参与公共对话。不管一个人如何书写(无论是用钢笔、传统打字机还是文字处理器)自己的项目,只要他摆脱了对所有小工具的传统偏见,对于从事书写的人来说都是一个重要的开端。因此,十分感谢大家,感谢大家给我机会去参加你们的冒险。

(1989年)

6. 符号转换：
思维方式的重新编码[1]

随着字母表的发明，一些语言的音素被转译成书面符号。它们已经从方言演变为书面语言，实现了符号转换。在当前，以书面形式表达的思想的重新编码（符号转换）开始了。除了书面语言，方言一直存在。除了新符号，在可预见的未来，书面语言将继续存在。但是，新符号将挑战书面语言在文化舞台上的主导地位，就像字母表发明时的方言一样。由于书面语言的作用力下降，方言很可能会找到新的生命。因此，我假设，这就是我们此次会议的背景。

考虑到这一背景，人们就会意识到，在自己面前的是一团几乎无法摆脱的联系，盲目伸手试着去解开它是徒劳的。因此，我将尝试选择众多线头中的一个进行追溯，即可以被称为"符号结构"（Struktur des Codes）的线头。现在，我将提出这些问题：在将音素转码为文字符号时，语言结构发生了怎样的变化？当书面语言被重新编码为其他的新符号时，思维结构会产生怎样的变化？

字母（表）的发明是为了重新对非常特殊的语言进行编码，即所谓

---

[1] 本文原标题为《符号转换》（Umkodieren），副标题为译者根据文章内容补充。——译者注

的"屈折"(flektierenden)语言,主要是哈姆-塞姆语和印欧语系的语言。当试图按字母顺序重新对其他类型的语言进行编码时,即所谓的"黏着语"①(agglutinierenden)和"孤立语"②(isolierenden)变成字母并试图进行符号转换时,我们会遇到困难。我们几乎是从母语中吸取了这个基本结构,然后不得不在小学时以"句子和语言分析"这样的华而不实的名义去背诵它。相对而言,描述它们是容易的,因为我们的语言规定了被称为句子的陈述。其中,某物(对象)是关于某物(主语)的,并且这带有一组被称为词汇的音素集合体,而这些音素根据它们在句子中的位置被操纵(使那些词汇发生"语型变化")。

幸运的是,我们很少接触其他类型的语言。但是,在未来,这将是不可避免的,因为每次它发生在人们身上时[比如我使用图皮-瓜拉尼语(Tupi-Guarani)],人们就会失去生存的基础。进而言之,一个人会意识到我们的语言思维所依赖的本体论的相对性。我们的语言类型③将一切都编码成箭头形结构,从主语到宾语。孤立的语言将一切都编码成镶嵌的拼图(马赛克),通常倾向于将两个部分符号化,并连接(啮合)在一起。黏着语将所有的内容编码成块,其包含的多重核心意义被前缀、中缀和后缀等黏合剂黏结在一起。为了让大家了解我所说的内容,以具有黏着力的德语单词为例,如"Donaudampfschiffahrtsgesellschaftsdirektor"(多瑙蒸汽游览船公司理事)。英语具有隔离能力,体现出孤立语的特征,如"put it out from into"。我们的语言(指屈折语)将一切编码为过程,而孤立语则将一切编码为关系域,黏着语是将一切转换成"图像"并符号化它们。此处应该补充的是,这种分类过于笼统,因为这三种语言

---

① 例如,在因纽特语的语言符号中,象征通过并列与连结(前缀、中缀、后缀)获得新的意义。——译者注
② 例如,在汉语中,语言符号中的各种象征都可以相互区分(通过音节进行限制)。——译者注
③ 作者在这里指的是屈折语。——译者注

6. 符号转换：思维方式的重新编码

总是会相互干扰。例如，日语就是一个典型的例子，它最初具有典型的黏着语特点，但现在基本上是孤立语。

字母（表）的发明者对此一无所知。然而，他们知道我们忘记了什么，现在才开始重新学习，即一个人说话时的思维方式与数石子或画画时的思维方式截然不同，他们相信自己已经用字母符号综合了这三种思维方式。字母不就像珠算中的珠子那样被排成一行用以表示口语中的句子吗？字母的发明者也许并没有完全意识到，他们已经发明了一种符号。在这种符号中，想象力和计算性思维为过程性思维服务。这种观点是正确的，因为字母实际上使被我们称为"历史的""批判的""科学的""哲学的"那种思维成为可能（其中实际上是使用了想象力），而微积分是一种绝对线性的、"发展"的思维方式。但是，这种观点也被证明是错误的，因为按字母顺序排列的历史思维实际上从未成功地综合并克服想象、计算和过程之间的内在张力。因此，当前基于字母的思维方式出现了危机。

在将方言重新编码为书面语言时，我们保留了语言的基本程序结构并添加了附加规则（正字法）。据此，语言受制于被称为"逻辑"的规律。这使它成为批判方言、想象力和一般语言外的思维的有力工具。如果有人将方言的思维方式描述为"神话"，将想象的思维方式描述为"魔术"，我们就可以说书面语言已经成为一种去神话的、去魔术的、启蒙的工具。随着时间的推移，具有逻辑规律的书面语言在西方思维中占据了如此强大的优势，以至于它的规则、逻辑等同于一般的思维规则。人们开始忘记自己也可以在语言之外进行思考。人们开始相信，词汇从最初便存在——它就是"存在之家"（das Haus des Seins sei）。

然而，进入现代之后，这种信念开始动摇，因为越来越清楚的事实是，逻辑思维不足以让人们考虑客观的"扩展"世界。在了解和掌握这个世界时，这个世界需要被计算，而不是被描述。据此，数字符号被插入字母符号，所以我们从现在开始必须说"字母数字符号"。数字是字母数字符号中的异物质，因为它与字母不同，即数字不表示口语的音素，而是表示心理图像——它们是表意文字。数字提出了两个难以解决的问题：首先，它们形成了清晰明了的符号，数字之间的间隔与数字本身一样具有特征；其次，数字符号的规则不能完全被还原为逻辑思维规则。就在两代人之前，我们还可以将危机描述如下：世界可以用微分方程来思考，它们可以重新计算（重新编码为原始数字代码并加以描述），重新编码为字母符号。一方面，人们可以从技术上掌握被思考的世界；另一方面，人们可以从逻辑上对这个世界进行解释。换句话说，所有的问题在技术上都是可以被解决的，在逻辑上也是可以被解释的。因此，我们的父辈一代很乐观。

遗憾的是，这是一个错误。将"高度的"数学象征重新编码为所谓的"自然数"是一个非常漫长的过程，需要复杂的方程式，其持续的时间不仅可以超过个人的寿命，还可以超过预想中的（可能的）人类整体寿命。因此，技术无法解决的问题仍然存在。然而，将微分方程的符号重新编码成字母基本上是不可能的，因为数学规则无法追溯（还原）到逻辑规则。可惜的是，人们不得不放弃从逻辑上解释世界的意图，转而求助于概率和不确定性等数学概念。至此，我们父辈的乐观主义变成了文化悲观主义。

为了面对微分方程重新数值化的问题，人们发明了计算机，它的计算速度远超人类。结果，许多以前无法被解决的问题在技术上变得可能了。计算机要求新的符号，其特点是结构非常简单，但功能非常复杂，而且这是所有高度发达的结构的特征。同时，这些符号允许一种新的、不再是语言的思维方式出现，它比逻辑的、按字母顺序组织的思维更适合思考世界。因此，它也可以回答第二个问题，即世界的不可描述性。新符号比字母更适合思考和面对世界，它们迟早会取代字母，成为

6. 符号转换：思维方式的重新编码

思想的载体。

起初，新符号似乎会导致纯粹计算性的、毫无意义的思考。似乎在历史的、程序的思维失败后，我们一方面被迫陷入无意义的计算，另一方面陷入野蛮的魔术中，无数的症状似乎都支持这种悲观分析的正确性。

然而，人们很快就发现，新符号不仅可以计算方程（过程），还可以将计算的内容转换为线、面积、体积等。借助这些符号，人们不仅可以思考，还可以体验各个维度的模拟世界，包括以前从未体验过的世界。换句话说，这些符号不仅将客观世界分解成点，还是可以从中无数次合成客观世界的工具。这些符号将世界简化为极端的零维抽象，并从那里投射出迄今为止难以想象的具体世界。一旦开始投射曲线、合成图像或移动的全息图，即人们开始意识到新思维方式的力量，模拟（Simulation）的问题就出现了。换句话说，投射在这个世界中的世界本体论的方法成为问题。

这个问题的出现完全表明了当前思想过渡阶段的困难，因为从点的符号所表述的新思维来看，这根本就不是问题。从这一观点来看，所谓的"客观性的实在"是散射的函数，其中聚集的点越密集，聚集就越客观。客观世界被视作一系列点，或多或少地紧密聚集的岛屿游弋其中。我们将这些聚集称为"对象"。从计算中投射出来的所谓的"模拟"世界越客观，就越能成功地计算出其中的计算点。一旦投射出像这台打字机一样由密集的点聚集成的全息图，那么它们与这台打字机在本体论上就不再是可以区分的了。这可以用古老的字母顺序思维方式来描述，即要么将计算的模拟世界视为渐渐逼近客观世界的趋势，要么将客观世界视为模拟世界的边界。但是，即使是这种表述也已经是字母思维开始被重新编码为数字思维的征兆。

在我看来，这就是我们此次"方言和成熟度"会议的背景。让我这样概括一下：逻辑的、批判的、合乎《圣经》的思维方式即将被新的准则取代。目前，我们还不清楚哪种思维方式会取代前一种思维方式，尽管当下已经有很多此类征兆。毫无疑问，对于这种新的思维方式，主体间性、人际关系占据的位置将与前一种思维方式中的客观性所占据的位置大致相同。相互承认将取代知识所占据的位置，责任将愉快地取代条件和自由所占据的位置。如果人们愿意，也可以说一个人变得更加成熟了，他长大是因为他超越了客观性而成长为主体间性。至于方言可能的未来，我不想谈，因为比我有能力的人肯定有话要说。在这方面，我只想表达我自己的担忧：当人们摆脱了纪律严明的书面语言的压力，他们就会按照自己的方式来说话；当越来越多的人使用新符号时，我们就会被每天在广播、电视和报纸上读到的一切废话、煽动性和夸张的胡言乱语淹没。这种不负责任的喋喋不休会形成计算机通信的背景噪声。

毫无疑问，传统的《圣经》的思维方式即将被重新编码，但我自己也植根于这种思维方式，而且我想你们中的大多数人也是如此。因此，请你们接受我的评论，将其视为一种几乎不加掩饰的忧郁的表达。

(1988 年)

7. 色彩而非形式：
弥合现代科学与艺术思维的鸿沟[①]

献给卡尔·加里斯纳(Karl Gerstner)。

色彩加密(Farben verschlüsseln)

圣保罗将建造一座"色彩之屋"(Haus der Farbe)。这种"房子"的一个任务是将色彩编码成符号。当然，我们已经拥有一些色彩符号并使用了它们，如在艺术、魔术和梦想中。但是，大多数此类符号的共同点是它们具有"多重意义"(konnotieren)，即这些符号与其意义域具有一种模棱两可(多重意义)的关系。计划中的"房子"的一项任务是创建指示性的(denotative)、明确的色彩符号。到目前为止，改变世界的责任一直属于人类，而现在机器做得更好。人类现在的任务是为机器编程(程序化)以应对世界的变化。这些程序必须被清晰明了地编码，因为机器太笨了，无法解释模棱两可的消息。人的工作是制定外延符号

[①] 本文原标题为《色彩而非形式》(Farben statt Formen)，副标题为译者根据文章内容补充。——译者注

（多意义性的符号）。这个工作以前没有这么紧急，因为当时的符号用于人际信息编码或旨在通过物体（媒介）传达给人们信息，并且人们可以在一定程度上解码模棱两可的信息。总之，自从人类开始与机器交流以来，在后工业社会，越来越需要外延符号。

这样的符号已经存在，尤其是数字符号。数学思维的进步几乎可以等同于符号的逐步完善，如将乘法表与微分方程进行比较。因此，这些符号应该能够作为未来色彩符号的模型。然而，事情并没有这么简单，因为数字符号的象征表示数量，用作象征的色彩表示质量。因此，这一课题的任务是生成数学结构的色彩符号。这些色彩符号可以限定数量。当然，也可以相反，即量化质量。

此处试举一例。我们在由数字形成的算法中，使用数字实现符号转换，并将其输入计算机。我们将程序设计为屏幕上的点、曲线和曲面，然后使用它，根据说明改变它。同时，这些设计可以着色。在这样做的过程中，人们将色彩调整为数字化的数字（digitalisierten Zahlen），将质量调整为数量（Qualitäten Quantitäten）。一方面，任何人说"量化"时，他的意思就是按照分配的量进行分解。这意味着理性思考的姿态。另一方面，任何人说"合格"时，就意味着要使某物成为人们可以体验的东西。它指的是审美思想的姿态。于是，我们将色彩与数字等同视之，将理性审美化，将审美（想象）合理化。色彩编码的合成图像既是"纯粹理性"（知识）的作品，也是"想象"（艺术作品）的作品。人们可以在其中体验纯粹的理性，想象的力量在其中也变得纯粹而合理。

因此，人们要制定的色彩符号将成为弥合现代科学和艺术思维的鸿沟的工具。然而，双方都对这种尝试提出了异议。在科学方面，反对的人认为，知识的每一种资格（Qualifizieren）都会质疑据称是科学思维特征的价值自由（价值中立）。在艺术方面，反对的人认为，任何外延都会使艺术信息变得贫乏，从而导致媚俗。一方面，科学上的反对是没有根据的,因为越来越清晰的事实是,价值自由是一个神话,即为了知道(某物),一个人必须首先重视它并对其进行评价。另一方面,艺术提出的异议也应该得到重视。

事实上,像数字这样的指示符号(denotative Codes)充满了漏洞,因为它们各自清晰而独特的符号之间存在缝隙。我们说它们是无意义的符号,因为意义宇宙的大多数元素都从这些缝隙中溜走了。这就是笛卡尔的"哲学性认知和存在的统一化"(adaequatio rei cogitantis ad rem extensam)的问题,而这才是真正的知识问题。发明微积分是为了填充数字之间的缝隙,整合它们并使数字符号更有意义。此外,符号蕴含意义(含混不清),意义的各个向量(Bedeutungsvektoren)又在其中重叠,即单个符号可以表示不同的事物,不同的符号可以表示同样的意义。艺术的"秘密"就是编码它的符号所具有的这种模糊性(多义性、可解释性)。因此,反对的意见认为,清晰明确编码的信息(如上文提到的合成图像)是庸俗的,因为它们缺乏意义且不包含任何秘密。

然而,既然我们有了计算机,反对的意见就站不住脚了。计算机是可以快速计算的机器,它们使微积分变得不再必要,因为它们可以用任意数量的数字填充各个数字之间的缝隙,而不会明显地降低消息的清晰度。这同样适用于色彩。如果色彩被清晰明确地编码,计算机可以用任意数量的中间色填充绿色和蓝色之间的缝隙,而不会明显地降低信息的清晰度。因此,产生有意义的指示性(单意义性)色彩符号是可能的,它们可以表达"真正的"艺术。

顺便说一句,在指示性符号中对色彩进行编码并不是这个方向上的第一次尝试。当空气振动,音素被编码成语言时,也有人试图表示可体验(听觉)的事物的符号,以代表清晰和不同的概念(这种尝试在多大程度上可以成功是另外一个问题,这里不多加讨论)。因此,将光振动(色彩)编码为指称(单意义性)符号基本上是一种使色彩语言可以供后工业社会使用的尝试。从改进的角度来看，这种尝试是可能的。它们将成为可以同时表达科学和艺术思维的语言，可以对人际交流和人机交流进行编码。

我在这里提议的范围现在变得很明显了，即它与提供新的社会符号有关，可以表达一种新的存在（生活）方式。我们当初说人不再进行劳动，而是进行编程（程序化），即对象征进行游戏——劳作的人（homo faber）变成游戏的人（homo ludens）。人们将要制定的色彩符号会是这种游戏、系统分析和人类可以表达自己的形式——一种可以在新的文化层面上消解科学与艺术之间的分离的形式。制定这种形式是一个尚未被重视的挑战，它需要科学家、技术人员、哲学家和艺术家的帮助。对此，我们可以观察到与上述挑战相关的方法已经产生了。例如，在交通符号中，在某些产品的标签中，最重要的是在媒体和广告中，但这些方法似乎指向不同于人们的预期的方向。如果新的色彩符号要用于建立新的文化水平，它们就必须能够挑战这些方法。

用色彩代替形式

在西方传统中，"形式"（form）被视为与容器（Behälter）同义。一方面，这个容器在西方传统中被视作空的；另一方面，这个容器的外观被假定为无形的（formlos），并且是从过去流向未来的。人类的理性被理解为表象（现象）被注入形式的行为。人们通过这种方式用现象填充形式，从而使形式获得了内容（意义），并且这些现象能够被排序和处理。人们以现象来填充形式的行为被称为"表达"（formulieren）、"形式化"（formalisieren），这种行为导致的结果被称为"信息化"（informieren）。我们可以如图像般生动地说形式"赋予了现象不变的状态"，或者说我们制造的勺子被浸入无定形的表象的汤中，以此便于人们理解和

7. 色彩而非形式：弥合现代科学与艺术思维的鸿沟

对待世界。

最初，这些形式是用"内在之眼"（理论上）对现象（清晰、独特和无色的图形）进行认知的，最重要的是对圆形和三角形（或三维的球体、金字塔和圆锥体）进行认知。这意味着将"表达"这种基本的形式填充为现象，就像在运河里灌满水。事实上，整个问题可以追溯到灌溉。为了在尼罗河和幼发拉底河上开通河道用于田间灌溉，人们开始在壁石表面划线，以勘测灌溉路线。这些"几何学家"可能是最早的形式主义者，并最先明确地表述了他们的想法。很久以后，人们才有可能将这些几何图形重新编码为数字（解析几何学），并计算出公式、算术表达式和算法等。因此，"表达"意味着首先是用算法表达现象。这是现代科学技术思想的基础。

这是人们认识世界和对待世界的大战略，工业革命证明了这一点。但是，这整个传统中的一个根本性的错误在当前变得相当明显。事实上，我们从来没有看到无色的形式（即使是用"内在之眼"），理论上也是如此。我们只看到了不同形式的色彩。此处，我们所说的"形式"是个体色彩之间的界限。我们看不到空的容器，其内容物甚至不是抽象的，而是色彩的（它们经常相互融合，但有时可以被区分）。这个事实已经在各个学科中得到证明，并最终由卡尔·加里斯纳确定。当然，我们可以说这个根本性的错误并不是反对数值形式化策略的论据——它是关于战略的。也就是说，这与我们正在与世界进行的战斗中的战争游戏有关。对此，持反对意见的人认为，科技进步似乎已经走入死胡同。一方面，人们似乎失去了对世界的控制，迷失在没有任何一致性的数字粒子群中；另一方面，科技似乎不再回应具体的人类需求和欲望，导致我们陷入功能（数字）异化（funktionelle Entfremdung）。

鉴于此，我们似乎有必要从色彩而不是形状的角度来思考，并以此重新接触具体的经验，即所谓的"现实"。但是，如果人们需要重新思考所有的科学，那将是一项不切实际的任务。由于以下原因，这既不可能，也不可取：说它不可能，是因为我们不仅沐浴在科学传统中，还将这种用色彩思考的想法归功于它；说它不可取，是因为如果没有科学技术，我们即使想生存也没有办法，所以我们不能说放弃形式思维而支持色彩思维。不过，我们可以尝试将这两种思维方式结合起来，即将色彩和数字进行结合。这听起来很简单，但实际上是头等大事。

当然，用色彩思考从未被人们放弃。当人们开始在黑板上画几何线条时，他们也会继续绘制彩色图画。但是，它们是两种截然不同的表达形式：一种是认识论层面的，另一种是审美层面的。几何和绘画都是行动模型（"政治"模型），但几何图形是一种不同于绘画的行动模型。不可否认，这两种表达形式之间存在着联系。人们后来尝试给几何图形上色，以使它们更有形、更美观。人们用类似的方式绘制了几何图形，如透视图，并将其添加到绘画中，以使它们"能被更好地认知"。然而，彩色的概念思维模型（如原子结构图）和数字编程彩色图像（如计算机合成图像）具有的表达形式仍然是完全不同的：一种表达知识，另一种表达经验；一种是科学的，另一种是艺术的。将色彩与数字结合起来，将色彩思维与形式思维结合起来，这种行为就是对科学和艺术的区别所进行的扬弃。

如果数字世界与色彩世界一致，那么这种基本（而非事后）的耦合是可能的。自笛卡尔以来，我们拥有了一个数字世界模型。随着数学方法的改进，这个模型变得越来越清晰。同时，我们具有不同的色彩世界模型，尽管没有一个能完美地与数字世界模型媲美。其中，最好的似乎是韦泽其[①]（Günter Wyszecki）提出的统一色彩空间模型。卡尔·加

[①] 刚特尔·韦泽其是一位德裔加拿大物理学家，他在色度学（colorimetry）、色彩辨别（color discrimination）、色彩顺序（color order）和色彩视觉（color vision）领域作出了重要贡献。——译者注

7. 色彩而非形式：弥合现代科学与艺术思维的鸿沟

里斯纳试图在三维中大规模地制作这个模型，以下是将此模型耦合到特定过程（现象）的尝试。这是一个精神实验，与伽利略所展现出的纯粹的精神（sperimentazione mentale）类似。一个过程被输入到加里斯纳的模型，就好像水流过原始几何学家的运河图一样。在这里，实验在多大程度上是正确的并不重要，它在多大程度上可行才是我们应该关注的重点。

罗马帝国应该被理解为一个用色彩表达的过程，宛如一部电影。在这个过程中，不同的色彩扩展、混合、重叠、收缩，变得更亮或更暗——它没有被世界上认知"事物"的某种轮廓接受。这样一部罗马帝国的"抽象"彩色电影将是"纯粹"色彩思维的产物，就像数学公式是纯粹的形式思维的产物一样。罗马帝国在这里被用作实验模型，因为它是一个足够复杂的过程，并且仍然影响着我们的文化和生存状况。当然，其他同样复杂且对我们来说很重要的过程也可以被用于这样的实验。

这部电影在时间上横跨公元前 700—公元 400 年，尽管这些日期可能是任意的。这部电影必须展示构成王国的色彩如何从过去处吸收，以辐射到未来处（直到现在），以及它们如何先变得更亮，然后又变得越来越苍白。影片的起点是色彩被撰述的那一刻。首先，有两种基本的色彩就足够了，即黄色和红色（任意选择）：黄色表示私人空间（res privata），红色表示公共空间（res publica）（我将在之后对这种选择进行研究）。

电影的开始是七个黄色点围绕一个较大的红色点（意思是广场周围的七座山）。但很快，红色和黄色的混合线会将黄色点连接到红色点（简单的调色板是不充分的）。此时，电影的视野得到了扩展，并且不必放弃所需的简单性。红色和黄色的场景将飘浮在灰色的背景上，各种模糊的色调出现在场景中。为了避免符号被淡化，人们可能不得不再次符号化影响了"埃图尔里安居民"(etruskischen)和"古代意大利居民"(italischen)的色彩。

如果想要继续进行实验,我们就必须引入第三种颜色(如蓝色),其含义是"神圣空间"(神殿)。但是,这种色彩并不会形成光点——它会凝聚在一个光点周围,但整个场景都会闪耀着蓝色的光芒。起初,这三种原色之间会开始一个复杂的混合过程,但很快就会被打断。取而代之的是,在红点和蓝色背景之间会出现清晰的连接条纹。其中,有两种色调:蓝色和红色条纹代表执政官,红色和蓝色斑点代表神职人员。黄色块将通过"黄线—红线—蓝线"的步骤从红色连接到蓝色背景,不混合其他色彩。三色线的编织将覆盖整个场景,这一织物意味着《罗马法》。我们没有必要按照它原来的意义进行符号化活动,因为这一织物的意义是在这一过程中自动地发展起来的。

如果电影的段落设计得当,那么这些意义必然会越来越频繁地自动出现。然而,新的符号化干预(neues kodifizierendes Eingreifen)是不可避免的。随着场景扩展并侵入灰色环境,更多的色彩需要被添加到经过编码的调色板中。例如,绿色表示"古希腊的影响",而这种绿色将覆盖原来的蓝色,与黄色混合,但红色保持不变。另一种色彩,如紫色,意味着"犹太人的影响",它会散开并与红色和黄色形成一种奇特的混合。这本身就意味着"基督教"。在此过程中,这种奇特的色彩混合将越来越精确地发展,绿色将被它吸收,并且此时必须添加另一种色彩(如深红色),以表示"日耳曼的影响"。

在电影的结尾,这种复杂但截然不同的色彩混合将淹没整个场景,所有的网线都将在其中变得模糊,即图像的结构将在其中融解。同时,新线程将开始从后台出现。电影最初的三种色彩将失去其编码意义,通过混合和重叠而融解并结束(罗马帝国将灭亡是因为它原有的元素已经失去了相应的意义)。

7. 色彩而非形式：弥合现代科学与艺术思维的鸿沟

当然，上文描述的奇观只是色彩编码程序的粗略轮廓。如果要将这样的程序输入加里斯纳创建的色彩世界模型中，就会出现技术和概念问题。技术问题是程序中指定的色彩和形状必须在模型中亮起，如作为穿过模型结构的对角线切割，并且模型的其余部分将从视图中消失。从概念上讲，问题是使程序适应模型的结构。这意味着加里斯纳与我两个人是没有能力模拟这样一个程序的，我们不得不与一个至少由罗马帝国历史学家、电气工程师和光学技师（Optiker）组成的团队合作。

如果这些最初的问题得到解决，那么该计划就必须逐步完善，我们必须输入"罗马帝国"过程的新参数，调色板必须越来越精确地分级和量化，整个过程必须越来越精确地适应模型结构。模型中提供的可能性（如白黑边界内的对角线和其他切割）必须越来越清晰地呈现出来。这反过来意味着色彩必须变得越来越可量化，同时可以对奇观过程中的数字进行转码。如果实验成功，人们将同时获得"罗马帝国"新建过程中的美学（色彩）和形式（数字）知识，并有可能通过储存每个阶段来随意地分析该过程。

这里提出的精神实验旨在提出一条通向色彩思维的道路。这种思维必须符合精确的符号和结构规则，就像形式思维一样。色彩思维必须有理论支撑，它必须将过程限制在理性的理论范畴内。例如，"罗马帝国"的发展过程就属于模型的理论范畴。如果它也将发生在美学领域，就必须有科学思维——它将力求"真"和"美"。如果这里的实验选择了不同的过程，即不是"罗马帝国"（而是地球上生命的起源），那么色彩思维的认识论参数就会变得更加清晰。

项目的技术和概念问题比一般的设计问题更难解决，而且一直是如此。但是，这些问题也是比较有趣的，因为挑战在一个接一个地进行。它们被编码为基本色彩，随后被输入通用模型，越来越好地阐明模型并适应模型结构,最后逐步将对色彩的洞察力重新编码为数字。这意味着逐步将美学参数添加到科学知识和技术方法中可以使它们更加具体,即更加便于人们体验和可评估。没有人能预见该项目一旦开始将会采取的轨迹,因为它们会随着项目的进展而扩展和倍增。这也是获得对世界和我们自己更深入的洞察的冒险。

(1989 年)

第 3 部分

基于新媒介的图像的后历史

1. 图像的地位：
图像与装置[1]

假设有人试图向一个拉斯科人和一个佛罗伦萨美第奇家族的人解释当前的一些照片（图像）正在移动，这无疑将导致误解：拉斯科人会认为这种图像从一个洞穴移动到另一个洞穴；佛罗伦萨人会声称，自从人们开始在画布上而不是在房间的墙壁上绘画以来，他们的画作一直在移动。因此，应该补充的是，现在的相框几乎与以前一样，是不动的。同时，从字面上看，它们的地位并没有发生重大变化——它们仍然是物体[2]（Gegen-stände），站在我们的对立面。然而，被激活的是画面中可见的奇观，即它不再是一个僵化的场景，而是一个移动的过程。由此，拉斯科人会得出结论，即影子在我们的照片中移动，就像在洞穴墙壁上的篝火的影子一样。不过，我们必须告诉他，人类的影子是彩色的，它们不仅沿着墙壁表面移动，而且似乎是从岩石内部出现并移动到那里的。佛罗伦萨人也许会认为这样的照片实际上可以被称为窗户。对此，我们必须回答，在这样的图像中不仅可以观察到风景的移动（就像

---

[1] 本文原标题为《图像的地位》（Bilderstatus），副标题为译者根据文章内容补充。——译者注
[2] 这里有"对象"的含义。——译者注

透过窗户），而且观察的眼睛也要会移动，因为眼睛需要移入风景中，以使更远的地方进入视野。

如果试图增加由此而造成的混乱，人们可以补充说，这种移动的图像也有声音。起初，拉斯科人和佛罗伦萨人可能会以这样的方式理解这件事，即这些图像在从一个洞穴到另一个洞穴或从一个教堂到另一个教堂的运输过程中发出嘎嘎声。后来，他们会认为移动的影子在低语着影子领域的秘密。人们必须向他们解释，图片中移动的人物会大声说话、大笑和唱歌，画面中有雷声、雨滴声，最重要的是（令人出乎意料），整个画面的移动过程沉浸在其他的声音（如音乐）中。拉斯科人和佛罗伦萨人可能会犹豫地声称这些图像是一种现实的替代（品），是另一种现实。

人们无法认同这一点。我们必须指出的是，这些图像是可见和可听的，但不是可闻和可品尝的。最重要的是，我们不能被这样的图片冒犯。拉斯科人和佛罗伦萨人不会接受这种反驳。来自拉斯科的人会声称，除了清醒的经验之外，还有其他的现实，如梦境世界和死者的领域，而且这些图像也将被添加到其他的现实中。根据我们的描述，佛罗伦萨人对我们的图像技术充满信心，并相信将来我们能够制作出可闻、可品尝和可触的图像。更糟糕的是，不得不说，我们才刚刚开始看到和听到以前未知和闻所未闻的事情，如算法、弯曲到第四维度的身体或超出我们感官能力的振动。来自拉斯科和佛罗伦萨的人都会一致地宣布：在我们这里，人们只会看到这样的图像，而不再是相对无聊的感官世界。

人们不得不承认情况已经如此。实际上，人们大部分时间里都蹲在相对不动的相框前盯着它们。然后，两个人都会问这些照片是如何被放在窗前的。答案会让双方都感到恐惧。人们不得不说，这些照片实际上并不是被放置在人们蹲下的地方，而是放在一个蹲下的人无法接近的地方,并且那些图像是从那里向蹲下的人的方向传递信息的。两位提问者的惊恐有两个方面。一方面,当运动图像从一个无法接近的地方辐射到相对不可移动的相框中时,它们作为一个整体移动,一切也都同时在其中移动。这是一种双重运动,其中图像内容的移动方式与整个图像的运动方式不同。另一方面,这些图像带着这样的魅力,吸引无数的蹲守者在同一时刻通过无数的相框凝视着同一幅画面,并且他们是在同一个人迹罕至的地方凝视同一幅画。所有的眼睛在那里相遇,但都没有看到对方。这是令人震惊的,所有的人都持相同的观点,彼此却视而不见。面对这种地狱般的恶循环(höllischen Schraube)导致的盲目性,我认为来自过去的两位访客可能再也不想与我们在一起了。

图像的洪水

人们宁愿与上述两人(拉斯科人和佛罗伦萨美第奇家族的人)一起移动,以逃避令人眼花缭乱和麻木的图像洪流,欣赏文艺复兴早期或更早的公牛和马匹的照片,但这样的游览不会成功。无论你去哪里远足,你都要拖着设备,而令人眼花缭乱和麻木的图像洪流从中流出。这些可以随身携带的设备不再需要在我们的肚子前晃来晃去,我们甚至已经将这些工具置于我们肚子中了,它们在我们的体内来回滚动和扭转——我们受制于大量可以发声的图像。

我们不能朝着好的旧图片的方向逆着图像流划船,但如果我们不想被淹死,就必须试着比当前划得更快,或者转身找到可以使我们停下的锚。由于我们无法再制作好的旧图片,我们要么必须创造比周围的图像级别更高的(更新的)可移动且具有声音的图像,要么必须制作"寂然的"(stille)图像。上述这两种图像位于图像的洪流之上。这种说法不能简单地停滞不前，它必须得到支持。首先，我们必须合理地说明为什么我们不能回到传统图像。其次，我们如何在技术上、美学上和存在上掩盖那些可能淹死我们的图像。最后，我们要知道如何（以及是否）产生"寂然的"图像，作为对移动和发声的保护和拯救。

每当有人与一个物体保持距离时，就会创造出好的传统图像，以便人们看到它并使这些东西被其他人接触。这种从客观到主观的倒退随后转向主体之间，形成了一种极其复杂的姿态。前文提到的两个历史例子可以说明这一点。拉斯科人从主观的角度看待他的对象，如一匹马。这是一个转瞬即逝的私人观点，并且必须在记录和发布（公之于众）后才能使其他人参与。为了做到这一点，拉斯科人将他看到的东西编码成符号，并使用色彩和刮刀将这些符号转移到岩壁上。那些知道密码并走到墙壁前的人可以破译这些图片，并接收信息。佛罗伦萨人的姿态没有显著的差异，但仅在一个方面存在不同，即佛罗伦萨人面对的对象同样并非客观，甚至已经洋溢着超前的主观性。这是关于《圣经》场景的。这意味着佛罗伦萨人对图片进行编码的符号是由先前的符号组成的。换句话说，拉斯科的图像是前历史的，每个接受者都可以根据自己的方法一次又一次地破译它们；佛罗伦萨的形象是历史性的，人们必须先了解历史才能破译它们。

如此一来，图像就无法再被生成了。自笛卡尔以来，现代科学就与镜头保持距离；自从摄影被发明以来，它就开始提供捕捉和程序化人们所见事物的装置。如果说上面描述的复杂的图像制作姿态被称为"想象力"，我们就必须说现代科学技术为了完善它，将人们的想象力推入到设备之中。因此，没有人能够与机器竞争，而且事情变得更加复杂了。每当我们在拉斯科或佛罗伦萨观看一幅画时，我们都会从这些装置的角度出发，因为我们的整个世界观都是由它们塑造的。因此，我们接收传统图像，即在现代世界观的背景下通过装置破译传统图像。

远程信息社会

由于我们拒绝从图像洪流中向后逃回到传统的图像，所以我们可以尝试向前，即逃到新图像中。图像泛滥的可怕之处在于三个时刻：第一，图像的泛滥产生于接收者无法进入的地方；第二，它们使所有接收者的意见同步，从而使接收者失明（彼此视而不见）；第三，它们看起来比我们通过其他媒介（包括我们的感官）接收的所有其他信息都更为真实。具体而言，这三个时刻告诉我们，首先，我们不负责任地面对图像，而且无法做出任何反应。其次，我们变得愚蠢、大众化，并失去所有的人类接触。最后，我们把绝大多数的经验、知识、判断和决定归功于图像，所以我们在存在上依赖于图像。如果我们仔细观察，便会发现这三个可怕的时刻都不在于图像本身，而是在图像切换以到达接收者的方式中——可怕之处在于"传播的结构"（Kommunikationsstruktur），或者更简单地说，在于物质的或非物质的线缆（Kabeln）。如果你能切换线缆，那么这种可怕就会被消除。然而，事实证明，这也会使图像发生变化。

简而言之，目前具有支配性的连接方式可以描述如下：送信者（发射器）产生图像，通过线缆（信道）成束地分发给收信者（接收器）。线缆只沿着一个方向传输，即从送信者到收信者的方向。结果，这就导致了收信者的不负责任，因为线缆不会传达任何可能的答案。相反，收信者会收到相同的信息（内容），也因此会产生具有一致性的间接效果。收信者无法看到彼此，因为线缆不允许横向连接。同时，收信者接收到的图像被视为现实，因为单向的线缆不允许他们对图像进行任何批判。但是，如果可以将图像的接收信道切换为可逆的线缆，这个可怕的问题就能够被解决。每个接收者都将担负一定的责任，因为他们既是送信者也是收信者。由此,作为送信与收信合二为一的存在,他们就能积极地参与图像的制作。图像将在每个网络节点上被处理,所以每个接收者与同他联网的其他所有人都具有不同的见解。所有的参与者不断地处于对话性的结构之中。借助对话性结构,图像的现实含量将不断地暴露于批判之中。将多束结构转换为网络结构,将线缆变成可逆的,具有这种结构的社会被我们称为"远程信息社会"(telematische Informationsgesellschaft)。

首先,我必须说,刚才描述的可怕的连接方法(线路结构)不仅可以切换移动的声音图像,还可以切换其他的加密信息。集束回路(verbündelte Schaltung)的连接从书籍印刷开始,特别是在报纸和杂志上,它标志着"寂然的"图像和广播声音的传播。其次,可逆线缆的互连不是乌托邦,而是自邮政服务建立以来一直在起作用。可逆线缆的互连技术在电话和电报网络中已日渐成熟,但只有在计算机终端和绘图仪的可逆网络中才添加了可移动的声音图像。尽管集束回路的连接方法已有数百年的历史,尽管网络连接已经存在了很长时间,但直到现在才显现出它全部的影响——将电影和电视中的运动声音图像转换为网络合成的计算机图像。

我们可以看到,蜷缩在电脑终端前的主要是年轻人,通过他们在这一过程中创造的图像,我们才看到了这种转变(合成计算机图像的出现)所带来的巨大震荡。新一代的图像制作者和图像消费者出现在千禧年的地平线上,并且在从图像洪流向前飞驰的过程中,他们实际上克服了不负责任、大众化、愚民化和陌生化带来的可怕之处。图像正在创造一种新的社会结构,当然也是一种现实结构。新的、合成的图像中的抽象思维变得可见和可听。同时,新的创造性对话过程中产生的这种合成图像,在美学上、在本体论和认识论上都与好的传统图像或目前我们周围的图像没有可比性。

寂然的图像

需要指出的是,在那些装置使我们无法找到过去的图像之后,我们除了从可怕的图像洪流中向前飞往新千年,还发现了另外一条出路,即制作"寂然的"图像。这些图像具有欺骗性,目的是对制造"寂然的"图像的制造装置进行欺骗。为了理解这种看似简单(实际上却极其复杂)的从图像洪流到沉思的沉默,我们首先必须思考"装置"的概念,然后思考"狡猾"[①](List)的概念。装置是技术设备,技术是科学知识对现象的应用方式,而科学发现是通过有条不紊地与现象保持距离才被总结出来的。因此,装置是在技术上颠倒了与现象的科学距离的设备。换句话说,它们将抽象转化为具体的设备,如来自图像中的数学方程,就像相机一样。光学、化学、力学等方面的方程式通过相机以图像的形式变得可见,或者将抽象方程式对应的现象具体呈现在照片中。

我们从这个(简短的)描述中可以清楚地看出,与传统图像相比,装置的、技术的图像(如照片)与它们是相反的。传统图像是现象的主观抽象,技术图像则是客观抽象的具体化。这种反转解释了接收技术图像时的大部分误解,尤其是那些相信在技术图像中看到"环境的客观图像"的人的误解。照片、电影、视频和所有的技术图像一般都是由通过将客观认知与程序相适应,进而实施程序化的装置制造出来的。只有了解这些符号的人才能真正地破译这类图像。由于这需要科学知识,所以"正常的收信者"在这些图像方面是文盲。电视观众对装置所遵循的机电、光学和声学规则几乎一无所知,所以不能破译图像,但他们相

---

① 对这一词语的理解要参考后文对词源及其意义的阐释。这里指人类的技巧性能力,即"善假于物"的技巧性。——译者注

信这些图像都是客观且正确的。

尽管有这种普遍的图像文盲（或者正是因为这种文盲存在），但通过装置进行观看的方式却变得引人注目。我们看起来都像是一直通过镜头在进行观看。与此同时，虽然借助了科学知识的客观性，但图像在装置中就像被具体化了一般，并受到来自各个方面的质疑。不过，这些问题并没有渗透到图像和声音的接收者身上。因此，可以说，如果能够欺瞒喷射出大量图像的装置，那么上文提到的图像洪流的可怕性就可能被破坏。

在这里，我们最好借助拉丁语和希腊语来理解"狡猾"一词。它的拉丁语词源为"ars"，意思是"灵活性"（Gelenkigkeit）。比如，此时我就能够想到手腕。与名词"ars"相关的动词是"表达""发音清晰"，也可以翻译为"将手翻转"。最重要的是，人们将"ars"翻译为"艺术"，但我们也不应忘记它所具有的"敏捷"的含义。"ars"的希腊语是"技术"（techné），而技术在操作的敏捷性意义上可以与机械装置①（mechané）相关。因此，机械装置就是技术。"机械装置"一词源自"magh"，我们从德语中的"力量"（Macht）和"喜欢"（mögen）可以认识到这一点。当特洛伊木马的策划者奥德修斯②（Odysseus）被称为波利梅查诺斯（polyméchanos）时，整个上下文变得清晰起来：波利梅查诺斯称自己为发明者，并被翻译为"狡猾的人"。

装置是狡猾的设备，它们是机器，并机械地工作，是机械化的产物。简而言之，它们是技术性的。用德语来说，装置是人造的。正是因为它们是狡猾的、机械的、技术的、即人造的，所以通过杂技艺术，通过翻筋

---

① "机制"一词来源于古希腊语"mechané"，原指机器的构造和原理。作为工程学概念，一般被理解为物理学和机械工程学中的机械装置或机械构造。——译者注
② 奥德修斯，又译为俄底修斯，是古希腊神话中的英雄，对应罗马神话中的尤利西斯。他是希腊西部伊塔卡岛国王，史诗《奥德赛》的主角，曾参加特洛伊战争，献计攻克了顽抗十年的特洛伊。——译者注

1. 图像的地位：图像与装置 | 119

斗的艺术，它们能够欺骗我们。那些目前制作"寂然的"图像的人致力于这一点，即使他们自己不总是会意识到它。目前生产出来的每一幅"寂然的"图像，无论它们是用什么方法和意图制作的，目的都是试图欺瞒装置。这样的图像拒绝以成束的方式被分配，因为它在结构上是反装置的。在图像洪流中制作这些图像，并坚定不移地将它们排除在图像之外的"特技者"（Akrobaten）应该被称为真正意义上的"艺术家"，即他们获得了作为（喷射出可怕图像洪流的）装置的"狡猾的翻转者"（listige Umdreher und Wender）的名声。

策略与摄影

绝大多数照片（其数量难以计数）证明了相机中预先编程（程序化）的意图。这些编程是为了给接收者以客观性的印象而有技巧地（技术地）创造图像。借助自动快门，这些相机可以在没有摄影师干预的情况下自动拍摄照片，因为它们的实际制造商是设计相机的技术人员。同时，这些机器也属于雇用技术人员的行业。这一内涵在所谓的"业余照片"中变得清晰起来。按动快门的人与快门无差别地行动，除此之外，他们什么也没做。这符合越来越简单并对消费者十分友好的使用说明。但是，到目前为止，大多数所谓的"艺术"照片都属于这种类型的图像。艺术摄影师试图从相机程序中获取尚未被提取的东西，他试图拍摄具有"独创性"的照片。但是，如果自动快门在有充分时间的情况下，也会如此，而且它的拍摄速度比艺术摄影师要快得多。

不过，有极少数照片显示出完全相反的意图。这是试图欺瞒狡猾的相机程序，并迫使装置做一些与其制造目的不同的事情。这些照片的制作者的目的是创建垂直于（贯穿于）泛滥图像的图像。这些图像迫使装置背叛固有装置的进步。这些图片的展览和人们的观看在图像的海洋中创造了一个岛屿——人们不仅可以逃脱到这里,还可以在这里尝试重新控制从设备上滑落的缰绳。这就给我们提出了一个问题:为什么是照片而不是其他技术图像(如视频或全息图)应该以这种方式被欺瞒呢?乍一看,这似乎是一个错位的问题,因为现在不是到处都有试图欺瞒设备的技术图像展览吗?但是,如果我们仔细观察,便会发现这个问题仍然是有一定积极意义的。除相机外,所有图像生成装置尚未经过全面评估,并一如既往地为其用户带来惊喜。这也适用于胶片相机,即人们仍然可以进行实验拍摄。上文提到的所有展览都致力于此类实验和装置,但相机被视作完全透明的,甚至是多余的,许多摄影师都在谈论摄影的曙光。如果有人目前正在拍摄"实验性"(experimentelle)的照片,那是因为他还不明白"被洞察到的相机"(durchschaute Kamera)已经不能再提供任何实验了(没有什么可实验的了)。相反,我们有必要欺瞒已经完全自动化的装置,以使其缓慢运行,并继续喷射出数百万张图像。

不过,对于为什么照片有利于超越技术(对技术进行欺瞒),我们还有另外一种解释。照相机与其所有的后续产品一样,是图像制作的工具,照片是可以通过与所有技术图像类似的方法复制和分发的图像。但是,照片是静止的,附着在表面上,而所有其他技术图像要么可移动,要么有声音,或者两者兼有,甚至有些已经成为三维立体的。因此,照片乍看上去好像是"传统"图像,但实际上在"传统"图像和照片之间存在前装置性图像(如石版画)构成的桥梁。因此,如果你欺瞒相机,那是因为我们反对包含在这一镜头之内的程序,并强制这一镜头创造与传统图像类似的东西。这些照片的制作者正试图迫使装置返回拉斯科洞穴。

超越装置的图像

将这种观点扩展到目前在没有装置的情况下产生的图像领域有很

1. 图像的地位：图像与装置

大的诱惑力，我们使用的方法自拉斯科以来基本上变化不大。从这个角度来看，当前的图像场景首先是依靠装置而产生的洪流。这些图像似乎是试图突破，似乎指向与摄影作品相同的方向。但是，人们应该努力抵制这种解释。这并不是因为官方批评称，尽管这种装置被发明出来，但图像的历史自拉斯科以来（或至少从我们的文明开始）并没有结束。对于这种批评，这些装置可能对图像的制作产生了影响，但从原则上来说，它延续了 19 世纪和 20 世纪的绘画艺术历史，因为它为 17 世纪和 18 世纪设计了绘画艺术。当时的倾向和风格是有区别的，而当代绘画的审美标准与巴洛克绘画相似。这种批评，如果它想要保持前后一致，实际上它就必须否认技术图像的地位，或者至少声称它们不是"艺术"。这种批评必须解释的是，自从装置被发明以来，"原来的"图像越来越多地被挤出人们的日常生活，变得越来越精英化，社会上的普通人越来越难以破译它们。然而，我们没有必要参考正式的批评，以免我们从不是被装置创造出来的图像中逃逸，也就是"后退"。这样做的目的是使人们看不到反动（Reaktionäres）的倾向。

很明显，人们目前制造的图像与传统图像是不同的，因为它们并不是历史的延续，它们的产生是以人们意识到技术图像已经接管了过去传统图像必须做的很大一部分工作为前提。不利用装置制作图像的人正在寻找迄今为止装置留下的空白，目的是寻找装置无法做的事情。因此，将这些图像视为持续数千年的图像链条之外的一个环节是具有误导性的（对图像制作者而言也是具有冒犯性的）。随着相机的发明，这根链条被打破了，虽然并非所有 19 世纪和 20 世纪的画家都对此进行了描述并继续绘画（就好像摄影和胶片没有被发明一样），但目前很明显的是，通过装置进行图像生产的图像制造者们已经非常了解自己被分配的任务。

图像生成装置的发明者打算将想象力从人转移到机器上，他们追求两个目标：首先，他们希望获得更有效的想象力；其次，他们希望将人类引向不同的新想象力。这两个目标不仅已经实现，而且已经被超越。在技术图像中起作用的想象力是如此巨大，以至于我们不仅将图像视为现实，还将它们置于其功能中。新的想象力，即通过装置将算法等最抽象的概念放入图片的能力，目前已经开始允许我们将知识视为图像，即审美地体验它们。然而，并非所有人类的想象力都可以被装置取代。其中不可替代的部分，是通过目前非装置制作出来的那些图像来展示的。

对于不使用装置制作的图像来说，它面临一项艰巨的任务。这不是填补空白和更换装置的问题。相反，它与展示人类想象力的独特之处有关，即不可替代和不可模仿的问题。目前只有少数人认真地试图指出装置的局限性，因为要实现这一目标，我们必须充分认识到装置中的可能性（大多数人满足于声称他们的行为不能通过装置很好地执行，而事实证明，结果往往恰好相反）。在少数几个试图完全利用装置的能力然后超越它们的人中，存在一些不需要装置的图像制作者。实际上，我们无法在图像泛滥的背景下定义这些图像，也无法对它们进行价值评价，因为这些图像是超越装置的图像。

可以说，这些图像和摄影作品都是为了欺瞒设备而被制作出来的。但是，它们体现出两种不同的策略，是两种对立的关系。总结而言，摄影作品是为了迫使装置做一些它们尚未被程序化的事情。同时，那些不需要装置的图像凸显了装置的局限，并为超越它们而被制作了出来。无论如何，两种类型的图像都是寂然的——它们是暴风雨来临前的宁静。

(1991 年)

2. 新媒介内的图像：
对三种图像的理解[①]

一幅图像就是一条消息，它有一个正在寻找接收器（收信者）的发射器（送信者）。这种寻找（搜索）涉及一个运送问题。图像是一种平面。那么，如何传送平面呢？这取决于形成图像平面的立体。如果这些立体是洞穴墙壁（如拉斯科的壁画），那么它们是无法被运送的。在这种情况下，收信者就必须被传送到图像处。还有更方便的可移动的图像载体，如木板和带框的帆布。在这种情况下，我们可以使用混合运送的方法，如将图像运送到收集点（如教堂或展览馆），然后将收信者运送过去。然而，这种情况也允许另外一种方法，即个人可以获得（购买、窃取或征服）这种带有图像的可移动的立体，从而成为媒介的唯一（独占）收信者。最近，一些新的东西被发明出来，它们就是无实体的图像，"纯粹的"表面和过去的所有图像都可以被翻译（重新编码）成这种类型的图像。在这种情况下，这些图像可以随意复制并传递给每个单独的收信者，无论他身在何处。然而，传递的问题比我在这里描述的要复杂

[①] 本文原标题为《新媒介内的图像》(Bilder in den Neuen Medien)，副标题为译者根据文章内容补充。——译者注

一些,照片和电影成为框架、画布和无实体图像之间的过渡现象。其中的趋势很明显,即图像变得越来越便携,而收信者却越来越不需要移动了。

这种趋势是当前文化变革的特征,即所有信息都可以复制并传送给不可移动的收信者。这确实是一场文化变革,而不仅仅是一项新技术。为了说明这一点,我们可以将三种图像的情况进行对比,它们分别是洞穴中的猎牛图像、绘画工作室展出的图像和卧室的电视屏幕上的图像(影像)。

猎牛对人们的生存来说至关重要,人们不应该盲目地狩猎(就像狩猎豺狼一样的猛兽),而是必须从外部(主体间地)看待它们,并根据所看到的内容来定位自己。据此,人们才能更好地狩猎。但是,人们看到的是转瞬即逝的、具有流动的特性。这种被看之物必须紧紧地抓住岩壁,通过这样一种方式,使其他人也可以定位自己。岩壁上的公牛形象代表着被记录的知识、经验和评价,是未来主体间认知、体验和行动的模型,是未来(狩猎)的模型,是真正意义上的"图像"。无论按照何种方式,这幅图像的功能都是运送不可能之事①。具体而言,收信者聚合在这一图像的周围,如与这一图像相关的一些部落集合在它的周围,为了准备将来的狩猎行动而提前进行演习(如跳舞或练习狩猎方法)。

画家已经学会将他的认知、体验和价值观编码到带有彩色的平面上。这种符号就像字母或音乐、音调的符号一样,代代相传。简而言之,画家在故事(历史)中游弋。在他的私人空间中,他努力在这个通用的、主体间的符号里插入自己特有的东西(他的经历等),并对它们加以组合。这些"噪声"丰富了符号。这是画家对历史的贡献。如果画家生

---

① 这里指图像传递的信息是指向未来的,就像"图像崇拜"的行为,对"图像的信者"来说,图像内的世界(信息)比现实世界更为真实,是现实世界将会抵达的"场所"。因此,正是一种"不可能性"或"不确定性"蕴含着对"可能"的想象或信念。——译者注

产的图像现在已经在某种程度上被合理地完成了（虽然它不可能十全十美，因为符号和材料都抵制完美），它就必须从私人空间转移到公共空间，以便渗透到历史中。作为大师的画家在集市和广场上展示他的画作，以便路人对它们进行批评。换句话说，就是从双重意义上确认图片（画作）的价值：一方面，确认了画作对未来历史的可用性（交换价值）；另一方面，确认了画作的完美程度（内在价值）。画家画画是因为他致力于参与历史，为了将私人物品公之于众而进行绘画。这就是他为之而活（公共行动）和活在其中（私人生计）的东西。

为了管理类似于后工业社会这样的复杂社会，我们有必要预测其中的社会行动，适当的方法是规定行动模型。正如我们在洞穴的例子中看到的那样，图像是良好的行动模型。此外，它们还有一个优势，即它们可以作为体验和认知的模型。因此，行政机关会聘请专家来制作此类图像。这些专家由其他专家陪同，他们将图像运送到社会或测量图像的地方。这些专家不是真正的送信者（如广播员），而是送信的权威者（如制作电视节目的工作人员）。

旧石器时代的狩猎者爬进难以触及、黑暗而神秘的"洞穴"，从开阔的苔原"转向自己身边"。他寻找到了让自己不会在苔原中迷失的图像。他可以秘密地在那里定位自己，并与其他人一起借助图像定位。对于他而言，世界因此获得了意义。当这些图像在火光照耀下的岩壁上闪烁时，他从众人中脱颖而出成为猎人，这些图像便是对他自己和世界的启示——它们是"神圣的"。

都市人离开私人住宅而进入市场，甚至会去教堂这样的公共场所（空间），以参与历史。他正在寻找出版物，其中也包括图像。每一份出版物都要求他批评。换句话说，就是将其中的内容纳入他脑海中储存的历史信息。这种整合越困难，出版物就越具有"原创性"，也就越有趣。越不具有"原创性"的内容，整合起来就越方便。这是对包括图像在内的每一种信息的批判标准。如果都市居民想丰富自己，他会买一幅具有原创性的图像并带回家，以便在家中处置它。此时，储存在他脑海中的信息（他自己）也因此被改变。但是，如果他想避免成为购买的牺牲者，那么他暂时可以满足于顺便捕捉到的图像信息。这是画家（图像制作者）的冒险，因为画家利用受害者（牺牲者）来维持生计。

后工业时代的工作人员（男人或女人）及其掌握的知识受到了电视图像的影响。随着所谓的"闲暇时间"（看似无用的时间）变得越来越多，这种影响逐渐扩展到更大的维度，并被证明在功能上是有效的。看似不具备功能（无用）的功能，如工作人员在舒适的椅子上伸展，变成一个物体（客体），被图像编程为以特定方式充当事物和见解的生产者和消费者。图像的编程方式是将收信者的任何批评都减少到最低限度。为了实现这一点，它们可以利用多种方法，如图像膨胀（这使得任何选择都无法进行）或图像序列的加速。收信者试图通过关闭装置来终止影响，但那是不可行的，因为那样他就会放弃自己的职能，不得不离开社会。

在仔细研究上文所比较的情况时，人们会感到遗憾。我们在三种情况下都提及"图像"，因为这个词在每种情况中都具有完全不同的含义：第一，它意味着人们通过从生活世界中退后一步而获得的启示；第二，它代表着人们对公共历史的私人贡献需要他人进行处理；第三，它体现出图像对后工业社会中工作人员的行为进行编程（程序化）的方法。但是，我们在三种情况下都不可避免地要谈论"图像"。这不仅是因为"图像"的前历史和历史意义在现在的"后历史"中引起了共鸣，还因为屏幕上闪现的图像（影像）包含前历史的神圣和历史承诺的残余（无论是在这个词的政治意义上还是在美学意义上）。这正是我们评估当前局势如此困难的原因。

人们倾向于将显示器上的图像接收与洞穴壁画的图像接收混为一

谈,好像新图像会将我们推回前历史阶段,使我们退后到无批判的情况中。简而言之,新图像仿佛具有去政治化的功能。此外,人们还倾向于将显示器的图像与展示的图像(绘画等)混为一谈,好像新照片仍然是审美参与者和政治参与者的。它们不再是人们能够购买到的原件,而成了一般人也可以接近、复制的艺术品。这两种趋势中的每一种都会导致不同的情况判断,第一种是悲观的,第二种是乐观的。但是,这两种判断都是错误的。我们必须尝试根据现状的特点来判断它,尽管我们不应该忽视前文提到的"图像"的含义。总结而言,也许我们会得出以下的结论。

由于图像当前是被传送的,它们必须实现上文描述的行动程序的功能,即它们必须将收信者转换为客体。这也是这种传输背后的意图。但是,目前的运送方式并不一定符合新媒介的技术,而只是与其背后的意图相符。媒介可以更好地发挥连接作用,甚至更有效(以不同的方式切换)。换句话说,媒介并非以集束回路的方式连接一个送信者和众多收信者,而是通过可逆的线缆将各个收信者相互连接成双向网络,即根据电话网络(而不是电视)的方式实现连接。在技术的加持下,图像可以被送往各处,它们也可以被来回发送。因此,当前图像的情况可以被视为众多可能性中的一种技术可能性(technische Möglichkeit)。

图像传送背后的意图(正如目前发生的那样)是强大的,但并非不可逾越。到处都有切换图像传送方式的研究,尤其是在计算机图像领域。在这些研究中,我们能够观察到,为了让收信者处理图像并再送信,那些图像是如何从送信者处被传送收信者处的。与这些开关转换有关的研究显示出技术试图掩盖线路(电流电路等)背后的意图。这些方法表明,通过技术弱化(außer Kraft)图像的政治性、经济性和社会性"权力"(Macht)是可能的。

如果这种转换是成功的,那么"图像"一词将获得第四个新的含义。

此后，它将成为一个无形的平面，可以在许多参与者的合作设计下获得新的意义。但是，这种方式也将通过新的维度"扬弃"先前"图像"所具有的含义。与当前一样，图像将保持普遍的可访问性（可接近性），它将重新获得政治的、认识论的和美学的潜力，就像画家作为图像的制造者的时代一样。当然，它也许会恢复一些原来的神圣特征。目前，所有的这些想法在技术上都是可能的。

我在文中讨论的内容并非仅适用于图像，对未来所有的存在（如人、技术客体等）来说都是十分重要的。与目前新媒介的连接方式类似，新媒介将图像转化为行动模型，将人变成客体，但它们可以通过不同的切换方式，将图像转化为意义的载体，同时将人转变为共同的意义设计师。

（1989 年）

3. 技术想象的境况：
电影生产与电影消费[①]

以下两个准现象学（quasi-phänomenologischen）描述旨在帮助我们掌握此处提出的"技术想象"（Techno-Imagination）概念。"技术想象"指通过装置将创造的图像（技术图像）进行编码和解读的能力。本文基于这样的假设，认为技术想象与传统想象完全不同。换句话说，技术图像（如照片、电影、电视程序等）的"阅读"和"书写"与传统图像（如洞穴壁画、马赛克、彩色的玻璃窗等）的"阅读"和"书写"截然不同。

目前，技术图像不再像不久前那样将我们包围在符号化世界中，并成为携带最多信息的文本。如果人们暂时这样假设，那么创造和消费技术图像的能力，即技术图像对于人们的生活甚至生存来说将成为不可或缺的存在。一切似乎都表明，我们的技术想象的境况并非看起来那么好，我们好像并没有传递和接收所处世界的信息的能力，我们目前也没有"被正确地程序化"。这不仅能与文本支配的符号化世界中的文盲相提并论，还可以与既不懂语法也不懂正字法的作家媲美。

[①] 本文原标题为《电影生产与电影消费》（Filmer zeugung und Filmverbrauch），主标题为译者根据文章内容补充。——译者注

关于我们所面临的危机，可能的众多"阐释"中的一种是我们缺乏技术想象的能力，所以无法将自己定位于所处的世界中。但是，如果假设每种类型的符号都对应着一种特殊的存在主义（Existenzklima）气候，如传统图像的魔术化存在和文本的历史性存在，我们就可以说，人们通常无法达到技术图像所要求的存在维度的一般能力，即对历史意识维度的超越。在广泛的去历史的符号化世界中，在一个技术图像的世界里，我们是被父母、学校、一般的传统文化预先程序化的历史存在，所以我们的认知、体验、价值观都不再是正确的①。

电影生产

说到电影摄像，我不禁要将它与它的"父亲"（摄影）相提并论。例如，摄影图像是静止和无声的，而电影图像似乎在移动，并能够释放声音。然而，这种类似的差异性描述忽视了电影摄像的本质（Eidos）。对于我们而言，有必要去掌握这一本质。电影摄像处理事件，摄影处理场景。如果这种说法是正确的，即电影的"意义世界"是过程的背景，摄影的"意义世界"是事实（事态）的背景，那么所有其他的差异都必须追溯到这一核心。如果电影摄像的意义与摄影的意义大不相同，即电影摄像是一个"波涛状"的世界，摄影是一个"颗粒状"的世界，那么对两者的比较就是将一个世界翻译到另一个世界。这是我们熟悉的问题，如与光学有关的问题。顺便说一下，我们当前所处的情况具有一个特征，即

---

① 这里的不正确指不匹配，因为在去历史（后历史）的世界中，人们应该具有与之适应的知觉能力（认知能力），但人们作为历史性的存在，被家庭教育、学校教育（或宗教影响）等历史化的符号预先程序化了。由于人们还没有被技术媒介（如大众传播媒介）较好地程序化，所以人们的认知、体验和基于二者生成的价值取向与后历史世界是不匹配的。例如，虽然人们基于深度阅读能力所拥有的传统的认知、体验和价值观依旧发挥着作用，但在当下的互联网时代，人们应该具备的是碎片化的认知、体验与价值观。——译者注

要对在结构上没有相同之处的世界进行比较。

在观看摄影照片时,我们必须专注于配备装置的摄影师的动作或配备摄影师的装置的运动。它们可以被解释为与场景相对的视角的跳跃搜索动作。这种搜索,即从场景本身、设备的结构和摄影师的意图出发,是很复杂的。如果"意识形态"意味着坚持特定的观点(立场),那么照片摄影就是一场后意识形态运动,因为在摄影时,每个场景似乎都被一众平等视角包围。此外,事实还证明,与场景相对的视角越多,就越能更好地呈现它们。然而,这种对意识形态的彻底改革与价值自由无关,因为摄影师在可能的立场(观点)中有可供选择的标准。

当将照片的摄影师与电影的摄像师进行比较时,人们会注意到跳跃的动作变成了滑动搜索的动作。在拍摄照片时,摄影流畅地进行量子化变换,游历(travelling)、扫描(scanning)、特写(close up)等成为可能。如果一个人将寻找观点的过程称为"怀疑",我们就可以说电影怀疑不如摄影怀疑,即电影怀疑具有更少的"笛卡尔性"。换句话说,电影怀疑具有更弱的方法论属性,如在变焦(zooming)中它显得犹豫不决。摄影师则不会从一个结论跳到另一个结论,而是在没有决断的状态下犹豫不决。

需要说明的是,我们在比较电影摄像师与照片摄影师时忽略了拍摄的本质:摄影师和他的设备创造了照片,而摄像师带着他的相机只是为电影的后期制作提供了原材料。诚然,电影胶片中按照线性排列的照片和配乐可以被视为一种凝结的犹豫不决的怀疑。从这个意义上说,它是对意识形态在照片摄影方向之外的方向上的超越——在电影摄像中可以识别出与照片摄影技术想象不同的内容。但是,一部电影的实际制片人(电影生产者),即那个拿着剪刀和胶水的人,对胶片进行处理,如果他想完成任务,就必须有一种完全不同的技术想象力。

在电影批评中,常见的关于电影维度的数量的讨论[如银幕的二维性、音响的三维性、胶片展开的线性时间、电影史的扇形时间（Fächerzeit）等］，对电影制片人来说不具有重要的意义。从电影剪辑师的角度来看，这部电影是二维的，因为它是一部由技术图像组成的胶片。它具有一种项圈状的链条结构，它的每一节都可以如珍珠一般被计算。但是，胶片不能简单地与算盘相比，因为胶片的每一节，即技术图像，不仅可以被计算，还可以在"剪刀和胶水"的作用下被重新排列。换句话说，虽然胶片是一个线性符号，如字母或阿拉伯数字，但对于电影制片人来说，它不是一个想要被人"阅读"的文本。也就是说，它不是像谷物一样聚集起来以供阅读的文本，它对电影的制作者来说是一种前文本。

电影制作者站在电影的对立面，即一个超越线性的（书写、线性计算、线性逻辑，简而言之是历史时间的）场所，因为从这个角度来看，线性是从"外部"处理原材料的。剪辑师不会像主人公那样在故事内（利用台词）改变它，但故事对他来说是一个从外部发出信息的前文本。在某些方面，电影制作者的位置可以与犹太-基督教的神媲美。与神一样，他可以同时看到眼前故事的开头和结尾（胶片），他可以创造奇迹，即从外部介入。但是，他也可以重复事件，让它们倒退，像国际象棋中的马一样跳过这个阶段，即从过去跳到未来，从未来跳到过去，加速和减缓时间的流逝，将线性时间的开始和结束黏在一起，从而在历史中形成一个循环。简而言之，他能够进行线性时间的游戏。与犹太-基督教的上帝和亚里士多德的"不动的推动者"不同，电影制作者是一位历史作曲家，他的目标是从胶片的线性时间中创作另一个时间，一个作为历史而投射到屏幕上的时间。就像音乐作曲家所从事的游戏活动，电影制作者的和弦就是由场景组合而成的事件。他的场景转换（flash-backs）、减速（slow-downs）、慢动作等都是与时间线有关的游戏（对时间进行的游戏），是时间的圆圈、时间的螺旋和时间的椭圆。因此，他表现的时间不仅是魔术性的时间,永恒回归、诞生、死亡和重生的时间周期只是他可使用的一部分形式。对他来说,魔术的循环性时间和历史的线性时间是众多可能的时间结构中的两种而已,他的技术想象超越了魔术的想象和因果思维的概念链。

因此,在创作电影时,电影制作者必须明确地区分两种维度的动作:第一维度是电影演员、化妆师、导演、摄像师、灯光技师的行动,即对电影制作者来说可以对胶片作出贡献的所有人的行动;第二个维度是拿着"剪刀和胶水"的电影制作者的行动。然而,将发生在第一个维度的行动简单地归结为历史性的行动维度(将其与戏剧等同视之)是一种操之过急的判断。首先,个体演员扮演的历史角色难以进行比较,因为演员站在与摄像师或化妆师不同的"历史"位置;其次,在第一个维度上的所有行动都是针对电影制作者的另一种超然(transzendente)的行动。这第一个维度形成了一种装置,其中的技术人员以各种方式为电影制作者提供原材料。换句话说,在电影技术想象的第二个维度出现之后,故事就不再像以前那样继续了。

对于历史意识来说,存在(Sein)正在变成"成为"(Werden);对于电影技术想象来说,"成为"是一种幻觉,而且这种感觉被(离散的、可精确计算的)图像投射到银幕上的(特定的、可被精确计算的)速度唤醒。这并不意味着电影制作者认为单个的图像比他在屏幕上创造的动作"更真实"。同时,电影制作者还按照绘制错视画①(trompe l'oeil)的方法观察胶片上的个别照片,以此进行相应的操作。巴门尼德②(Parmenides)和赫拉克利特之间的本体论(存在论)之争在行动层面上已经失去了所

---

① 又称"视觉陷阱",是巴洛克时期常见的一种绘画形式。画家能够在平面上创造出极为逼真的三维效果,欺骗观看者的眼睛。——译者注
② 巴门尼德是古希腊埃利亚派哲学家,著有哲学诗《论自然》。他认为运动和变化都是幻觉,宇宙是单一的、不可分割的、静止不变的,还发现了矛盾法则和逻辑证明的可能性。——译者注

有的意义，因为正如场景的沙粒可以作为过程被投射到屏幕上一样，投影设备可以将屏幕上的事件冻结成场景。这种本体论的争论通过电影实践的超越性反映在以前的历史行动层面上，即它对"成为"（进步的、发展的）"实际"（现实）失去了信心，从而失去了对现实的批判。同时，人们无可避免地知道，每一个历史行动，每一种"英雄主义"（Heroismus）都可以在投影装置中被冻结成一个站立的形象，变成一个"偶像"（Idol）。如此一来，所有的偶像也都可以通过投影装置进行运动了。

然而，要在电影技术想象中确认一种"形式上的超越"（formale Transzendenz），在电影制作者中确认一个"技术专家"①（Technokraten）、一个操纵者的想法是错误的。具体而言，电影制作者从外部处理胶片（故事），但不是对演员、摄像师和化妆师进行操作，因为后者不是电影制作者的傀儡，电影也不是他可以操纵的木偶戏。电影制作者的观点不是"形式"的，而是与历史相关。电影制作者参与历史，但他与英雄、渡渡鸟②（drontes）是不同的，因为他是从外部干预历史的。像英雄一样，电影制作者试图改变"世界"，但他不是戏剧性地行动，而是作为一个游戏者去行动。他也有一张关于"世界"（要投射的故事）应该如何设计的蓝图，但这张设计图在第一维度的、过去的历史性维度的行动中是不可或缺的，是站在与英雄不同的立场上被设计的。电影制作者对演员和摄像师的自主性并不比后两者对他的自主性更强。电影制作者的后历史意识和技术想象并没有灭绝，他只是对历史意识进行扬弃。威胁我们的技术中心主义并非技术现象的征候，正好相反，那是想象缺失的征候。技术专家是糟糕的电影制作者，作为技术者的工作人员，即装置精通者（Apparatschiks），则是糟糕的电影演员和化

---

① 指可以行使一定权力的科学技术领域的专家，也可以被称为技术官僚、技术专家等。——译者注
② 又名愚鸠，生活于非洲大陆（印度洋西南方）东部的一种陆行巨鸟，已经灭绝。——译者注

妆师。

尽管电影(和其他技术图像)无处不在,但我们大多数人(包括电影制作者和演员)都未能获得与这些图像相对应的维度的意识。我们的大多数电影都是"不好的",因为它们诞生于历史意识。技术中心主义和机器正威胁着我们,因为我们几乎无法从历史意识转向技术想象。

电影消费

电影院经常被理解为一个洞穴,即子宫和坟墓,被理解为吞噬一切的伟大的母亲。事实上,柏拉图的洞穴神话(洞穴隐喻)可以被视为第一篇影评。我们即使不想质疑这种概念的神圣内涵,但也可以认为,电影院在当今的符号化世界中占据着犹如中世纪教会一般的地位。我们需要一边愉悦地承认这一点,一边尝试走一条不同的道路来对待电影现象。为此,将电影院首先视为少数几个可以躲避技术图像浪潮的地方是更为合适的,我提议将电影院视为一艘诺亚方舟。

事实上,在屏幕闪烁和扬声器开始大声播放对白之前,黑暗和寂静统治着电影院内的一切。夜以继日地从四面八方涌来的画面和声音将我们散落于各处的无拘无束的诱惑和波澜都拦在了电影院门口,并让我们集中精力。这就是为什么电影曾与戏剧混淆的原因,如被称为所谓的"光影剧场"(Lichtbildtheater)。尽管电影院的交流(传播)结构与剧院完全不同,它的舞台上没有送信者,而是来自缺席的广播公司的信息"传输器",但它与剧院的共同点在于两者都是一个让人可以集中精神沉思的地方。这种集中精神的冥想在希腊语中被称为"theoria"①,人

---

① 它也具有考察的含义。"theoria"指看和观照,对应的英文为"theory"(规则与理论的含义),词源与"theater"相同,均源自"thea"。——译者注

们认为"theater"这个词的词根就是"theoria"。电影是以我们的生活环境为典型特征的艺术形式,因为电影是能够为我们提供集中冥想(理论)的为数不多的一个场所。然而,正如我在后面将要说明的,电影院内的集中冥想(理论)是为了能够在实践上对人们进行更多的程序化,它只对程序中间的休息实践具有支配性。

除此之外,电影院不是古典剧院的"孙子",而是大教堂①(Basilika)的"孙子"。我们要将这一事实考虑在内。古典的长方形大教堂是今天在罗马万神殿(Pantheon)中仍然可以进入的由圆顶覆盖的大厅,最初是一种古典的超市,后来被改建为寺庙和教堂。在我们符号化的世界中,大教堂同时具有两种功能,但它们现在在空间上是独立的,并演化出两种不同的形式,即超市和电影院。如果考虑到大教堂形式的这两个功能的同步,我们就可以正确地掌控对技术图像的消费。购物中心内的超市和电影院的距离日益缩短,并开始了它们在空间上的重叠。这个事实可以使我们的考察变得相对容易。

超市是一个覆有穹顶的技术图像迷宫,其目的是吞噬消费者,并对消费者进行消费。它有敞开的大门,为人们营造出可以自由进入的错觉,让人们误以为这是一个公共空间(öffentilichen Raum)。它把自己表现为一个"市场"(Marktplatz),即一个城邦中的集市②(agora)。但是,这只是一个诱饵,因为真正的市场是一个政治空间,它允许物的交换和意见的交流。换句话说,因为允许"对话",所以市场才是一种政治空间。然而,超市排除了对话,因为它具有充满"白色和黑色的噪声"的色彩和色调,所以摒弃了对话。从这个意义上说,它是一个私人空间,

---

① 早期教堂的样式,顶部具有较高的中廊。——译者注
② 一种露天集市,曾为古罗马城市的中心。这里既是产生各种讨论主题的场所,也是苏格拉底和前苏格拉底的哲学产生的场所。作为交换的场所,人们也可以在这里进行观点的交换。——译者注

具有一种私人性①。但最重要的是,超市敞开的大门是诱饵,因为人们虽然可以免费进入,但出去却不是免费的。同时,为了逃离迷宫,人们必须在出口处向它提供赎金。为此,为了支付人质的费用,人们依次排起了队伍。这是一种对超市的神话性描述(mythologische Schilderung),其目的在于揭露超市是所有空间中最私密的空间这一事实。换句话说,超市其实是一座监狱(Gefängnis),而且超市不服务于商品和信息的交换,但它强加了特定商品和信息的消费。简而言之,它不是一个市场(Markt),而只是个超市(Super)。

从功能上看,电影院位于超市的另一边。它的入口是一个狭窄的黑洞,人们排着队等待进入,只有支付了奥布卢斯②(Obolus),他们才能参与黑暗内部的奥秘。电影院入口的这种启蒙性特征并没有被它上方闪闪发光和炫目诱人的灯光否认,反而是更加强调了这一点。当电影结束时,电影院便敞开大门,以使程序化的信徒集体涌出。在电影院入口和超市出口排队的是同一种动物,即以线性模式被揉捏的大众。电影院的入场费和超市的退场费是同一枚硬币的两面。在电影院里,人们被程序化后涌向超市;在被超市释放后,人们在电影院里再次被程序化(为了下一次还能去超市)。这就是消费社会的新陈代谢。因此,技术图像的神话性、魔术性的叶片在旋转着,以使它们保持在进步的运动中。

不过,电影院的内部与超市并不相同,它不具有如迷宫般的布局。相反,它按照几何顺序和算术编号排列好座位,并等待着坐到那里的人们,延展的事物则等待着以笛卡尔思维进行思考的动物。然而,一旦电

---

① 古代希腊语"idiotes",意为傻瓜,原指不担任公职的普通民众,即教育程度不高且缺乏专业技能的普通民众。该词被引入英语后,贬义色彩进一步加强,开始具有"笨蛋、白痴、智力低下者"的含义。——译者注
② 古希腊时期的小额钱币。——译者注

影开始，观众就会在座位上舒适地伸展身体，使自己成为延展的事物。这种智力和精神的奇迹之所以能够发生，要归功于出现在耀眼的银灰色墙壁上的巨大阴影，而声波则折射在电影院大教堂的技术化的墙壁和圆顶上。在致力于该计划的人的头顶后面和上方的某个地方，一个由工作人员操作的装置（放映机）正在发挥着功能，它还将电影制片人设计的历史作品投射到屏幕和音响中。收信者知道放映机及其各种被预先设计好的多样化功能，因为他们中的许多人在家中安装了类似的装置（尽管规格较小）。只有当放映机工作不佳时，收信者才会转头看向它。例如，当屏幕上的阴影晃动而不是流畅地滑动时，观众才会将头转向后方，以表示他们的愤慨。与柏拉图洞穴隐喻中的囚犯不同，电影院的观众们并不想摆脱幻觉，而更愿意留在其中。

严格来说，这是一种几乎令人难以置信的行为。人们怎么可能在了解放映机运作机制的情况下，与这个将他们变成被动的接收者、被延展的事物和大众的装置进行程度如此之高的合作呢？不用说，对于合作者的这种令人难以置信的行为，有一个合理的解释。众所周知，观众头顶上方的装置不是信息的真正送信者，而只是将电影院与真正的送信者绑定的链条中的最后一个环节。我们还知道，在该装置中运行的胶片条不是原始信息，而是无法被接近的典型代表物，并且众多电影院在世界各地放映了许多相同的东西。因此，我们知道，任何"革命"和反对放映机装置及其中运行的信息的回头，都将是极其不合理且绝望的冒险。人们不能通过打破放映机或烧毁胶片来摆脱装置的统治，因为装置的中心不会受到影响，而且是无法进入的。所以我们可以说，电影院是一个合理地（vernünftigerweise）排除任何革命的地方。这也正是电影院的意图（Absicht）。

不过，这种具有合理性的解释（Erklärung）是不正确的。电影观众不是这一装置的合作者，因为他们对无法反抗革命感到绝望。换句话说，他们试图被这一装置支配。他们去电影院，花钱享受装置创造的幻觉并消费它。他们有意识地选择电影院提供的电影，并以此程序化自己。因此，不受限制地谈论技术图像的魔术性说明是错误的。电影院不像马来皮影戏（Schattentheater）那样发挥功能，因为皮影戏的信徒相信影子。但是，电影院的观众并非好的信徒，他们带着恶意（而非善意）——他们知道得更多，却并没有试图相信。因此，技术图像不是魔术，而是一种新事物。

电影观众缺乏技术想象力，他们对技术图像的邪恶信仰不允许他们正确地破译它们。这是可以理解的，因为他们不可能在不危及所有传统价值观的情况下明确技术图像的含义。技术图像的特点是，其中所谓的现实与符号系统之间的关系是颠倒的，所有以前的符号（包括传统图像和线性文本）都带有关于需要被改变的世界的信息。它们是人类面对世界变化时的向导。此外，技术图像是装置操纵世界的结果，世界的目的是产生图像。对于技术图像而言，世界不是目标而是原材料。技术图像与以前所有的法典在人与世界之间进行调解不同，它们是利用世界调解人与人的关系。

我们每次去电影院的时候都可以看到具有这种宿命般的逆转的例子，只要一个人有勇气向技术想象力敞开心扉。那些令人感兴趣的焦点是胶片的一个来源，是电影制作者用剪刀和胶水处理胶片的过程，而不是那些杂志上展示的有关电影院新闻事件的本身。你在新闻中看到的人（不仅是总统和运动员，还有恐怖分子和科学家）不是历史上行动的"英雄"，而是眨着一只眼睛面对镜头的电影演员。月球已经被美国宇航员"征服"了，所以人们可以在屏幕上看到尼克松有关此的演讲，看到恐怖分子劫持飞机时被拍摄的画面。技术图像是潜伏在钥匙孔后的偷窥者，同时那些历史行动也都是由眯着眼睛看着这个钥匙孔的人表演的。关于技术图像的故事目前正在进行，它是一盘需要被剪切和黏合的胶片——只有这种剪切和黏合才能赋予它意义。

当前,我们试图进行传统的存在论区分(如现实与虚构之间的区别)的行为已经变得荒谬。一部纪录片、一部参与式电影(engagierter Film)、一部现实主义电影、一部好莱坞喜剧和一部新闻片都在同一个现实层面上移动。它们都构成关于事件的场景,即故事。这些作品的工作人员在任何情况下都是演员,无论他们制作的是纪录片还是新闻片。发生在伊朗的事件、化学实验室中的发现和音乐剧的剧本一样,它们都是电影的借口(依据),从波斯的毛拉①(persischen Mullah)、化学教授到电影观众,每个人都知道情况就是如此。

不过,这是一个非常尴尬的知识,因为一切都可以被拍摄。换句话说,从基础的细胞学开始到一个国家的大革命,从一个人最初的性冲动(geschlechtlichen Regungen)到他决定出家(Mönch),这一切都是从技术想象的角度为知识渊博的人准备的。任何对历史的参与都被超越并转化为对技术图像的参与,而且所有的历史价值(如人文主义的价值)都像空中楼阁一样摇摇欲坠。因此,我们大多数人都反对这种关于技术图像功能的知识也就不足为奇了。这是缺乏技术想象力的真正原因,也是电影观众对技术图像怀有邪恶信仰的真正原因。与了解电影院的程序意味着什么相比,被电影程序化反而更好——历史在此被终结。然而,这种态度意味着自然与将我们程序化的装置开始通力合作。

电影的生产者、消费者和一般技术图像的技术想象力是不够的,因为人们不愿意激活沉睡在技术图像中的后历史潜力,并充分地发挥它。这是可以理解的。鉴于这种不情愿,我们谈论这些潜力是没有意义的。当只有一部对话电影作为政治决策的载体,电影系统超越危机四伏的学校系统,一部电影成为一个真正的艺术实验室时,它们都是毫无意义

---

① 伊斯兰国家(或地区)对老师、先生、学者的敬称,原意为"保护者"。——译者注

的,因为电影(院)目前是以其制作者和消费者想要的样子而存在的,他们害怕观众拥有对电影的技术想象力后展开那些隐藏在面纱背后的可能性。

这种集体性的视而不见所带来的后果是,其与装置一起对抗未来的无声阴谋成为一种越来越独立于人类决策的威胁——装置的自动化。人们只有通过教育,在训练中提升技术想象力,才能将装置重新控制在自己的手中。

(1979 年)

4. 描写与象征：
区分现实与虚拟的意义①

如果你开始思考新闻周刊与电影院里放映的电影的区别，你很可能会如此定义：新闻周刊描写一些东西，如一周内发生的某些公共事件；电影呈现了一些东西，如虚构人物的爱情生活的情节。总结而言，描写（Darstellung）与象征（Vorstellung）的区别如下：在描写中（即使只是间接的，即通过电影），现实是可以被接受的；在电影中，影片传达的不是现实，而是指向现实的虚构。这种差异也可以表述如下：在描写中，现实以某种方式浮出水面；在电影过程中，象征浮出水面，并且它意味着现实。描写没有表示任何意义，因为它只是展示了某处实际存在的东西；象征意味着不存在的东西，被展示之物代表和取代了不存在之物。简而言之，在描写中，人们接受现实的记号（Zeichen）；在象征中，人们接受的是现实的象征。

如果人们试图使这种定义更加精确，就必须对"记号"的概念和"象征"本身作出定义。记号应该意味着指向另一个现象的现象，它与客观的因果链相连；象征则是一种代表另一种现象的现象，它与有意识或无

---

① 本文原标题为《描写》（Darstellungen），此处根据文章内容进行了补充。——译者注

意识的约定关联。例如,人们皮肤上泛起的红点是麻疹的记号,因为它们是由麻疹引起的。"麻疹"(Masern)这个词是麻疹(病)的象征,因为德语的惯例而将这个词与麻疹(病)联系在一起;用粉笔写在黑板上的"a"是粉笔的记号,也是字母发音的象征。现在,我们可以重新表述有关"记号"和"象征"的定义:描写是记号的展示,因为它们是由现实引起的;现象则是象征的展示,因为存在一个协议,意味着其中展示的内容代表了不存在的现实。因此,周刊发布的新闻是一种描写,虽然我们接触到的光是间接的,却源自周刊新闻所展示的现实事物;电影则是想象,因为导致我们接收到光的事物通常意味着其他不存在的东西。重要的是,我们要注意到,所有的象征同时也是一种记号。不过,在象征之中,"关注点"不在于它们显示了什么,而在于它们的含义(意味着什么)。

但是,一旦人们尝试观察这种定义,就会注意到它简化了一个非常复杂的事实,以及事实在这种简化下消失了一部分。这是十分严重的,而且这种情况在今天比以往任何时候都更加严重,因为与以往相比,我们更加依赖对现实的中介体验①(vermitteltes Erleben)。在我们和有待体验的现实之间,越来越广泛的和具有更多分支的渠道正在介入,其中的大众传播渠道发挥着越来越大的作用。与前几代人相比,我们通过中介体验到的现实要广泛得多,但我们直接的体验却越来越少。如果我们无法真正地区分描写之物和象征之物,这就意味着我们与现实的联系越来越微弱,而且我们冒着无法区分现实和虚构的风险。毫不夸张地说,我们似乎正在走向集体偏执。应该指出的是,作出上述定义的困难不仅源自思辨性,还源自体验性。换句话说,我们很难在脑海中描述周刊新闻与电影的差异,这正是因为体验的困难。关于电影的说法同样适用于电视、商业展示、海报和许多其他的渠道(媒介)。

---

① 即拟态环境,是信息环境的环境化。——译者注

可以说，特定的某一周的公共事件的背景明显是庞大而模糊的。它之所以庞大，是因为其要素（Repertoire①）的数量超出了人类的理解，并且这些要素（结构）之间的联系并不明显。它是模糊的，因为没有通用的标准证明将发生的事件称为"公共"事件是合理的。这种背景的特点不是我们与它的对抗，而是所有人都受制约于它，却又在极小的程度上积极地参与其中。因此，对于我们而言，这种背景不具有现存性[存在性（präsent）]，只是我们对它感兴趣罢了。周刊新闻的任务是使这一背景变得可见[呈现（präsentieren）]，并且能够解读它们。简而言之，我们借助周刊新闻可以得到这一背景的"图像"，而这一图像应该像地图一样，通过设定方向去引导我们，为我们的决策提供指南。

试图提供事件的"客观性"图像的意图"声称"（vorgeblich）具有这种特征，但这种意图不仅在实际上是不存在的，即使存在，也是不可能实现的。在我们将关注点转向周刊新闻的这个关键方面之前，必须考虑到以下一点，即有人说周刊新闻是一幅图像或一张地图。当前，图像和地图是我们社会中的典型象征。按照惯例，它们呈现了自己的含义（象征通过协商对它所意味的某种东西进行想象），地图则通常明确地说明了这些协商的内容。因此，如果周刊新闻属于图像或地图，它就不是一种描写，而是本周事件的象征。然而，象征可以根据其含义的抽象程度进行分类。例如，字母书写比图画书写更为抽象，因为字母书写是关于象征的，其与意义的联系几乎纯粹是约定俗成的，图像书写则似乎是基于因果关系。为了保存周刊新闻的描写性，我们可以说它是具有非常弱的抽象性（或非常强的具体性）的象征。不过，我们需要更仔细

---

① 这个单词通常具有两方面的含义：一是指一个演员或剧团随时准备表演的全部歌曲、戏剧、歌剧、读物或其他作品，也指保留剧目；二是指个人的全部技能和本领，如某人的一系列技艺、才能或特殊成就。基于此，翻译时将其理解为构成系统要素的"全部内容"。——译者注

地审视这种主张。

周刊新闻的活动背景让每个人都感兴趣,包括他们的传达者(Übermittler)。这意味着所有的事件都服从于每个人(包括送信者)的特定主观结构。换句话说,每个人都处于兴趣的中心,事件以每个人为中心的方式分组进行,以至于事件因围绕在兴趣中心而变得清晰和重要起来,但在兴趣的地平线上却变得模糊和不重要了。这种结构具有地理、社会、政治、文化的不同维度,最重要的是纯粹的存在维度。这对于我们每个人来说都是不同的,因为我们每个人都处于其他人的周围。现在,人们可以通过兴趣共同体(Interessengemeinschaften)来弥合这种边缘性(Exzentrizität),并建立主体间性的孤岛(Inseln von Intersubjektivitäten)。但是,这些岛屿无法改变这样一个事实,即事件的结构仍然是(特定的)主观的。也就是说,被呈现的事件选择的所有标准都必须具有主观性,周刊新闻总是必然地提供本周事件的主观画面。因此,现实的主观图景是否可以称为描写也是值得怀疑的。

除了客观性的可能性这种结构性限制(strukturellen Begrenzung)之外,还有进一步的限制使周刊新闻的描写成为问题。这些限制与以下事实有关:事件的传达者不仅对其消息的收信者和事件本身感兴趣,还对送信者感兴趣。送信者(Sender)是使拍摄、投射和接收周刊新闻成为可能的个人或团体,也可以被称为"政治和经济决策的所有者"。传达者(Übermittler)对送信者感兴趣,因为没有送信者,传达者就不可能进行传输,即根本不可能作为传达者而存在。因此,这种兴趣是相互的。广播公司也有兴趣传达事件,但这种兴趣与事件本身关系不大(可以说送信者的重要性高于事件的重要性),它侧重于周刊新闻对收信者的影响。诱发收信者做出特别行动的效果是被隐藏的意图,即收信者消费送信者感兴趣的物质和非物质商品。如果送信者想要发射信息,他必须满足广播公司的这种兴趣。因此,传达者具有两个意图,一个是他声称的意图，另一个是隐藏的真实意图。传达者声称的意图表面上是向收信者提供事件的客观图片，以确定收信者的方向；其真实的意图是向收信者提供可以诱使他对送信者感兴趣并行动的事件的图片。因此，所谓的客观性只是传达者为达到预期效果的一种方法。综上，这样的事实是否可以被称为现实的再现（描写）是值得怀疑的。

然而，收信者可以有意识（或稍微有意识）地看穿这一事实，意识到存在于送信者歪曲事件的意图背后的现实，以及存在于筛选事件的送信者的主观性背后的现实。换句话说，收信者可以通过自身的主观性拒绝送信者的意图，并纠正后者的主观性。因此，尽管存在很大的问题，周刊新闻作为现实描写的特征仍将被保留。不过，为了实现这一目标（保留周刊新闻作为现实描写的特征），收信者要在大多数情况下发挥出远超自己所拥有的能力，因为如果不是这样，广播公司就不会对周刊新闻作出决断。这种能力的发挥之所以如此困难，不仅是因为它需要特殊的批判能力，最重要的是，信息的接收是在降低这种能力的情况下进行的。这就是当今的传播方式与传统传播方式间的巨大差异。

周刊新闻（及电视、海报等）在这里声称的一切都可以被视作传统的传播方式。例如，报纸和杂志也以存在问题的方式呈现（描写）事件，因为它们同样服从广播公司的兴趣，并且经过了送信者的主观过滤。它们与周刊新闻的巨大区别在于，后者的收信者所暴露出的批判能力是相对麻痹的。简而言之，这种麻痹源于一个事实，即让我们去怀疑自己眼前发生的一切，比我们倾听、阅读或拍摄眼前的一切要困难得多。也许是由于遗传，也许是出自文化上的原因，我们习惯于首先相信自己在环境中看到的一切，并把它们视为真实的。虽然这种情况并非不可克服，但克服起来是相当困难的。这就是当今的传播方式所产生的巨大吸引力——它们麻痹了人们的批判能力，从而减轻了收信者要作出批判（选择和决定）的艰巨任务。其导致的结果是，收信者对事物本身

4. 描写与象征：区分现实与虚拟的意义

的批判观点慢慢变得过时，并形成一个循环。由于新颖的传播方式对收信者的批判能力造成的周期性麻痹，后者的批判力被大大削弱了。这反过来又会导致新的传播方式优于传统的传播方式。但是，我们要明白，人们批判事物的立场无非是试图区分现实和虚构的立场。

因此，我们的考虑又回到了起点，即如何区分描写与象征的问题（如怎么判断电影中出现的周刊新闻）。这个问题现在被证明是一个与批判事物的角度有关的古老问题。在不久的将来，电影观众或电视观众可能根本就不会提出这个问题。如果他们听到这些话，可能会认为它们毫无意义。在观众看来，试图区分所谓的现实和大众媒介传播的各种虚拟内容似乎毫无意义。这种批评的丧失可以被视为一种怀疑（"一切都是虚拟的"）或天真（"我接收到的一切都是真实的"）。从历史的角度来看，这是一种集体偏执的表现。

5. 对《野性之眼》的解析：
一种现象学的视角[①]

作为信息的信道，电影的结构由制造它们的技术和工具决定，而这种结构会影响信息。当电影与话语一致时，这并不意味着它们是一样的。本文不对这个问题进行讨论，因为这是一个有关翻译和同构的问题。本文的目的在于分析特定的电影信息的影响，它与某些哲学话语具有一致的信息，却并不完全相同。本文试图表明，信息通过两个信道的汇合和发散变得更加具体，仿佛它被赋予了其他的维度和新的轮廓。

我们现在讨论的信息与"什么是客观性"有关。本文的主题是传递这一信息的电影。其中，关于客观性的哲学话语遵循胡塞尔、维特根斯坦和其他人在20世纪初提出的有关对象的新见解。文本的结构如下：首先，对电影《野性之眼》(Das wilde Auge)的最后一个段落进行叙述；其次，用与电影最后一个段落的信息相适应的哲学话语对其进行再表达；最后，将前述两个层次的信息合二为一。需要指出的是，本文会解释电影的场景和与之对应的哲学阐释，但这就不再忠实于文本意义上

[①] 本文原标题为《野性之眼》(Das wilde Auge)，此处根据文章内容进行了补充。——译者注

的"客观性"了。

在电影《野性之眼》的最后一个段落,一枚炸弹在美国人经常光顾的位于西贡①的舞厅爆炸,拍摄此片的一名意大利导演被事先告知了此次暗杀行动。他甚至可能对暗杀组织产生影响,因为他虽然没有参加越南战争,但他对战争电影本身很有兴趣。于是,这名意大利导演在舞厅里设置好摄像机,并成功地拍摄到爆炸的实况:美国人、越南人和逃窜于街头的牺牲者的尸体碎块。导演本人毫发无损地逃脱了。他在街道上还安装了另外一台由一名意大利摄像师操作的摄像机,这样就可以从舞厅外面拍摄爆炸。导演的情人与摄像师一起焦急地等待着冒险的结束,但导演的情人在暗杀行动后的枪战中丧生了。导演扑向他的情人,并喃喃自语着"我的上帝"。随后,他转向摄像师说:"将我拍进电影中。"摄像师用固定相机拍摄了导演的脸,他沉浸在失去情人的痛苦中。这是电影的最后一幕,血腥而戏剧化,但这是一种虚假-客观性(pseudo-objektiven)的阐释。

上述电影片段的主题与客观性有关,我们可以从两个不同的方面加以探讨:首先,关于意大利导演可能对暗杀事件进行的干预;其次,关于导演本人被拍进自己的电影的事实。这是我提出的第一个观点。

作为意大利人的电影制作者在越南战争中扮演着中立的角色。在这里,中立的意义不是说要与参与战争的双方保持同等的距离,而是说要站在一个更高的角度看待战争的意义。电影制作者将战争作为一个客观性的结构进行观察。在这种结构中,美国人和越南人占据了一定的位置,相当于两个种族的蚂蚁在类似结构的战斗中的位置。当然,我们不能说位于蚂蚁战斗中的观察者与两个蚂蚁种族的距离相等。观察

---

① 1975年4月30日改称"胡志明市"。——译者著

者在元结构中占据了一个位置,一种情况是生物学立场,另一种情况是电影的立场。观察者的元位置是他的客观性。但是,美国人和越南人不是蚂蚁,他们是人,电影制作者也是人,所以这个元结构超越了他们的人类立场。当然,这是特定人类学所针对的超人立场(如尼采)。影片称这种超人的立场为"野性的"。但是,文本认为,所谓的"野性"意味着非人类性的(并且这是正确的)。与此类似,我认为"野性的"意味着不人道的观点也是正确的。因此,列维-斯特劳斯(Lévi-Strauss)的《野性思维》一书不是关于野性思维的研究(不是以野性思维为主题进行研究),而是对野性思维进行了描写。

但是,我们要讨论的问题不在于此。此处我们需要关注的是,从另一个结构对一个结构进行观察,是可以改变第一个结构的,即可以通过将模型投射到结构上来有意地做到这一点,也可以自发地做到这一点。这位意大利导演以越南战争为模型,并在电影中为越南战争建模(modelliert),建构的场景是行刑队接到暗杀的命令,要在有明亮背景的墙下射杀受害者。物理学家在与几何学相符的物理学功能内,将自然现象设定为模型(将自然现象建模为物理学的函数);人类学家通过一个部落中的存在形态,在人类学的功能内设定模型来模拟部落的行动。海森堡(Heisenberg)借助因子观察对象,得到的结果是"非自主干扰"的一个例子。如果我们作出上述假设,那么一个结构相对于另外一个结构的现实是什么?越南战争的现实是什么?那些参与或目睹战争的人通过报纸和电影等元信道再现出来的是现实吗?换句话说,信道在精心设计的意义上是否客观?究其根本,是什么试图叙说"现实",又是什么试图叙说"客观性"?维特根斯坦将上述的这种话语称为状况(Situation)的地图(Landkarte)——使状况在上述话语的形式中被反映出来的地图。并且,在胡塞尔的作品中,也是通过这种方式,主体通过其所生活的世界中的意向性来建构自己。换句话说,客观性的死亡(如果读者愿意，也可以表述为上帝之死），以及一个从元结构投射出来的世界与"世界残酷奇谭"（Mondo cane）系列纪录片所展示的世界相同——这部纪录片很好地展示了这一点。

我关于《野性之眼》最后一个段落的客观性问题的第二个观点如下。从这名意大利导演参与电影制作的意义上来看，他与电影相关，可以说是实现电影的主体。与电影相比，战争则发生在更深的层次上，是电影的拍摄对象。导演与情人的关系也差不多在同一客观层面上（objektivierten Niveau）。顺便说一句，导演在扑向情人时，同时也考虑到了这部电影。这就是爱情关系中的矛盾心理。这一矛盾心理发生在客观层面上，它已经被电影制作者的承诺（Engagement）取代了。换句话说，作为电影制作者与原材料之间的纽带，这一矛盾心理结合了两个层次。在第二种意义上，情人是导演的客体，导演是情人的情人（客体）。同时，通过被爱的人（情人），导演就成为自己的客体（我故意混淆了这里的单词）。换句话说，在第二种意义上，导演有两个"我"：一个是客观情境的内在"我"，另一个是超越情境、从事电影的"我"；超然的"我"是客体的主体，内在的"我"是自身的客体化（与自己保持距离，主体能够反观己身）。因此，主体的客观性在于疏离和物化自己。借助这个距离，主体可以观察自己，如拍摄自己的痛苦并将自己的图像拍入电影中。疏离的问题在于矛盾的心理，在某种程度上，电影人远离了"爱"的层面，渗透到"电影"的层面——意大利导演通过参与电影制作而远离了爱情，对这部电影的完全投入就是对爱情的完全疏远。从相反的视角来看，导演若完全选择情人，在暗杀行动发生的情况下他就不能拍摄自己；导演若完全选择拍摄，在相同的情况下他就不能守护情人。电影场景中展现的介入情况，是爱情与电影的辩证法结构。导演说出"我的上帝"的那一刻，他就背叛了自己对电影的承诺，同时也没有真正地融入爱情。当他要求摄像师将自己的痛苦融入电影的那一刻，他既背叛了爱情，也没有真正地将自己融入电影。

主体对客体的干预（Eingreifens）问题是另外一回事。不同的是，当主体试图超越自己时，他就不仅失去了客体，也失去了自己。主体在先验还原中揭示了底部的缺失——主体是无底的（die Bodenlosigkeit des Subjektes），主体实际上正沉入深渊。通过观察胡塞尔试图阻止主体坠入深渊的方式，我们可以发现，他没有像维特根斯坦那样从完全不同的起点向同一个方向前进，而是选择以沉默的神秘主义接受深渊。这是令人着迷的。

从"主体"这一词语的两个意义上来看，主体都是无底的。主体在超越自身时，在超越的维度和新的维度中都会造成底部的丧失，所以主体是无底的。正因如此，每一个新的维度都会经历同样的被超越的过程。导演通过电影超越爱情，他可以借助对名声或金钱的承诺（Engagement）来超越电影。新的承诺也是可以彻底被超越的。先验的还原（transzendentale Reduktion）通向虚无（Nichts），无限地走向虚无。这是一个不可逆转的进程，因为导演如果想拯救自己，用爱超越电影，扭转秩序（通过投身于基督教或马克思主义理论中的现实），他就会发现"现实"已经被先前的超越吞噬了。曾经当过导演，他就再也做不了别人的情人了，因为从此以后，每一段爱情都必然会成为一场戏（场景）。当前的哲学（如存在主义、结构主义和逻辑象征主义）从不同的角度阐述了这个问题，它是有关内省、元参与、元语言的问题。

当然，这也是翻译、叠加结构之间的交流（传播）问题，是更换面具的问题。概括而言，这是自由的问题。但是，如果这样的话题被一部电影（可能不是一部非凡的电影）讨论，它就会产生新的影响。自由的问题表明，对某种结构（如社会或心理结构）失去信心的人已经失去了现实感。这使他成为一个"野性的人"。自由的问题表明我们今天的知识分子是野蛮人，他们展示了自由的问题，但没有指出解决问题的方法。或者我们可以问这样一个问题：发现人们的野蛮行为是新意义上的问题的真正解决方案吗？我们希望是如此。

（1969年）

6. 电视：
一种现象学的阐释①

　　我们可以毫不夸张地说，在目前可用的工具中，电视可以像核弹和计算机一样对未来起决定性作用。因此，这种工具的使用方式是一个根本问题，我们对待它不能像对待核弹和计算机的使用问题一样，只是交托于技术人员，而是必须从不同的层次尽可能深入地审查电视及其使用问题，以确定这种工具的范围和本质。电视的影响力（隐藏在其中的可能性）仍然是无法估量的，电视的本质（它最初被设计时的意图）有可能被遗忘了，尽管这种工具并没有多么长远的历史。

　　我并不是说到目前为止电视没有得到足够的重视。相反，特别是一些传播学学者和社会学学者具有一种倾向，即赋予电视一种自主权，并将现象从其社会背景中移除②（reißen），从而试图将电视提升为一种可以自我行动和自我决断的偶像——一种偶像崇拜。这种偶像崇拜同样也适用于计算机方面。电视的这种工具属性的凸显，以及在每一种工具背后都有人拥有它、使用它或允许它为自己谋取利益的事实，导致

---

① 本文原标题为《电视现象学》(Für eine Phänomenologie des Fernsehens)，此处根据文章内容进行了调整。——译者注
② 将现象从社会脉络中剥离，从而使现象孤立化。——译者注

了人们将问题从科学领域转移到神话领域（Mythologie）的危险。以这种危险为典型的代表性实例就是麦克卢汉（Marshall McLuhan）声称的（尽管是故意争论）"媒介即信息"。尽管学者有这种偶像崇拜的倾向，传播学、社会学、艺术批评和其他学科有时也会对这一现象进行彻底的研究，但他们从未对电视进行过真正的、根本性的跨学科讨论。

因此，纽约电子艺术联盟[①]（Electronic Arts Intermix）、洛克菲勒基金会（Rockefeller Foundation）和纽约州政府一起，于1974年1月在纽约现代艺术博物馆（Museum of Modern Art）召开了以"电视的未来"（The Future of Television）为主题的会议，这是一件非常受欢迎且十分具有意义的事情。聚集在那里的电视技术人员、电视制作者、视频制作者、评论家、传播学理论家、社会学家、哲学家等至少能够建立最初的跨学科联系。如果有关电视的问题没有得到解决，每个人也都将意识到它的影响有多广泛，以及它与我们文化土壤的根基的联系有多深。

我也参加了这次会议。此篇文章的贡献在于试图将现象学方法应用于电视。换句话说，与其说将现象学的研究方法应用于传播结构，即应用于包含信息的送信者、收信者和超越两者的结构，不如说是应用于电视，因为收信者只是接收了电视的呈现，即看到了客厅中的箱子（电视）。因此，文本将现象学方法应用于电视研究，目的是从收信者的角度，让所谓的"电视"这一现象的"本质"[②]（eidos）得到彰显。这或许会使收信者感到惊讶。

现象学方法基本上是对事物的特定看法，旨在揭示它们被习惯掩盖的方面。换句话说，现象学方法的目标在于发掘事物中因人们的习惯而被隐藏的方面。如果用这种方法观察我们周围的事物，大体可以

[①] 1971年在美国纽约成立的非营利性媒介艺术家团体，旨在为会员提供视频和多媒体作品。——译者注
[②] 作者在这里所说的是胡塞尔现象学意义上的本质。——译者注

将其分成三组,并进行一定的排序:一是将它们整合成完全可以被称为"文化"的事物,二是将它们整合成可以被称为"自然"的事物,三是观察者在"事物"中能够将它们排序为可被自己认知的事物。在此处,我们并不是说这些事物不抵抗观察者(不是因为它们不是真正的"事物"),而是这些观察者试图按照自己的方式认知它们,即认识"他者"。我们可以将这整个过程称为"社会"。

如果我们应用这种方法对电视进行观察,就会发现它背后的人类设计。这种设计是电视的"本质",如果有可能,现象学家的任务是尽可能清楚地将这个本质明确地带入人的意识,即让人们不仅可以"识别"这个箱子,而且最重要的是,还能依据它的本质和工具属性使用它。很明显,上述言及的电视自动化的倾向,是将"他者"投射到电视现象中的后果,从而掩盖了其本质。这从一开始就应该作为"糟糕的立场"而被拒绝。

如果这项研究结果被提前披露,那么可以说,目前电视的使用与其基本的设计理念背道而驰。从这个意义上说,电视是被滥用了。如果根据它的性质使用它,其功能将大不相同,至少与目前的功能一样重要。如果人们使用锤子去打别人的头,而不是将钉子钉在墙上,那么从某种意义上说,人们已经正确地使用了锤子。它在这种用途中的效果很好,所以这种用途成为其固有的一种可能性。然而,这是一种滥用,因为人类设计的特征正是其所追求的目的。同时,人类设计具有伦理性的维度,所以锤子被设计出来的目的不是砸人的头。具体而言,锤子被用于砸人的头,这种目的在过去和现在都是不应该存在的,这显示出人类设计的伦理性问题。与之相同,如今人们对电视的使用也并非对这一工具的功能性的滥用,而是对它的伦理性的滥用。

目前,电视被用于引导其收信者做出特定的行动,即引导电视系统的所有者关注他们感兴趣的那些物质性、精神性商品。这种使用在很大程度上独立于它所处的政治、社会和经济制度。从根本上来说，美国、欧洲、俄罗斯、第三世界（也许不包括中国）的电视正在以同样的方式运作。顺便说一下，这是电视自动化倾向产生的公共原因之一。电视的使用似乎在很大程度上独立于意识形态的问题在这里仍然没有答案，但很明显，这需要彻底的研究。

描述

客厅的家具上面放置有一个箱子，它有一个类似于窗户的玻璃和各种按钮。如果人们恰当地按动按钮，箱子就会产生类似于电影的图像和声音。这些按钮被处理得很简单，但它导致箱子具有这些功能的原因变模糊（不明显）了。这样的系统在结构上是复杂的，在功能上是简单的。根据游戏理论，功能是将可能的策略在系统内进行排序的规则的总和，结构是系统元素排序所依据的规则的总和。在结构复杂、功能简单的游戏中（如汽车），存在一种"游戏者"可能会成为游戏玩物的危险，因为他虽然看似掌握了神秘的力量，却可以被这些力量吞噬——这一力量对他来说仍然是神秘的。因此，我们说这些游戏是具有魔术性的游戏。

房间里的人围坐在箱子周围，形成一个半圆形，准备接收箱子产生的图像和声音。半圆①（theatron）是一种与圆②（amphitheatron）相对的结构，如传统的家庭（traditionellen Familienkreis）。位于"场景"之上的行动者（演员）居于半圆的中心，并在此做出了行动（戏剧表演）。那些坐在半圆中的则是观众。此外，圆还是一个交换某些东西的地方（集

---

① 剧场，指剧场型话语结构。——译者注
② 圆形剧场，指圆形剧场型话语结构。——译者注

市、论坛），如交换意见（doxai）的集市（agora，阿戈拉）。因此，基于对结构的错误理解，一些心理学家提出了电视取代了传统意义上的母亲的观点。相反，电视导致了一个全新家庭结构（Familienstruktur）的诞生。

源自箱子内部的图像和声音对于收信者来说意味着（bedeuten）一些东西，它们形成了符号。符号是其内部的那些象征根据规则而被整合出来的系统。收信者能够解读图像和声音，还能阅读其具有的意义和信息。符号的类型对于人们理解电视而言是十分重要的。也就是在不久之前，从本质上来看，西方世界还只具有两种类型的符号——如果排除雕塑和建筑等三维符号，就剩下一维符号和二维符号。例如，地图和绘画就是对它们本身的意义进行摹写（abbilden）的图像。人们借助想象［想象力（Einbildungskraft）］去阅读它们。一维符号，如字母和口头语言是将它们的意义变成由被"摸索寻找的"［扫描（abtasten）］点组成的线。它们是通过概念（构想性）而被解读的。电视与电影一样，是二维元素（图像）排列成一条线（图像的连续序列）的符号。对它们（这种线）的阅读是一种新类型的图像阅读，即人们重新变成文盲（回归字母文化或概念性的思考、阅读境况），也可以是概念思维上升到想象维度的阅读。此外，想象力承担了概念思维的结构。在人们今天对电视的使用中，两种阅读方法之中只有第一种方法在发挥功能。

根据我们对第一种阅读方式的解读，图像和声音对收信者来说意味着外部的事件。然而，只有当收信者将他的知识排除在电视结构之外时，他们才能获得这种意义。这使得收信者更容易接受电视，因为他知道电视通过一个名为信道的东西连接了专家处理图像和声音的地方。当然，这个连接只是收信者无法理解的链条的一部分，它间接地将电视与其图像和声音所表示的事件联系起来。因此，收信者知道，在意义和图像、声音所代表的事物之间存在一个昂贵的过程，某人为它支付了费用，并且那个人一定对这一过程的最终产品所传递出的信息感兴趣。电视所具有的神奇的特性使收信者在接收的那一刻忘记了上面这些知识,他将电视里传出的信息理解为存在于自己与(外部世界的)事件之间的直接中介(媒介)。

从箱子里传递出来的消息瞄准(zielt)了不同的方向。从本体论上讲,信息被假设为在两种维度上流动,即作为再现(对世界的描写)和世界的概念(作为世界的象征)。与这两个维度对应,第一类包括周刊新闻、政治家演讲和现场直播等内容,第二类包括电影和电视剧等内容。

在对世界进行描写时,信息与其意义处于同一个现实维度;在象征中,信息与其意义之间存在阻断。因此,描写是"真实"或"虚假"的,即它们是真和假的征候(Symptome);象征是"虚构的",因为它源自协商。就电视而言,我们不能从信息本身获得区分这两种信息的标准,而是要借助电视提供的对信息的评论。每一个电视信息都具有一个虚构的特征,即所有的图像和声音都像符号一样出现。但是,也有一些评论声称有些图像是象征。例如,我们无法分辨出登月的图像是在实验室还是在月球上拍摄的,与体育赛事有关的图像也无法告诉我们上面呈现的是演员(出演运动员)还是运动员。电视播音员给我们提供了阅读的钥匙,但他自己也可以作为出演播音员的演员。这使得电视象征的整个世界(即使电视应该描绘它)都是虚构的。其导致的结果是矛盾的:对于收信者而言,要么现实与虚构之间的差异失去了所有的意义,要么就是他们把这种差异留给了别人。两者都是有害的异化(Entfremdung)的征候。

在认识论上,信息还声称在两个维度上流动,即主观和客观两个维度。第一类主观维度包括广告,第二类客观维度包括所有其他的程序。主观信息向收信者传达符合送信者兴趣的行动模型(Verhaltensmodelle);客观信息传递知识(认知)模型(Erkenntnismodelle),如登月,以及经验(体验)模型(Erlebnismodelle),如电影。行动模型传达命令类(Imperative)的信息,认识模型传达直陈类[指示(Indikative)]的信息;体验模型传达含蓄性[意义(Implikationen)]的信息①。对电视程序的分析表明,在广播信息的所有认知和经验模型的背后总是存在行动模型,所有程序在本质上都是广告。广告通常对收信者隐藏事实并强化其效果,即对潜意识的效果。通过电视,世界在收信者看来是一系列(部分地)隐藏在他身上的命令(命令类信息)。因此,根据汉斯·凯尔森②(Hans Kelsen)的说法,世界是"魔术性-神话性"(magisch-mythisch)的。但是,电视系统的所有者只对其中的命令类信息感兴趣,而没有彰显出任何的"超越"(Transzendenz)。这就使收信者变得物质化(具体化)和延长化(工具化)了。从根本上说,这是所有电视信息的动机。

从伦理上讲,电视假装让收信者控制接收消息,即为收信者提供"自由"。收信者可以打开或关闭电视,并在不同的信道之间进行选择。然而,事实并非如此。选择的自由并非实际上的自由,如果这一点被忽视了,这个箱子就没有提供真正的选择自由。在目前的情况下,电视已经或正在接管许多传统传播(如家庭、社区、电影院、剧院等)的功能。因此,关掉电视意味着放弃一种重要的交流(传播)方式,这在"自由"方面接近于放弃学校。尽管不同的可用渠道发送的是不同的知识和经验模型(不同的程序),但基本的行动模型对所有人都是通用的。因此,箱子提供的"自由"是虚幻的,但它仍以自由为幌子限制着收信者。

在政治上,电视信息旨在使收信者非政治化。从结构上讲,政治生

---

① 弗卢塞尔在著作《传播学:历史、理论与哲学》中将信息按照传播分子(Kommunikeme)分为三类,即命令类(你不能偷东西)、愿望类(我讨厌小偷)、直陈类(谁偷东西,谁进监狱)。对应而言,命令类指向行动模型,愿望类指向体验模型,直陈类指向认知模型。在此处,体验模型传达的含蓄性信息与愿望类信息是一致的。——译者注
② 汉斯·凯尔森是20世纪著名的奥地利裔犹太人法学家,法律实证主义的代表人物,规范法学派的创始人。——译者注

活是从私人领域进入公共领域并做出行动。共同体(res publica)是以个人(res privata)为前提,论坛①(forum)则以多米斯②(domus)为前提,因为公共空间是私人空间中的空白空间(leerer Raum),它能被填充到私人空间。"政治化"具有公之于众(publizieren)的含义。然而,电视扭转了这种关系,它开始从公共空间进入私人空间。电视并不是将私人的东西公之于众,而是将公共的东西私有化了。政治家(借助电视)成为私人的房子里的不速之客。这种扭转导致的结果是,政治家被定性为非常可疑的"私人",并从两个方面失去了他的政治维度:第一,将政治家投射到私人领域的这个箱子不允许收信者与政治家对话,但对话是政治生活的结构;第二,散落在社会中的数百万个箱子都与同一个送信者(政治家)连接,但收信者彼此之间没有相互连接的信道。因此,他们不允许收信者之间就政治家所说的内容进行对话。这会产生双重后果:一方面,它导致受众的独立化,即导致收信者的去政治化;另一方面,它导致公共空间对私人空间的普遍入侵,即导致了极权主义。这也是所有电视信息的动机。

从美学上讲,电视信息旨在实现一系列短暂的超越体验模型和连续的潜意识行动模型。这一信息总是给人提供新的"审美"乐趣,因为新的总是比刚刚过时的"更好"。这种耸人听闻的美学(在某些情况下被称为"大众艺术")导致收信者对新的虚构体验贪得无厌。这种美学将收信者变成理想的消费者,因为他们是无底线的消费者。由于基本行动模式始终是消费者的行动模式,电视因此成为其所有者的有效工具。

然而,电视信息的所有这些目标的基础是箱子接收信息但不传输

---

① 论坛在古希腊指的是市场,是以私人房子为基础,从私人空间步入公共空间(如进入市场,在其中可以进行物的交换和思想的交换)。——译者注
② 多米斯在古希腊指的是家和房子。——译者注

信息的事实，所以它谴责收信者所过的一种被动的生活。围绕在电视箱子周围的是一种新形式的观照和冥想。这样一来，虔诚的生活正在形成——一种新的宗教形式出现了。

作为看世界窗口的电视

箱子(电视)的基本构造离不开玻璃屏幕后面的阴极管，它的本质是一种新型的窗户。但是，雷内·伯杰(René Berger)准确地意识到，阴极管与窗户的不同之处在于，前者通过自身散发的光线与后者区别开来。阴极光是地球上为数不多的不直接来自太阳的光，所以阴极管的光线具有与太阳不同的特征，即它具有"冷"(kalten)的特性。

制作者设计电视的目的是创造一种新型的窗户，因为传统的窗户已经不足以作为人们的工具了。窗户是墙上的洞，是迎接房子外部的光并保护内部的工具。最重要的是，窗户是居于房屋内部的人向外观看的渠道。门也是出现在墙壁上的窟窿，是服务于定期往返的工具。窗户、墙壁和门作为工具必须同步，才能有意义地发挥作用。例如，屋内的人透过窗户向外看(方向设定)，推开门(定向参与)，然后再返回，面对四周的墙壁(沉思、自我省察)。这就是人类生活的节奏，没有墙壁、门窗，人就不可能有意义地生活。它们是人类生活中的重要工具。

墙壁是窗户存在的先决条件，但两者会互相影响。墙壁是光秃秃的，而且可以被反复粉刷，壁画则是"艺术性"的窗户。墙壁装饰画呈现了窗口可以表示的内容，或者说展示了人们希望透过窗口看到的内容。电影是改进之后的壁画，因为图像在电影中移动，并伴随着讲述。不过，电影给人留下了想象，它是一种艺术形式。

上述讨论对于帮助我们认知电视来说是十分重要的，因为虽然没有人混淆窗户与壁画，但许多人会将电视与"家庭影院"(Kino im

Heim)混为一谈。这里要指出两点：首先，电影和电视是具有共同点的，它们都是符号，并且其中的图像按顺序排列；其次，电视技术在很大程度上也被电影采用。这种混淆是灾难性的，因为它不允许我们认识到电视作为窗口的本质，从而无法认识到它包含的可能性。

窗户是观察世界的工具，但它们是有缺陷的工具。这样说的原因有两个：第一，透过窗户，你只能看到不太大或太大的现象，而且你不能移动得太快；第二，窗户有一个固定的框架，只提供特定和有限的视野。康德术语中的第一个缺陷（Mangel）是"现象性的"缺陷，第二个缺陷是"绝对命令式"（kategorischer）的缺陷①。为了克服这些缺陷，发明电视的人已经对它进行了设计，即扩大窗口呈现的现象的参数，并使现象感知的范畴更加丰富。电视被设计成一个改进了的窗口，因为如果要与它的本质相对应，它就必须成为一种感知形式，使人们摆脱传统窗户的模式，并提供迄今为止几乎无法想象的可能性。因此，电视固有的技术（就游戏理论的那些概念而言）与游戏相对应的"策略"可以使人感知到规模各不相同的现象，以及这些现象具有的非常缓慢或非常快速的运动。简而言之，这种技术还使传统感知无法获得的现象成为可能，如生物体器官的变化过程等。这一技术允许动态感知模型，如统计学运动、方程式运动、分子模型等，并对现象采取不同的观点，如游历（travelling）、扫描（scanning）、特写（close-up）等。套用康德的话来说，它允许人们有意识地操纵感知的范畴。这将使一种新的"纯粹理性"成为可能。换句话说，"感知作为对现象的有意识干预"成为可能。然而，

---

① 参见康德的《实践理性批判》。康德的"绝对命令"指用以表达普遍道德规律和最高行为原则的术语。"命令"即支配行为的理性观念，其表述形式有假言（hypothetischer Imperativ）和定言（kategorischer Imperativ）两种。"命令"的经典表述为，除非愿意自己的准则变为普遍规律，否则人不应该行动。假言命令是有条件的，认为善行是达到偏好和利益的手段；定言命令则把善行本身视作目的和应该做的，它出自先验的纯粹理性，只体现为善良的意志，与任何利益无关，所以它是无条件的、绝对的。——译者注

如果我们想要坚持康德的观点，就会产生不可预测的后果，因为这意味着在"实践上"超越感知。因此，哲学研究开辟了一个广阔的领域，但我在这里只能含糊地暗示。

我们的感知形式可能会产生根本性的变化，其原因在于电视符号。在这里我要重复一下，电视符号是一种线性符号，但其元素却是二维的。更准确地说，电视符号的全部内容是图像和声音，其结构是线条。全部内容是一个系统元素的总和，结构是系统中元素排列所依据的规则的总和。当前，想象力对二维元素的解码具有决定性，概念（构想）对一维结构的解码具有决定性。因此，电视符号既可以想象，也可以实现概念感知（构想性知觉）。这是前所未有的情况。换句话说，在这种情况下，所有过程都变得"可想象"了，而且所有的想象都变得"过程化"（可处理）了。如果"想象的知觉"（认知）具有"前历史性"的认知形式，并且"构想性的过程认知"是具有"历史性"的，那么针对电视，我们就能够对"后历史的知觉形式"的可能性进行探讨。

当然，我们必须对前面说过的话加以阐述和澄清。在电视符号中，无论是从理论还是实践的角度来，图像与声音的关系都是存在问题的。毫无疑问，电视图像是二维的，但它们不是由线条组成，而是由点组成。然而，声音打开了第三个维度，它们填满了空间，人们坐在图像面前并沉浸其中。图像与声音的这种不平衡必定会对我们未来的感知形式产生决定性的影响，因为电子混音（eletronic intermix）使电视的声音和图像变得可听、可见了。

不可否认，在任何地方（尤其是美国）人们都试图将电视作为一种新的感知形式，一方面（特别）是在医学、核物理、分子生物学领域，另一方面是在视频操纵领域。与此同时，美国也出现了一种新形式的"记录"倾向，观察有关"技术者们"是如何无意识地借助现象学方法是很有趣的。尽管如此，如果人们没有首先清楚地认识到电视这一窗口的本质,他们就不可能从根本上有意识地将电视作为一种感知形式并加以研究,因为不充分了解工具的本质,就无法完美地研究它们。

考虑到前文我们提出的历史和结构方面的原因,电视几乎完全被视为一种电影。也就是说,电视作为一种"想象的形式",而不是一种"表现形式";它是"艺术",而不是"感知";它是体验模型的媒介,而不是知识模型的媒介。典型的是,即使是借助(操纵)电视进行感知的实验者也不认为自己是研究人员,而是艺术家。例如,白南准[1]可能是其中最为激进的实验者。他在录像带上的一个令人叹为观止的实验中将右手与左手重合,在视觉上创造了第三个维度。在这里,现象学的任务是提供清晰度(创造鲜明性)。这意味着电视中的相同技术必须与电影追求完全不同的目标,所以它们必须朝着完全不同的方向发展。

在存在上,表现与想象,艺术与人对现实的知识(认知)当然是不可分割的。艺术是人类认识现实的有力方法,严格意义上来说,艺术是一种认识现实的艺术。实际上,图像是感知现实的一种方式——图像被感知为现实。然而,任何本体论分析的目的都是区分现实的维度,并区分"现实本身"(不管它是什么),区分出虚拟的部分是存在性分析的目标。换句话说,虽然电影也可以服务于感知(如纪录片),电视也可以为艺术服务(如以电视剧的形式),但这些都是位于边缘的可能性。虽然这些方式对两种媒介来说并不陌生,但它们并不构成其本质上的核心。在电影超越电视的那一刻,我们有必要强调两者之间的差异,而不是它

---

[1] 20世纪60年代,白南准(Nam June Paik,1932年出生于韩国的美籍音乐艺术家)处于激浪(Fluxus)艺术运动的中心,通过前卫、实验性的演出和展示引起了轰动。作为视频艺术(video art)的先驱,白南准通过各种媒体扩大了对艺术的定义和表达范围。此外,他还是激浪派艺术的创始成员之一。该艺术派别具有强烈的达达主义态度。激浪派艺术家们将自己的作品称为"事件"或"行动",他们挑战所有关于艺术的定义,把各种可以找到的现成材料(包括废弃物等)拼贴起来用于创作;他们还走出画廊,在街头表演,积极地介入社会。美国艺术家约翰·凯奇(John Cage)是激浪艺术运动的发起者。——译者注

们的相似之处。

电视为艺术批评提供了梦寐以求的可能性：一方面，它可以具有张力且直观地评论艺术作品；另一方面，它不仅能够"想象地"［在安德烈·马尔罗①（André Malraux）的意义上］超越博物馆，而且在概念上也超越了它。这样一来，电视以具有张力的录像带形式彰显出艺术批评的可能性。因此，电视被预先假定为一种艺术感知形式，而不是一种艺术形式的洞察力。

在这种情况下，电视的这一新应用将打破目前对收信者的陌生化。它将重新被现实看到，并具有前所未有的广度和深度。这是一种想要改变感知现实的挑战。换句话说，如果电视像一面窗，那么接收者就会寻找一扇窗来参与世界。在不存在这样一面窗的情况下，收信者就会试图在围绕着他们的墙壁上开凿一扇门。然而，将被动的消费者变成能动的改革者却不是拥有并控制电视系统的那些人所感兴趣的事情。我们可以通过与美国地下视频场景②（Underground-Videoszene）相关的案例，预先体验决策权层面可能遇到的阻力。在那里制作的纪录片影像（如完全琐碎的街景）完全陷入沉默或被官方电视系统掩盖或吸收，从而转化为虚拟。除此之外，这类影像与电影的不同之处在于，它可以立即被使用，即不必进行"编辑"（ediert），并且仍然允许收信者操纵它。这可能导致一种积极的感知，即诱导人们参与行动。如果这类影像进一步发展为电视内容并得到呈现，那么它就失去了自己的特性。但是，从决策的角度来看，它将变得更加无害。

---

① 安德烈·马尔罗是法国存在主义作家、政治家。4岁时父亲离家出走，他和母亲与外祖母、姨妈住在邦迪的一家杂货店。他在《反回忆录》中说："我认识的作家几乎都爱他们的童年，而我憎恨我的童年。"他天生能说会道，口若悬河，却从来不谈自己的家庭和早年生活，终其一生要人相信他生来就是个成年人。他知道人生要靠自己创造，可以用大胆的行动，也可以用动人的语言。——译者注

② 地下录像，指非法拍摄的视频场面，是对决策权力层的一种反抗行为。——译者注

虽然电视被用作这种意义上的一种感知形式,事实上它却仍是我们今天所知道的箱子——它能够被接收,但不会进行再送信。以感知为目的的现象是由他人操纵的,而不是由收信者操纵的。因此,收信者仍被判定为被动的观察者(即使观察的方式不同)。这样一来,电视的"窗户本质"就不会被耗尽,并且这将需要人们在使用方法上追求进一步的改变。

电视作为与他人对话的窗户

虽然电视在外观上与可以进行图像送信的收音机类似,但它名字中内含的设计意图并不是创造性能得到提升的收音机。换句话说,基于电视的设计意图,它看起来不应该是现在的样子。观察一下电话,诚然,只需要付出一些努力,我们就能从中看出传统窗口在这一方面的演变——人们能够通过它与别人交谈。如此来看,电视这一装置就是进一步发展了的电话。

从根本上来说,当前有广播和网络两种传播系统。在广播系统中,中央送信者直接、明确、单向(univok)地与许多外围收信者连接。这种系统中的传播过程被称为"话语"(Diskurs)。在网络系统中,用户可以双向(bi-univok)地(以一对一的形式)与其他所有参与者沟通(发送或接收)信息。这种系统中的传播过程被称为"对话"(Dialog)。广播系统的目的是分发现有的信息,亚伯拉罕·莫莱斯[1](Abraham Moles)称之为"信息保存"(Informationskonserve)。网络系统的目的是从现有的

---

[1] 法国哲学家亚伯拉罕·莫莱斯以刻奇性事物和由此产生的态度为理由,表示"西方资本主义市民社会与物质上富饶的过程有着很深的关系"。他著有《刻奇心理学》(*Psychology of Kitsch*, 1971),并认为"Kitsch"(刻奇)起源于19世纪工业革命后新制造、商业文化的出现过程,恋物主义、唯美主义和消费主义这三种因素促成了刻奇的传播。——译者注

部分信息中合成新的信息。换句话说,在广播系统中,"送信者记忆"中保存的信息会被传送给其他的"记忆"(储存器);网络系统则以已经单向地储存在相关记忆中的信息作为生产新信息的基础。人类传播具有的负熵性特征通过两种系统的协演结果而得以呈现——信息在网络系统中是增加的,在广播系统中是被储存的。此外,(或多或少地)带有纯网络系统特征的例子是邮局和电话网络,(或多或少地)带有纯广播系统特征的例子是广播和报刊。

这两个系统中的每一个都对应着一种特殊的氛围:对话网络系统对应责任(回答的可能性)和行动(信息的完成)的氛围,话语广播系统对应权威、保守主义(被认可的信息的储存)和消费(吞噬和消化信息)的氛围。西方的历史在两种制度的统治间摇摆不定。广播系统的一种模式是教会,另一种是专制主义社会;网络系统的一种模式是自由主义,另一种是苏联模式。

然而,从游戏理论的观点来看,我们必须依据开放系统和封闭系统之间的标准对系统进行区分。如果系统的全部内容的改变不牵涉其结构,则系统是开放的;反之,它们就是封闭的系统。例如,语言(如德语)是一个开放的游戏,因为它的词典(全部内容)可以在不必改变其语法(结构)的情况下加以更改。又如,国际象棋是一个封闭的游戏,因为它的全部内容的任何变化(如引入新棋子或新棋盘)都需要改变(游戏规则的)结构。

有一种趋势涵盖结构和功能这两个形式的标准,它具有如下的一致属性:广播系统是开放的游戏,网络系统是封闭的游戏。广播系统在结构不变的情况下能够任意地与众多收信者连接,但不能任意地联系送信者。如果想要增加网络系统中的参与者数量,阈值就会一次又一次地出现,系统的结构就需要重新进行调整。在某种程度上,它们的特性与游戏理论和传播理论相吻合,但这种观点是审美性的。只要它在理论上证实了当前大众文化与精英文化的划分,它在意识形态上就是有吸引力的。换句话说,它有力地证明了科学、艺术、政治等领域的精英们以对话方式开发信息,而大众则局限于以命令形式储存和消费这些信息的现状。尽管这个论点具有双重吸引力,但它是错误的,一些网络(如电话网络)的开放性是难以被忽视的证据。在结构和战略上只允许少数人对信息进行对话阐述不是一个既定事实,而是在结构和战略上(理论上的民主,如所有人与所有人的对话)是可能的。但是,在实践上这是不可能实现的,因为我们没有合适的网络。

在上述倾向中存在一个奇怪的矛盾。一方面,有人声称大众文化和精英文化的分离在理论上总是存在的,任何电视的使用都无法改变这一点。另一方面,这种观点的一些倡导者声称,电视与类似的广播系统有助于民主,因为它们可以被称为"对话性的开放"(反馈)。通过这些反馈,收信者可以在其他媒介的帮助下进行对话(如打电话给广播公司或给编辑写反馈意见等)。但是,它们不能两全其美。一方面,如果它们是理论上封闭的对话网络,这种"开放"就只能故意掩盖与收信者的亲密关系(隐藏收信者的功能)——在目前的情况下确实如此;另一方面,它们可以打开对话网络,然后将电视作为一个整体从广播系统转换为网络系统——在目前的情况下,这种使用是一种滥用(Mißbrauch),包括反馈在内。

如果我们认真对待"电视"这个名字,即从现象学的角度看待它,电视就像电话一样,是为网络系统设计的。工业革命几乎摧毁了传统的窗户(作为与他人进行对话的工具),它只适用于村庄或小城镇。在目前的情况下,它的周围有太多的噪声。这剥夺了对话这一重要媒介。当前,我们使用广播系统所导致的结果是,一方面出现了孤独的大众(大众化),另一方面话语占据了主导地位。关于精英教育的话语(如议会、委员会、学习小组、精英展览等)取代了对话,这是整个工业革命的特征,意味着民众文化(民俗文化)的终结和被操纵的群众的出现。

我们当前的任务是使多数人去大众化,并使少数人免于脱离其社会基础(从陌生化中被救出)。在19世纪,人们对设计更好的窗口进行了尝试:一方面,邮政系统在字母(学校)的话语传播之下成为可能;另一方面,随后的电话系统在技术上变得可行。尽管第一个是"视觉"媒介,第二个是"听觉"媒介,但这两种设计都有一个共同的缺点——它们都基于邮政服务、字母、电话口语等线性符号。尽管这两个系统的网络都具有对话性和开放性,但它们都没能突破大众化。

西方传播传统中常使用两种类型的符号,即二维想象(象征)符号和一维概念(构想)符号。具体而言,二维的符号传达现象的图像(形状),一维符号扫描现象并将其转化为过程。可以说,当人们通过窗口进行对话时,两种符号类型在操作中是并行的:通过解码一维符号,对话者可以理解各自的概念信息;通过解码二维符号,人们可以相互识别。传统窗口对话框中两种符号类型的巧遇部分地克服了伙伴(对话双方)的孤独感(当然不是克服了他们根本上面对死亡而生的孤独感,但这不是我们此处的讨论重点)。但是,如果这种对话像信件和电话交谈一样缺少富有想象力的符号,那么对话双方的孤独感就都不会受到影响。同时,这种对话仅限于交流一种单一的(一维的)、概念性(构想性)的信息。目前,邮政和电话网络绝望地尝试打破孤独而超负荷地运行就证明了这一点。

在20世纪,设计一种媒介在技术上成为可能。其中,两种类型的符号不仅可以合并,还可以相互补充。由于窗口得到了改进,这种媒介可以将后工业社会转变为"地球村"(但这不是麦克卢汉的意义上的,麦克卢汉设想的是一个全球性、话语性的斯巴达,而不是一个对话性的雅典)。然而,一切都没有发生,因为电视不是替代了电话(网络),而是替代了收音机。这就是为什么电视以当前这种方式被人们观看。

6. 电视：一种现象学的阐释

如何才能使电视看起来不同或者更好呢？它应该是什么样子？这些问题的部分答案已经出现了。它可能看起来像一部带有屏幕的电话机。这不是一个很令人满意的答案，因为它没有关注到电视的本质，就像20世纪初的马车式汽车没有关注到汽车的本质一样。它可能看起来像一台配备了屏幕并有计算机反馈机制的打字机，就像人们在"编程课"中使用的机器一样。如果开放电视网络的设计获得成功，电视实际上会成为什么样子呢？这个问题几乎完全超出了我们目前的思考，因为电视具有固有的（内在的）对话可能性。对此，我们只能暂时保留怀疑的态度。

不过，有一件事是可以肯定的，即电视符号使对话成为可能，人们不仅可以讨论与当前截然不同的话题，还可以用完全不同的方式讨论它们，以更广泛的涵盖其他范畴的对话来感知这些现象。尽管工具已经握在我们的手中，但想要描述它们内在使用的结果，几乎仍然是一种空想。

如果指向开放电视网络的突破取得成功，其中对话的双方将参与当前的电视广播或邮政和电话网络，相关公司的结构也将发生根本性的变化。然后，所有的窗户将向所有人敞开，与每个人交谈，谈论以新方式感知的现实将成为可能。这无异于普遍的政治化，因为社会将聚集在一个全球性的集市周围，任何人都可以公开发表自己的意见，新信息将无处不在。但是，这也会导致一个新的问题——如果今天缺乏对话，也就意味着缺乏话语。随着普遍的政治化，清空私人空间的趋势将会出现。一些理论家已经阐述了这种危险，以反对这种可能的电视的开放。虽然这个论点可能是正确的，但它的出现肯定还为时过早。我们必须紧急考虑的不是这种危险，而是普遍大众化的危险。这是在我们眼前每天都在变化的环境中，理论家们不能或不想理解的。"疏离的、孤独的大众"的概念在过去几十年中被如此费力地制定出来，面对这样的变化,我们可能不得不放弃它。人口大爆炸不仅在地理上转移了人类的重心,最重要的是,随着数量的增加,人口的质量发生了改变。人口大爆炸后的人类存在确实与"古代人"的存在不同,虽然我们仍然对这种突然发生转变的许多标准缺乏认识。这样的大众可能不再是"疏离和孤独的",而是具有完全不同的、尚不可预测的特征,其中的一个特征就可能是他们的地方性(并且周期性流行的)饥饿。只有在人们意识到大众传播(Massenkommunikation)和大众文化(Massenkultur)概念中的"大众"(Masse)一词具有新的含义时,"电视功能是否可以被改变"的问题才能获得其潜在意义,而目前这种意义远未得到澄清。

(1974 年)

7. QUBE 和自由的问题：
具有决断的行动者[①]

  法国文化周刊《电视全览》(*Télérama*)是发行过有关三家法国电视台内容的杂志,它于 1979 年 1 月 13 日对美国俄亥俄州哥伦布市的新电视系统实验进行了报道。该报告相当肤浅,它的尝试并不是目前做过报道的机构中最为引人注目的。但是,正因为它的报告如此简单,而且这种类似的尝试几乎司空见惯,所以这一事件应该得到充分关注。电视系统中潜在的可能性需要我们进行重新评估,而不能仅仅是社会学家和政治学家对最近在德国电视台播出的电视剧《大屠杀》(*Holocaust*)的影响分析。在电视节目中,参与者的意识具有不同的倾向,对其进行分析是为了提高有关人员的认知。

  1977 年 12 月 1 日,华纳通信公司(Warner Communications Ins)在俄亥俄州哥伦布市建立了第一套商业电视系统,收信者可以参与其中。它被称为 QUBE(question your tube),即"向你的电视提问",目前有 25 000 名订户,共约 100 000 名参与者。他们有一台普通的电视机和

[①] 本文原标题为《QUBE 和自由的问题》(QUBE und die Frag der Freibeit),副标题为译者根据文章内容补充。——译者注

一个键盘，可以用来检索他们需要的内容。

这个键盘由三列共 18 个键构成，每列有 10 个字段。如果参与者点击"P"列，则必须支付收视费用，而其他两列是免费的。这些字段具有以下标题：P 区 (premium, 高级)，涉及"程序列表""电影""古典音乐""活得更精彩""特别活动""演出""特别介绍""成人电影"和"驶入" (drive-in) 等；C 区 (community)，涉及"哥伦布直播""运动""风车""新闻""天气""老电影""购买""宗教""文化及教学"和"QUBE-大学" (Qube-Universität)；T 区 (television)，涉及俄亥俄州的各种电视频道。

尽管我们并不完全清楚上述标题的意义，但这仍可以揭示键盘的操作方式。例如，如果参与者按下 P 键和 10 键，他将可以收看一部成人电影，并且必须为此付费；如果按下 C 键和 10 键，他将免费获得一门数学课程；如果按下 T 键和 10 键，他将可以免费收看哥伦布电视台的节目。但是，键盘右侧的五个按钮对系统具有决定性的作用。遗憾的是，我们上文提到的报告没有确切地描述它们的功能。不过，可以肯定的是，我们能够作出如下的陈述。

在组合系统的计算机的辅助下，这些键以这样一种方式耦合在 C 列，这样参与者就可以在屏幕上显示的不同对象之间进行选择并参与选择过程。例如，如果在按下 C 键和 7 键后，屏幕上会显示五件不同的衣服，然后用户按下 III 按钮，对应的服装店就会将相应的衣服送到他们的家中。又如，如果哥伦布公园管理的屏幕上显示了四个候选人（按 C 键和 1 键后），人们就可以按下右侧首选候选人对应的按钮。这相当于选民投票，如果大多数选民按代表着"空"的 V 键("Ieere" Taste V)，则这一选举是无效的，那么必须提名新的候选人。上文提到的报告使用了这些例子，但我们也可以想象其他的例。比如，如果 C 键和 I 键意味着允许某些人参加陪审团审判，按 C 键和 9 键意味着允许某些人参加大学考试，那么这些行为都被允许后会发生什么呢？——被告可以在家中被无罪释放，甚至可以在家里获得博士学位。

《电视全览》分别采访过一个工人阶级家庭和一个小资产阶级家庭，试图检验 QUBE 的功能。由这一采访的内容可见，社会文化的差异显而易见，因为工人阶级家庭在相应部门选择的方案与资产阶级家庭是不同的。在 QUBE 的帮助下，两个家庭都积极地参与了城市的政治、文化和社会生活，而他们几乎每天都在投票。《电视全览》对此的评论颇具启发性：唯一真正从中受益的就是华纳公司。这只是一个例子，说明了让欧洲人承认西方文化已经转移到美国是多么困难的一件事情，以及欧洲人如何通过强调美国式场景的世俗化和"物质主义"等方面来回避这种承认。

在这里，我们显然面临着一个充满希望的倾向。我们对这个系统在政治、教育、艺术、司法、教育学等领域的众多可能性就不多作讨论了，因为本文必须仅限于 QUBE 的一个方面。但是，我们应该提到它的另外一个特点，即正确的按钮允许人们在四种可能中作出选择。当然，他们也能拒绝所有的选项。这为所谓的"自分支决断"（selbstverzweigende Entscheidungen）打开了一个参数，即在树状结构①（传播结构）中相互跟随的一系列决断性变量。树状结构是一个具有张力和发展性的决断结构，正如我们从科学和技术话语中所了解到的那样。

对存在的分析区分了两种存在形式，即主动的和被动的、生产的和消费的、实践的和理论的、公共的和私人的。这两种生活方式（关于

---

① 树状结构指树状话语结构，其结构特征可被总结如下：作为源头的信息通过不断发展而被再编码，并使新的信息不断被创造出来。这种发展具有专业化的倾向，信息流据此得以被确保，其带来的结果是信息的爆炸式增长。爆炸后成为碎片的信息相互交叉，继而又被不断地再分配。信息在再分配的过程中不断发生变形，所以信息在该结构中的忠实性无法被保障。同时，这种结构分配的信息是通过复杂的符号被再编码的，所以其分配的信息具有封闭性的特征。树状话语结构中不存在最终的信息接收者，信息最终会被人工性的记忆装置储存。——译者注

"休闲-缺乏闲暇")通常能被人们辩证地理解,正如希腊语"scholé-ascholia"①和拉丁语"otium-negotium"②所证明的那样。大多数非西方文化和过去的西方文化更重视沉思的私人生活,而不是积极的公共生活。因此,犹太安息日赋予了工作日以意义。同时,古希腊理论认为休闲是活动的目的,而修道院学校是中世纪生活的基础和理想。新教的创造伦理(protestantische Schaffensmoral)颠覆了这些价值观。因此,在现代,新教的创造伦理服务于新时代生产品的消费,理论服务于实践,私人的消费则成为参与公共生活的起点。换句话说,生产消费、实践理论和私人消费成为参与公共生活的起点。

类似的分析大致认为,我们目前正在目睹这些价值被逆转,即它们在贬值。此后,我们将处于消费、休闲、去政治化文化的门槛上,即处于大众文化的门槛上。电视屏幕是这种论点的首选例子,即大众在私人空间中注视着屏幕,在新意义中进行观照(沉思)式的生活。套用汉娜·阿伦特③(Hannah Arendt)的话来说,电视目前正在吞噬所有的公共空间,以便将其转变为消费者的私人空间。然而,在考察了 QUBE 后,我们可以对当前的趋势作出不同的评估。然后,人们就能看到一种创造某种存在维度的装置。在这个维度上,公共与私人、行动与激情、

---

① "scholé"是希腊语,意思是休闲,并衍生出两个词语,即学校(school)和学者(scholar)。休闲具有两层含义:一是有智慧地使用休闲时间;二是在不得不做的压力下去从事某种严肃的活动。由此,说明闲暇是一种智慧和严肃的活动。希腊语"ascholia"则不同,它指没有休息的生活,意味着劳动。总而言之,人类生活可以被分成两种:没有休息的劳动时间和可以享受的休闲时间。此外,亚里士多德主张休闲比劳动更重要,即人类是为了休闲而劳动。——译者注
② "otium"是拉丁语,意思是缓慢的,优雅而从容。"negotium"也是拉丁语,意思是繁忙,忙于事务。——译者注
③ 汉娜·阿伦特是德国犹太人,20世纪思想家、政治理论家,著有《极权主义的起源》。她早年在马尔堡大学和弗赖堡大学攻读哲学、神学和古希腊语,后转至海德堡大学雅斯贝尔斯的门下,获哲学博士学位。她在1933年纳粹上台后流亡至巴黎,于1941年去往美国。——译者注

实践与理论之间的区别就失去了所有意义。一方面，QUBE 的订阅者在家里就可以参与公共生活；另一方面，如果他们在工厂或办公室，也会感觉自己"身处于都市的商店"，即从"国家的电视剧中"被切断（隔绝）了。对于他们来说，必须放弃上述的存在类别。

只要以这样的范畴运作，两种生活形式之间的选择就会成为人们生命之中的关键时刻。换句话说，作为改变人们生活的一种可能性出现了。人们是如何决定成为一名面包师或共产主义者，搬到农村去生活还是留在城市呢？对于此类问题，人们是如何作出决断的呢？毫无疑问，这些问题的答案与自由有关。尽管一方面有与所有决断理论相关的分析，另一方面有加缪（Albert Camus）或萨特（Jean-Paul Sartre）的所有分析。但是，这个问题仍然处于黑暗中，即处于所谓的"宿命"或"命运"的迷雾中。要知道，一旦人们抛弃这些范畴并考虑 QUBE 的键盘，自由的问题就会从形而上学的领域转移到现象学分析的领域。自由的问题变成"为什么我按下这个按钮而不是那个按钮"的问题。这就是亚伯拉罕·莫莱斯的《行动理论》[*Théorie des actes*, 1977 年与伊丽莎白·罗默尔（Elizabeth Roemer）合著]的用武之地，但它是以一种非作者本人意料之中的方式展开的。

在 QUBE 中，我们知道可以采取敲击键盘的形式来实现决断性的行动。加缪也分析过自杀者按下手枪的手势。我们都听说过也读到过美国总统办公桌上的红色按钮——按下它就意味着一部分人类的死亡。但是，这里的新内容（并构成莫莱斯理论的基础）意味着这样一个事实，即 QUBE 键盘允许任何人在日常生活中成为具有决断能力的行动者。

有人可能会认为，试图从键盘的按键上解读自由的问题是对自由的亵渎，如对罪的奥秘或良心之声的去神圣化。这将是一个错误，使人产生混淆神圣与黑暗的倾向。QUBE 的键盘在我们看来是不言而喻的,它是一个"白箱"①。但是,神圣难道不正在于我们按下这个按键而不是那个按键的能力吗?顺便说一句,有三种按键类型的 QUBE 键盘并不是这样简单。无论何种情况,QUBE 提供的选择和包含它的隐藏动机形成了一种"黑箱",但对比的分析超出了本文的范围。因此,可以公平地说,对 QUBE 键盘的分析是对自由的分析。这并不是亵渎自由,除了自由的神圣化从来都不太有利于自由。

QUBE 键盘可以将存在的决断分解为点状的原子决断,如莫莱斯所说的"actomes"。由于这种决断的原子化,QUBE 系统可以将主动和被动的生命形式合成到一个新的存在维度。观看色情电影或投票给 X 先生作为体育俱乐部负责人的决断并不具有恐怖主义或纯粹研究的决断所具有的存在分量。然而,这些决断的累积效应不仅等同于存在的决断,甚至超过了存在的决断。生命的决断(加缪笔下的自杀者的决断)似乎比看一部老电影更为重要。但是,考虑到第二种类型的决断的累积效应,人们必须假设相反的情况,即自杀者在成为主体或客体之间作出选择,而 QUBE 的订阅者每天可以一次又一次地决定(是否同时)成为主体或客体。从这个意义上说,决断的原子化导致了一种超越自杀的存在形式。

然而,这并不是通过微观化的决断所能实现的存在情况的唯一转变。虽然在 QUBE 键盘上被部署的决断确实没有与在 QUBE 出现之前和 QUBE 之外的生活中被部署的决断那般重要,但 QUBE 的决断是更直接的。在我决定结婚、杀死我的敌人或成为僧侣之间,以及这个决

---

① "白箱"与"黑箱"是一组相对的概念,我们可以从黑箱理论和白箱理论的角度来理解这一隐喻。黑箱理论指人们在对特定的系统开展研究时,会将系统视为一个无法被看透的黑色箱子。在研究时,不涉及系统内部的结构和相互关系,而仅从其输入与输出的特点了解该系统的规律,进而得到对系统(包括该系统的结构和功能)规律的认识。白箱理论指研究者不仅知道该系统的输入与输出关系,还知道实现输入与输出关系的结构与过程。该理论将这种按预知的结构关系建立的关系称为"白箱网络"。——译者注

定所指的现实之间,存在许多可能的行动。这一系列环节形成了一个关于时间和存在的深渊,即我与自己所作决断的后果之间的距离。一方面,这个深渊导致我对自己的决断保持怀疑,在我作出决断(留在亚伯拉罕·莫莱斯的世界)时,在我的"计算"中都要考虑到这一点。另一方面,当我在QUBE系统中决定选择数学课程并回答其中的数学问题时,我会立即发现它是否为错误的;当我在选择参加陪审团时,我将立即知道被告是否已经被无罪释放;如果我为一所学校的校长候选人投票,我会立即知道我支持的人选是否获胜。由于我的决断是即时的,所以我对按下键盘负有直接的责任。

原子化决断的直接影响也可以通过另一种方式得到证明。在QUBE出现之前和QUBE之外的人生决断只有在一系列行动之后才会产生影响,而且现实对这些行动也会产生影响。这些行动(以及对它们的反应)在决断与现实之间进行调解,并改变着两者。然而,在QUBE系统中,决断在于行动本身,包括按下按键。敲击按键后的动作由装置执行,因为它们具有自主性,它们独立于按键的任何进一步决断。从这个意义上说,它们是"自动的"。决断和行动是一致的,所以试图区分行动和痛苦努力失去了所有意义。QUBE系统的参与者是一个"纯粹的决断中心",具有一种"纯粹的自由"。从某种意义上来说,迄今为止他们只与天使有关,即"决断"对他们来说也意味着"已经行动"(gehandelt haben)。

操纵行动的自主性和自动性都由决定性的敲击按键在装置中触发,这是值得用具体的例子来加以阐明的。但是,这突然把我们带到了未来学的边缘。相反,问题的另一个方面也应该得到解决,即谁应该成为美国总统似乎是一个比谁将成为俄亥俄州哥伦布市足球俱乐部的主席更为重要的问题。但是,人们参与后者选举的结果比参与前者选举的结果更及时、更严肃、更有效。从这一点来看,我对足球俱乐部的决断更为具体。换句话说,因为这场选举不那么具有象征性,因而更具有责任性。因此,从存在的层面上看,足球俱乐部领导者的问题比美国总统的问题更加重要。当 QUBE 系统通过原子化决断将公共空间化为尘埃时(将美国总统原子化为成千上万的俱乐部领导者时),它便恢复了"直接民主主义"(direkte Dorfdemokratie),其中的每个决断都具有生存的分量。与当前不同的是,由于装置的自主性和自动化,人们在系统中也可以作出不同的决断(参加美国总统的选举同样是可能的)。这意味着在 QUBE 系统中,每个参与者的能力和每种能力的权重都被清楚地显示了,而且它们不受所有意识形态的影响。换句话说,这意味着"去意识形态化的民主"(Entideologisierte Demokratie)。

然而,决断在 QUBE 系统中的原子化并不会导致有关各方视野的缩小。QUBE 参与者的生活环境绝对不比大众媒体的使用者差(请参阅 QUBE 键盘的说明),他们对发生在伊朗的事件同样感兴趣,对遗传学领域的发现也同样有所了解。但是,他们更容易意识到自己改变世界的能力的局限性,因为他们的键盘显示了这些局限。他们知道自己可以影响(自己的)世界的哪个部分,以及他们在这方面的决定具有多重的分量。通过这种对自身局限性的认识,QUBE 的参与者超越了理论与实践的辩证法,即他们根据自己的整个世界观(理论)作出决定,也根据所作决断的效果(实践)作出下一次的决断。既然他们的决断也是他们的行动,那么我们在见到他们的时候,便可以一起探讨理性实践和实践的理论,并进行行动的观照和观照性的行动。

如果放飞你的想象力,想象一个性能提升并被改进的 QUBE 系统,世界上的很大一部分人类都参与其中,那么你就可以将原子化的决断投射到一个被整合的维度上。那么,所谓的"历史性"的决断将变成差异性决断(Differentialentscheidungen)的统合,或者可以说"活着"意味着决断性地参与历史。但是,这种肆无忌惮的想象力对于在俄亥俄州哥伦布市进行的实验来说是没有必要的。对于QUBE系统的订阅者来说，它已经是有效决断的地方了，观看屏幕已经成为他们作出政治、社会和文化承诺的地方。参与者的私人空间已经是处理公共事务的城邦了——他们从事的是公共事业，他们也已经在俄亥俄州哥伦布市直面一种全新的生活方式。

大量的预言都将装置视为大众化、去政治化和极权主义的工具。本文对QUBE系统的分析表明，装置是原子化、政治化和直接民主的工具。具有一般语言特征的装置在不负责任的气氛中运作。从QUBE的角度来看，这个装置使每个人都产生了具有局限性的负责任意识。下面我要叙述的有关该装置的第二种观点可能比第一种更令人不安，但也必须考虑到它。这不仅是因为目前在俄亥俄州哥伦布市的实验，还因为美国、加拿大、日本和欧洲其他地方也存在类似的过程。

我对即将出现的第二种观点概括如下：目前，人们生活在两种维度中，即积极生活和沉思生活。原则上而言，人们不能在两种维度间作出决断，但必须基于日常基础而作出决断。这些决断构成他们的生活节奏。QUBE类型的系统将上述两种维度整合为一种三维空间。未来人们将生活在这个私人与公共空间都是悬浮状态的三维空间之中，而且他们必须在其中作出决断。然而，不管人们喜欢与否，他们的生活环境正在生成一个新的维度。

（1979年）

8. RTL Plus 的"脱口秀"：
文化的境况与知识分子的良心[①]

在模拟咖啡馆的氛围中，占星师（Teissier 夫人）、所谓的"降临者"〔（Aussteiger，局外人）Pestalozzi 先生〕、匈牙利驻联邦德国大使（Horvath 先生）和我，一起谈论着上帝和世界，此时主持人（Müller Gerbes 先生）掌控（试图主导）谈话。同时，成千上万名电视观众目睹了这一怪诞的过程。这个过程之所以值得我们考虑，是因为它不仅质疑了电视在文化领域的参与，还质疑了知识分子臭名昭著的出卖灵魂（berüchtigte Prostitution）的行为。虽然我自己也参与了这件事，但我像盲人一般陷入其中，所以没有被要求"对它"进行思考。不过，我认为即使是受害者（而不仅仅是证人）也可以尝试作证。

由于一种耻辱感，我放弃复制上文提到的对话的内容，所以在这里举两个例子就足够了。占星师声称"精神"是类似于"电磁式震动"的震动。换句话说，占星师的意思是，从自然科学的角度解释，占星术就是这样一门科学，所以可以预见未来的精神现象——尽管她称占星术是

[①] 本文原标题为《RTL Plus 的脱口秀》（"Talkshow" bei RTL plus），副标题为译者根据文章内容补充。——译者注

8. RTL Plus 的"脱口秀"：文化的境况与知识分子的良心 | 183

"人文科学"有些矛盾。"降临者"声称瑞士是一个例子，他认为它不能再这样下去，因为许多人在瑞士自杀——尽管他没有追问自杀是否是最糟糕的死亡方式等问题（与谈话时的发言相比，这些论述在这里得到了更加清晰的表达）。然而，对这一过程进行反思的重要性不在于对话的内容，而在于发言者谈话时所体现出的不负责任的态度。下面就是一个示例。

"降临者"与占星师展开了论争，前者责备后者通过"制约论"来立论，是对自由的否认。"降临者"认为，如果占星师是正确的，那么希特勒应该被理解为一种必然现象，所以他可以被免除所有责任。虽然我的陈述在此也"美化了"这一论争，即我以文明化的语言复制（再现）了他们的争论内容。由于这是在数十万名电视观众面前进行的讨论，所以尤为骇人听闻。同时，这是与自由有关的问题，即关于政治、艺术和技术中的一个基本问题，关于一个第一顺位的存在主义问题，所以任何公开讲话的人都必须对此负责。例如，发言者必须努力考虑自由与必然性的关系，以及自由与偶然性的关系，以表明为自由而腾出空间是多么的困难，以及我们必须如何为维护和增加这一宝贵的善而斗争。如果你贬低和轻视这一问题，就像讨论中发生的那样，那么你就是将这一问题让渡给了暴政。这是一个背叛知识分子的案例，如果在这里有理由谈论"知识分子"的话。当我们考虑到这种贬低和轻视自由问题的文化背景时，这种情况就更加令人震惊了。

该计划的组织者事后（而不是之前）向我解释了他们举办这次活动的文化意图，即刺激"公众"思考。为了实现这一目标，他们有必要过度包装送信的内容（使信息变得冗余），便于收信者消化它们。但是，此时，在这一媒介内容中，主办方认为我应该做的是提供基本的信息，而其他人则应提供冗余的信息（以粉饰信息）。不考虑这样的背景（先撇开这一点不谈），我应该思考的是自己有没有能力提供信息。我认为主办方这样做是基于一种假设,即公众无法吸收未经加工(修饰)的平庸的信息。组织者的意图毋庸置疑,但认为受众没有能力处理未经加工的信息这一前提是值得怀疑的。也许情况正好相反,人们的智力、道德和审美水平之所以如此可悲,是因为他们被这样的媒介内容覆盖了,也因为他们在引导之下相信了自己接收到的(此种)文化内容。这是组织者应该反省的问题。

更糟的是,另一个问题出现了,我们应该用"操纵"(manipulation)这个老生常谈的术语(概念)来理解它。观众接收到的信息是被看似良好的意图操纵的。顺便说一句,如果我从一开始就进行反思、质疑,那么我就会怀疑我们正在被一个"众所周知"的"善"的意图操纵。毋庸置疑的是,我不能代表其他与会者发言。也许大使是其中的特例,因为他的职责是公布他所代表的政府的观点。于我而言,我的任务就是向公众提出我的疑虑,以便他们能够就我的怀疑作出必要的阐释。这是我的任务,是我的政治承诺,也是我接受脱口秀邀请的原因。但是,在上述的讨论案例中,我的这种承诺已经转向了相反的方向,即我被迫在一个我不喜欢的维度上与他人争论不休。正如我所说,我不想否认这种操纵背后的"善的"意图,这反而证明了通往地狱的道路也是可以用善意铺成的。因此,如果我们想避免走向地狱,就必须努力寻找与脱口秀相比不是那么舒服的方式。

在此,我并不是要夸大所描述事件的重要性。它之所以有趣,是因为它以近乎以无情、挑剔的方式阐明了当前的文化境况和知识分子的良心问题,从而为阐明这种文化的状况提供了一种更深刻的洞察力。

(1989 年)

9. 电视与前缀"tele-"：
理解装置对距离的操纵[①]

正如我们从几个小时的日常经验中所知道的，电视是令人失望的，但这不是"电视"（television）一词中的前缀（"tele-"，远距离地看）的意义——注释着屏幕。假如我们把电视的名字翻译为"望远镜"（Teleskop），电视就会变得更加令人失望了。当伽利略在1610年通过他的望远镜看到木星卫星时，他并不知道我们现在通过将他的装置德语化[②]而看到了什么。但是，对电视的失望可能只是暂时的现象。只要保持电视在前缀"tele-"中给出的承诺，我们就不得不重新思考它了。可能正如我们通过电话（Telefon）远距离地谈话，或通过电报（Telegrafen）远距离地书写，电视也具有类似的用途。本文将努力探讨这个问题，因为这个问题从表象上显示出来的只是技术问题。

前缀"tele-"是关于距离的操作，就是将远处之物带到近处，实现"远距现存"（Telepräsenz）。换句话说，与其把自己逼到远方，不如把远

[①] 本文原标题为《关于电视前缀"tele-"》（Vom Fernseben und der Vorsilbe "-tele"），副标题为译者根据文章内容补充。——译者注
[②] "电视"的德语是"Fernsehen"，并且从"远距离地看"这一意义来说，它具有与望远镜相同的含义。——译者注

处之物拉近，就好像人们无需开车便可体验离开（到远处）。伽利略仍然坐在他的扶手椅上，木星卫星通过他的电视到达他的视线中。这意味着伽利略体验着宇航员所体验的事情，但他不用像宇航员一样冒险去体验。由此可见，在电视的辅助下，"伽利略们"就可以在没有危险的情况下获得比宇航员的冒险更好的体验。这正是所谓的"传播革命的核心"——传播革命大致由伽利略生发，却依旧没有达到它的顶峰。传播革命逆转了信息的流动，这就是为什么它被正确地称为"革命"。传播革命看起来是这样的：在革命之前，信息是在私人空间中产生的，以便在公共场合进行展示（公之于众）；那些想要获取信息的人必须将公之于众的信息带到他们的私人房子中，以便在那里储存和处理它们。例如，一个鞋匠在他的工作室中放置了一块带有鞋形的皮革，在市场上展示了以这种方式生产的鞋子，其他人在那里捡起信息（鞋子）并回到家，并一直穿着这双皮鞋，直到鞋被磨损（皮革所包含的皮鞋信息都被磨损）为止。这一过程展示了信息具有走向消逝的一般倾向，也就是具有熵增的倾向。简而言之，信息具有退化为垃圾的倾向。这个例子显示了人们在传播革命之前的生活是什么样子的。例如，当时私人生活与公共生活之间存在分离，一个人通过走出房屋而进入公共领域，即一个人走出自我并向他人展示自己。换句话说，一个人在孤独中创造了信息，并且此时这个人是一个具有创造性的"作家"。

所有这些内容（以及许多其他的内容）都不再适用了，因为信息是通过媒介被传送至私人空间的。如果有人想听音乐，他不需要离开家也可以实现——在家中悠闲地坐着，从收音机中就可以听到优美的演唱会。如果孩子想学习算术，他不必出门上学，在计算机终端上就可以玩算术游戏。具有讽刺意味的是，如今仍然存在着原始的公共空间和政治空间等，奇怪的是，仍然有人为此而发表文章（如这篇文章）。但是，这与当前的信息流，即"时代精神"背道而驰。它已经失去了所有意义,即已经变得"多余"(信息冗余)——当一切都被带回家(进入私人空间),你再走出去(进入公共空间),冒险就是多余的。当"学校"被搬进家里时,当距离因"电视"而被拉近时,为什么要送孩子上学,为什么要冒着让孩子暴露在潜伏的政治陷阱中的危险呢?

我们大多数人(或许我们所有人)都不知道信息革命对生活结构的干预有多深刻,以及它在多大程度上破坏(颠覆)了我们的传统。然而,新的意识范畴却迟迟没有产生。直到现在,一个人走出自我去体验世界,冒着在其中迷失自我的风险;然后返回自身,再找到自己,在这个过程中却又冒着失去世界的风险。这种摆动(Pendeln)被称为"不快乐的意识"(unglückliche Bewußtsein)。此时,这种摆动和由此而来的不快乐的意识已经变得不必要了。基于此,我们是否因此而变得无意识,或者说一种新的意识开始从传播革命中出现了呢?现实的范畴又是否会在传播革命的锤击下崩溃成尘土呢?到目前为止,我们在通往死亡的路上所遇到的确实是阻碍我们前进的东西和我们必须清除的东西,因为只有扫除这些障碍,我们才能取得新的进展。真正阻碍我们的是实际存在并与我们相对而立之物,是具有问题的东西。现在我们不再需要离开(走向死亡),而是让死亡降临于我们身边,即它被送到房子里来①。因此,没有什么能再与我们相对而立了,但一切东西却存在于每一个瞬间②。换句话说,一切事物都具有了现在性,而且我们也不必与任何东西相对而立了③。据此,我们是否丧失了现实感,或者说我们是否学会了与另一种现实④共存呢?

选择这两个例子是为了说明逆转信息流,使遥远的距离更加接近

---

① 这里指"tele-"赋予的拉近功能。——译者注
② 即具有遍在性。——译者注
③ 即与传统的面对面传播相区别。——译者注
④ 即与此在的现实相对的虚拟现实。——译者注

所暗示的含义。换句话说，选择这两个事例就是为了展示这样的事实，即实际上发挥功能的远距离看、远距离听和远距离感知，正如文字展示的那样，能够使新的人类[①]诞生。但是，这种巨变最迟是从伽利略开始就一直在发生的，我们实际上已经是新人[②]了，哪怕我们对电视感到失望。这可以从我们所说的"远处的（fern）= tele-"中看出。为了看到这一点，人们必须认真思考（远距离地看）在望远镜的意义中及与其相反的意义中（如在显微镜的意义中）所生发的情况。望远镜和显微镜在某种意义上也是一种电视，而且它们具有相反的功能——望远镜和显微镜都是进行远距离观看的工具。为了使事物能够被展示，望远镜将非常遥远且庞大的东西带到近处，显微镜将非常遥远且微小的东西带到近处。为了作进一步的说明（Exkurs），我们需要进入电视被发明之前的灰色时代。

从前，有一片海（所谓的地中海），在这片海的四周包围着土地，而在陆地之外又紧邻着大海。陆地的上方拱起了一片苍穹，上面附着着恒星。在恒星与陆地之间又环绕着太阳、月亮和行星。这一切都非常古老（至少有4000年的历史），而且非常宏大，即使有最好的马，也没有人能指望到达世界的尽头。大约1500年前，神进入了这个悠久与辽阔、古老而伟大的世界，成为人并将我们的罪转嫁到他自己身上。因此，人们可以希望人间如天堂一般。由于天空非常不同，比月亮之下的任何东西都要好得多，所以在天空中，完美的球体围绕着完美的圆旋转。当土地、石头、空气和火这些要素陷入混沌状态时，就会产生不同的现象，如雨点从空中落下，甚至还可能掉落石头。

现在，我尝试对望远镜被发明之后的时代进行说明。借助望远镜，

[①] 新的主体性。——译者注
[②] 新造的人。——译者注

我们可以观察到月亮上存在山脉，太阳上存在斑点。也就是说，望远镜让我们可以观察到很多天上还没有完全被人类了解（征服）的好东西。除此之外，我们还可以认识到行星运动的轨迹（那个圆）是十分复杂的，并且那种圆并非以地球为中心，而是将太阳设定为其旋转的中心。这样一来，我们就能将地球当作材料，制造出一个恒星、一个天体，并艰难地爬到地球之上的天国。在那里，能够对天上的力学和地球的力学保持一致的表达出现了。这种统一的和谐在地球上就如同在天上，它都是一样通用的。具体而言，在牛顿法则的形式中它们是通用的。虽然整体的世界被统一了，成为一个"宇宙"，但遗憾的是，与过去相比，这一宇宙将更加辽阔与悠久。换句话说，虽然望远镜能够将远处之物带到我们的近处，但在望远镜之前，原来人们的所有之物并不遥远。这里展示了这样的一个事实。

现在，我们快速地回顾一下当前的望远镜和显微镜。令人失望的是，我们必须认识到，世界不是一个宇宙，而是三个重叠的宇宙。同时，我们应该认识到牛顿力学只是一个特例。通过望远镜，我们看到了一个由弯曲的场域（一个可能性的领域）组成的宇宙，其中的可能性得到了越来越均匀的分布。通过显微镜，我们看到了一个量化的静止概率波（将物理的量分割成量子）所形成的宇宙。大世界以数十亿光年为单位，小世界以几分之一纳秒为单位。我们在这个三明治的中间，使用着我们的厘米和分钟。这就是电视发挥作用的地方，我们对此感到失望。毫无疑问，我们与生活在电视发明之前的人是非常不同的。

导致这种根本性变化的是距离的概念。当时，在地中海时代，"遥远"的意思是遥不可及，但仍在人的维度内——人是万物的尺度。目前，在光年和微秒的时代，"遥远"则超越了人类的维度。不过，在"tele-"的帮助下，意味着人们能够到达"遥远的地方"。由此，人不再是万物的尺度，人类不再适合于事物。在地中海时代，虽然具有局限性，但人类尚存谈论神圣（理想的）世界的可能性。换句话说，彼时的世界虽然看起来有点惨淡，但人类却能渴望被救赎。不同的是，现在的世界没有希望了，世界的救赎之路已经消失，也许除了彼此，我们在那里没有找到任何其他东西。一旦说到这里，我们就能够认识到自己为什么会对电视感到失望。

当我们听到"遥看"这个词语时，如果我们想到的不是望远镜而是电话，我们就会认为自己正在处理一种装置，它作出的贡献在于将远距离的他人变成了我们的邻居。然而，从这个角度出发，当我们再次审视电视的显示器时，我们就会产生将这个装置扔出窗外的想法。随后我们会反思，电视是真的连接了人类彼此，还是将他们彼此分离。答案是，电视这一装置对人类进行了错误的连接。客厅里的电视与电话不同，它是网络中的一个交叉点，那里会同时发送和接收信息，是光线束散发的终点。电视正如一个终端、一个终点站、一座死亡月台，我们没有任何责任感地坐于电视面前（我们不需要回答），而且除了收信之外我们什么也做不了。如果电视是一个网络（如电话一般），我们能够通过电视认知并认可电视，电视就能将遥远处的人们变成我们的邻居，即我们能够与他们交谈。然而，由于电视是单向度的连接，它切断了生发于其他人（包括邻居）的连接（其实我们被所有人屏蔽了，包括我们的邻居）。借用柏拉图的话来说，我们看到的只是影子。

遗憾的是，当我们谈论影子的时候，影子与上述所言及的正好相反，它们一直存在并令人印象深刻。而且，这些巨大的影子使我们更接近了一个不适合所处世界的距离，即吸引我们注意力的影子将不适合我们生活世界的远处之物带到了我们的近处。在显示器中，对画面本身及其背后的隐藏之物广而告之的图像将我们诱惑至我们无法直接到达的远方（我们知道这个距离与自己并无关联），并且我们也知道那里与我们没有什么关系。由于这些图像与我们在望远镜和显微镜中所看到的事物的图像具有相同的现实状态,所以它们在存在论的意义上具有相同的尊严——这些图像为我们展示了不真实的现实。然而,最具有决定性的差异在于,望远镜和显微镜中的图像包含认知,而电视图像包含煽情。换句话说,虽然在所有的远距离观看中,我们都只看到了影子,但在电视中却看到了让我们变傻、给我们增加负担的影子。我们对电视失望,是因为电视进行了错误的连接,是它把让我们变傻并给我们增加负担的影子从远处带到了近处,同时分开了我们与自己的邻居。不过,电视的这种情况是可以被改变的——它(作为装置)具有开关。

从(光)束(Bündel)到网络的转变,从无责任感的终端到具有强责任感的节点(Knoten),以及信道从单向度到多向度的转变正在所谓的"发达国家"中展开,这意味着一种远程信息社会的建构(Errichten einer telematischen Gesellschaft)。这是一个事关金钱和技术的问题,很快我们就会忘记目前令人失望的电视屏幕了。相反,我们蜷缩在可逆的终端前面,所有的人都可以任意地与世界各地的人交换信息并共同创造新信息。因此,与电视被发明前的灰色时代一样,我们能够回归"天上的家"(一个充满天使的社会)吗?答案是否定的,因为事情并不会如此发展。

远程信息社会并非只具有经济性、技术性的先决条件。在这种社会中,前缀"tele-"表示愿意将远处的人变成我们的邻居(在"爱你的邻居"这层意义上)。远程信息社会的前提是人们向他人开放,以便被他人识别和认可。远程信息社会中的电视并不意味着我们应该相互交换图像,以从中创建新图像,重要的是,这些新产生的图像是我们相互认可的结果。然而,以这种方式来看,更像是远程信息社会完全超出了我们的能力范围。我们希望更接近一切,除了烦人的、遥远的其他人。这也解释了为什么电视以目前这种方式被打开,即保护我们免受其他人的伤害(将我们从他人那里进行分离)。

但是，请大家记住，"远程信息的"（telematisch）一词包含由"自动化的"（automatisch）而来的"自然而然的"（matisch）含义。换句话说，这个词语意味着所有的劳动都是自动生产，即从劳动中解放人类的双手并使其闲置。"远程信息"（Telematik）意味着双手从劳动中被解放出来，人们可以互相伸出双手，从而将远方之物拉近到自己身边。如果有人以这种方式表述上面的问题，那么犹太教-基督教的事业（邻里之爱，爱你的邻居）突然就变得不那么乌托邦了。在这种情况下，无事可做的双手百无聊赖地晃来晃去，但它又不能再抓住任何东西——此时已经没有任何东西适合它了。在这种情况下，双手可能别无选择，只能左手抓住右手。这是基于无聊和毫无根据的绝望而作出的施舍吗？这听起来并不是很令人兴奋，但这就是我们制作"远程信息社会"装置的原因——为了解救无聊的、不稳定的人。当然，他们也可以通过后门进入犹太-基督教。

（1991 年）

10. 黎巴嫩与视频：
社会共识的呈现①

这篇文章与黎巴嫩战争②有关。由于它离我们不算久远，所以能使我们理解其意义——这场战争基本上是用录像带记录下来的。这是十分重要的，因为这让我们有机会了解视频③对我们未来世界观的影响，以及对我们未来生活方式的影响。

毫无疑问，视频是未来具有直接效果的传播手段。录像带和盒式磁带开始在市场中变得普遍，录像装置和播放工具的价格也更为低廉。视频的持续发展昭示着它将逐渐取代书籍，而不仅仅只是占据原本属于电影院、剧院、音乐厅和体育场馆的位置（份额）。连接到有线电视和卫星之后，视频将成为更多可用信息的来源。同时，视频将与视听电话结合，成为对话交流的重要手段。理解视频符号将变得与理解数字或字母符号一样重要。目前，我们在与视频有关的事情中成了"文盲"。

视频是"技术图像"的一种类型，是由技术装置产生的图像。技术

---

① 本文原标题为《黎巴嫩与视频》(Der Libanon und das Video)，副标题为译者根据文章内容补充。——译者注
② 第五次中东战争，又称黎巴嫩战争，爆发于1982年6月6日。——译者注
③ 此文写于20世纪80年代初期，录像视频是当时的一种新视频载体，在翻译时简称为视频。——译者注

图像与传统图像的区别在于：传统图像是通过象征的中介来表现世界的结果；由于光学、化学和机械过程，我们要描绘的世界会自动从技术图像中浮现出来。因此，人们通过眼睛可以看到的技术图像似乎不是象征性的——它似乎是客观的。我们可以对技术图像信息的真实性抱有信心。这就是我们正在经历的文化（传播）革命的一个原因，而且技术图像取代了文本（文本显然不那么可信了）。

然而，对技术图像的分析表明，它们的客观性具有欺骗性。伴随着这些图像的产生，一个复杂的符号编码过程也产生了。这既归功于装置的构造，也归功于它们的运作方式。技术图像也是象征性的，人们必须破译（解码）才能正确地理解其中的信息。然而，鉴于技术图像看似具有客观性，收信者会认为自己摆脱了解码的负担（仿佛无需解码就可以了解技术图像）。因此，可以说技术图像在结构上具有欺骗性，这些图像中的程序化的世界也是一个具有欺骗性的世界。

现在，视频成为一种特殊的技术图像。与电影类似，它是一种运动中的图像，但二者在本质上是非常不同的。电影是一系列照片，旨在创造运动的视觉错觉（科学性错觉）。然而，视频是点的相互作用。这些点的闪烁可以使人们产生运动的错觉。这是两种不同的世界：电影是赫拉克利特意义上的流动的世界，视频是德谟克利特意义上的原子的世界。这种差异虽然深刻，但并不是决定性的。

电影是为了人们未来的观览，是对被描写的场景进行表达，以供未来的人们观看。观看电影的人看到的是过去，即"历史主义"。视频虽然能够做同样的事情，但它也可以做其他事情。视频图像的运动也可以与其所描绘的运动同时进行。但是，任何看过视频的人也都可以看到现在，就像照镜子一样。这是两者间关键性的差异：大多数技术图像由于其涉及的数字较多，所以是一种描写，但视频是一面镜子。

由于多种原因，这是一面奇妙的镜子，是一种不会左右倒置的镜子。这面镜子不是从观察者的角度展示世界,而是从拿着相机的人的角度来展示世界——一个人能够从别人的角度看到自己。但是,最重要的是,这是一种带有记忆(内存)的镜子,是一面能够储存摄影师观点的镜子。这种观点转瞬即逝,却又具有永恒的属性。记忆是可以被操纵的。例如,记忆犹如书籍,人们可以翻页,以此回到已经看过的图像那里;人们也可以向后翻页,以看到未来的内容(图像);我们还可以暂时停留在某一页上,从而安静地阅读。当然,也有其他的操作方式,并且其中含有一些至今尚未被我们发现的操作方法。例如,我们可以将新的记录设置叠加(覆盖)在已有记录的设置上,也可以删除录入的设置,并将其替换为其他设置——就像人们在黑板上所做的一样。人们可以像收发信件一样通过邮寄的方式寄送录制好的磁带,并接收记录在同一盘磁带上的答复。人们可以让视频代替人类,它可以在人类不在的时候观察世界,并记录它眼中的世界。于是,人类可以把视频变成一个强大的间谍。它可以被隐藏起来,用以观察路的另一边发生了什么,并记录所看到的一切。人们还可以用视频来查看其他自己无法进入的地方,视频甚至可以显示和记录人在吃饭时胃里发生的事情。视频是一面超越所有镜子神话的镜子。如果人们补充说,视频发出的阴极光是唯一一种既不直接、也不间接地来自太阳的阴极光,我们就应该明白,一个恶魔般的小工具即将渗入我们的世界。

我们在上文讨论"镜子"的目的是对视频进行反映和思辨。就视频的本质而言,它是一种思辨性的想象的工具。当然,它也可以用于描写性(反映)的想象,就好像它是一张照片或一部电影一样。但是,这只是视频的一个额外用途。最重要的是,我们第一次拥有了允许非话语性思辨的工具。当然,思辨和反映的想象(哲学和艺术)相互吸引,视频就是证明。此时,哲学第一次可以脱离文本、脱离文字、脱离概念。而且从现在开始,人们能够操纵图像,在视频概念的确切意义之中进行想象。然而,哲学的这种分离的结果虽然是不可预测的,但黎巴嫩战争展示了其中的某些结果。

视频是谎言的一面镜子,它客观地呈现自己,否认其图片的象征性,就好像人们没有必要去解读它们一般。任何参加视频活动的人都可以反驳这一说法。视频的监视器不会像科学的观点那样从遥远的"超验"观察者的角度反映世界。从这个术语的科学意义上讲,监视器不是客观的,但它也不是"意识形态的"。监视器不能从一个沉浸在世界中的观察者的唯一角度来反映世界,但观察者相信监视器的观点就是"真理"。监视器从参加活动的人的各个角度反映了世界,人们争先传递着相机,因为谁拿着相机,谁就可以根据其他参与者的意愿改变视角。这是对世界范围内的共识的反映。监视器再现的设置既不是客观的,也不是主观的,而是主体间性的。

视频的图像是共识的结果,是社会性思辨的结果。视频对世界的反映是基于共同体并为了共同体而作出的。任何想要解读视频图像信息的人都必须发现携带这些图像的共识。黎巴嫩战争的录像带允许这种解读,支持它的共识是反犹太主义。这些图像是各种观点的结果,即左翼、右翼、阿拉伯、美国、基督教、伊斯兰教等立场的结果。所有这些立场都由反犹太主义的共识协调,而不是基于深思熟虑的决定。换句话说,录制和播放这些图像的团队在没有怀疑这些信息的情况下就作出了决断。这种共识是自发的,并且完全被图像明显且完美的客观性掩盖了。

当我们看到黎巴嫩战争的录像带时,我们看到的是某些事件的集体反映。这些图像反映了具体事件的某些方面,并忽略了其他方面。这并不奇怪,因为具体事件的特点恰恰在于它是取之不尽用之不竭的。还有一件事是相当令人惊讶的,那就是与黎巴嫩战争有关的录像带中的图像反映出一种世界范围内的反犹太主义态度。这不是用文字和概念表达的反犹太主义,即它不是话语的反犹太主义。正是深刻的反犹太主义产生了对世界的特定态度,而观察者往往并不知情。因此,我们现在第一次可以在电视屏幕上(通过图像)观察到这样的见解,也第一次可以在图像中看到我们社会的共识。这就是黎巴嫩战争的意义,它为我们提供了对未来的展望。

(1982—1983 年)

11. 明科夫的镜子：
一个辩证法问题[①]

在众多工具中，镜子占据着非常特殊的位置，以至于人们有理由犹豫是否要将其称为"工具"。一方面，工具通常服务于改变世界的目的，所以它们具有伦理性和政治属性；另一方面，镜子服务于自我观察和自我认识，具有反映性、思辨性和认识论属性。工具将人们的目光引至全世界，镜子则将目光转向内部。同时，通过这种转换，镜子能使一个人离开自身而进入镜子之中，并以这种方式从外部对自身进行观察。镜子存在于我们身外，其作用在于使自我陌生化，甚至是变疯，"妄想的""虚幻的""虚假的"都是它固有的属性。然而，重要的问题在于，这些词语的最强烈的意义是客观的。在镜子中，主体物化自己（将主体客观化），从而使客体来到自己身边，以便于再次回归自身。因此，镜子是一种辩证的工具，它为了克服陌生化而使自身陌生化，为了克服地位（位置）而进行否定。以这种客观化的虚假克服虚假的行为被称为"艺术"。作为克服幻觉的幻觉之镜，它是具有艺术性原理的工具，也是具有美学

[①] 本文原标题为《明科夫的镜子》(Minkoffs Spiegel)，副标题为译者根据文章内容补充。作者在这里参考了明科夫(Gérald Minkoff，瑞士录像视频领域的前卫艺术家)在瑞士洛桑州立美术馆的展览。——译者注

性的卓越工具。

与镜子同处于一个时代之人的艺术主题是关于艺术的艺术，认知是如何对认知进行认知的过程。这一反映中的反映，反思中的反思是以"镜子的反射"为特征的。此时，我们在反映自身的镜子之中看到了无底的深渊，即我们掉入了无法看到边际的空间，所以产生了眩晕感。镜子带来的这一深渊成为其他工具（技术性发展）将我们引导到顶端之上的崇高顶峰的对象。当然，没有深渊人们也就无法想象顶峰，没有顶峰人们也就无法想象深渊。

人们习惯于按照时代并根据工具的类型（由石头、青铜、铁或塑料制成）对文化史进行分期，所以伦理和政治标准被用来描述这些分期。如果使用认识论和美学的标准描述文化史的分期，它们会是什么样子呢？人们可能会划分出前镜子时代、镜子时代、摄影时代，以及像明科夫的镜子这样的东西，以此对当前正在发生的传播的变革进行讨论。在前镜子时代，艺术和认知的主题指向外部世界；在镜子时代，艺术的主题是人类，认知的主题是自我认知；在摄影时代，艺术的主题是关于艺术的艺术，认知的主题则是知识。当代艺术的主题是关于艺术的艺术，知识将涉及如何识别认知（对认知进行认知）。这种镜像中的镜像，这种反射中的反射，是"镜子获得发展"的特征。人们被一种头晕的感觉袭击，因为在反射镜中，无底的深渊被打开了，我们陷入了无限的还原（reductio adinfinitum）。镜子带来的这一深渊将我们引导至其他工具（技术性发展），对应着那种崇高的顶峰。是的，顶峰在没有深渊时是无法想象的。反之亦然。

为了说明深渊，我将用通俗的术语对明科夫的实验进行描述。这个实验由三面镜子组成，即电视屏幕、摄像机镜头和录像机，它们就像在一个圆圈内发挥功能，如摄像机记录屏幕，屏幕记录摄像机，录像机记录整个过程，屏幕记录录像机的磁带，摄像机的磁带反射在屏幕上等。但是,这个圆圈并没有闭合,因为如果它闭合了,就像虚无会在虚无的虚无之中反射一样。换一种表述,这就像维特根斯坦在虚空中面对着悬挂的镜子一样。对此,我们无法谈论什么,而只能保持沉默。但是,在反射人自身的镜子的开放圆圈中,人可以干预,如将自己纳入其中并有所行动,也可以在圆圈中反映自己的行为和苦恼。人可以在具有等级的深渊中做到这一点,因为一面镜子的深渊会变成第二面镜子的外观,在第三面镜子中变成第二级的深渊。

在这个过程中,人在认识论和美学上的地位是很难被把握的,但人们可以具体地体验。比如,电视画面是空的和白色的,你在镜头中便可以看到空的屏幕(画面),而录像机记录了这一空白;然后你走到屏幕旁边,做一些动作或说些什么;屏幕保持空白,你可以在镜头中看到屏幕和它的空白;录像机会记录此过程,然后将其投射到屏幕上;在镜头中,你可以看到屏幕上的情况及你自己是如何干预它的。如果重复这个过程,你就可以在镜头中看到自己对整个状况的干预。在你的干预下,这一状况会变成"打哈欠的背景"(gahnenden Hintergrund)。对此,我们必须考虑两件事:首先,时间联系转变为空间视角,因为"更早的"变成了"更深刻的";其次,你不会像在古典镜子中那样从正面看到自身,受到来自四面八方的动作的影响,你甚至可能从背面才能看到自己。因此,历时性描写被同时化,而且视角的问题也被克服了。每个现在或将来在场的人都可以进入这个圆圈,而且不仅是现在的世界,这个圆圈甚至可以囊括过去和未来的世界。换句话说,从任何角度来看,人们已经开始掌握明科夫的镜子所蕴含的可能性了。

在试图将明科夫的实验视为过去的发展趋势时,人们认识到明科夫的镜子是电视的辩证式发展,即电视看到了自己。同时,我们可以从非静止的、能够返回且被展开的时间角度来认知电视。作为一种镜像的摄影克服了传统镜像的短暂性,前者通过对后者的扬弃,使认知成为

"永恒"的镜像。如此一来，整个造型艺术就可以被视作摄影的先驱，并被摄影克服。镜子可以被视作人造的水面，即作为独立于自然、服从人类（为人类所使用）并进行反射的工具。明科夫实验的这种谱系提供了一种可能的模型，可以将人类历史理解为世界与人类之间日益扩大、可量化距离的历史。在这个模型的基础上，人们可以建立精彩的人类学和文化批判理论。事实上，这种理论已经被建立起来了，如雅斯贝尔斯①(Karl Theodor Jaspers)的理论，但我们把它们放在了一边。

那么，明科夫的镜子是什么意思呢？如果你把它们理解为一种传统信息，并试图"解读"它们，这对明科夫来说又意味着什么呢？答案是它们几乎没有意义，因为除了明科夫及其同事们做出的毫无意义的姿态之外，我们什么也没看到。如果换一种善意的表达，也可以说我们看到的仿佛是成人扮演出的幼稚与无辜（这就意味着，当我们主张一个倾向时，这个倾向就仍处于不成熟的阶段）。但是，如果将明科夫的镜子视为未来信息的渠道，我们就要想象利用这些镜子可以说些什么。基于此，我们确实会具体地体验到克服危机的可能性（不仅是所谓的"艺术"危机），而且总体来说，我们会发现自身所处的危机及其所有难以理解的维度。"造型艺术"有机会打破物质的僵化（使其成为作品），同时克服电影和电视的肤浅（表象），从而使空间和时间在创意中为项目服务。

然而，新的表达方式的发展不仅限于"造型艺术"，而是适用于所有

---

① 卡尔·雅斯贝尔斯是德国存在主义哲学家、神学家、精神病学家。他主要探讨内在自我的现象学描述及自我分析与自我考察等问题。基于此，他强调每个人存在的独特性和自由性。在著作《历史的起源与目标》（1949年）中，他提出了一个著名命题——"轴心时代"；在著作《什么是教育》中，他从"自由、生成、超越"的存在主义哲学基础出发，指出教育是人的灵魂的教育，教育即生成，教育的使命在于使人成为"全人"。基于上述观点，他提倡文化教育，鼓励必要的教育和交往气氛，强调师生间的平等和尊重，推崇苏格拉底式的教育方式，号召制定有限的教育计划和完善的教育内容等。——译者注

的文化表达。例如，以前可以被线性思考却无法想象的科学陈述变得可以被想象了。这不仅意味着科学与非科学之间的(一部分)壁垒被打破了，还意味着科学本身使人类思考的结构发生了变化。例如，人们可以想象，如果这些镜子被用于教学，它们将如何在结构上改变我们的文化教育形式。这将导致我们所有的文化元素①(Kultureme)发生改变，包括伦理和政治价值观。例如，迄今为止消费主义与媒介的纯粹的关系会转变为一种积极的态度。这可能意味着大众文化的剧变，所以消费者根据大众文化进行了自动的程序化。反过来，这也意味着"民主主义"的含义完全从大众共识转向对话性集体。例如，这些镜子可以导致哲学和意识形态思维的革命，所以人们可以在概念和图像两个维度中进行哲学行动。也许这是克服"哲学之死"的一种方式。我们可以发挥自己的想象力，试着举例说明这些镜子可能具有的其他使用方法。其中的魅力恰恰在于，与其说镜子的含义取决于明科夫，不如说取决于我们。明科夫不仅提出了一个项目(这个词尽管看起来很新奇，但已经过时了)，还邀请我们在他的镜子实验中表明立场。

根据明科夫的辩证目的，艺术家成为时代精神的表达。换句话说，明科夫对时代精神进行了表达，并为了克服它而否定了它。当我们谈论"先锋派"时，可能意味着我们自己就是先锋派。基于此，明科夫无疑是一位先锋艺术家。然而，矛盾的是，当前的时代精神质疑艺术本身，并即将克服它，正如时代精神本身在辩证法的思辨过程中被辩证地克服那样。但是，如果从这个悖论出发，明科夫就不再是艺术家了，因为他所做的超出了传统范畴中的"艺术"。如果你想从过去的范畴中了解明科夫，你就必须将他与古腾堡这样的人进行比较，因为对于古腾堡来

---

① 文化元素即文化分子。弗卢塞尔认为，人类传播的核心问题是将储存于一代人记忆中的信息中继到下一代人记忆中的过程。从意义的角度来看传播的内容指向文化分子，而从结构的角度来看，则指向传播分子。——译者注

说,有趣的不是他印刷的《圣经》,而是印刷行动本身。明科夫和其他在相同或相似方向上工作的人并不是想告诉我们任何事情,他们只是给我们提供了一种表达立场的方法。他们通过大众媒介反驳了那些愚蠢的言论(这些言论有可能通过大众媒介淹没我们),让我们有机会赋予言论和一般生活以意义。

(1973 年)

12. 录像视频探究：
发现隐藏的可能性[①]

博里（Bory）、福雷斯特（Forest）、胡贝尔（Huber）、珍妮特（Jeannet）、卢布林（Lublin）、拉巴斯考尔（Rabascall）和索斯诺（Sosno）为了对录像视频内载的可能性提供有用的信息，以录像视频的方式对阿讷马斯（Annemasse）的公众介绍了他们工作涉及的几个层面。公众的反映一点都不令人吃惊（可谓一种经典的反映模式），他们对所有的新生事物和具有生动感的关注进行抵抗。如果"艺术"一词没有干扰性，那么展示者与信息接收者之间的关系毫无疑问是可以更加简单的。其中，动画是更具有效果的艺术形式，视频录像是更容易被理解的艺术形式。然而，令人遗憾的是，艺术概念的众所周知的含义将所谓的视频录像现象掩盖了，而且（不太必要地）吸引了公众大部分的注意力。我认为，如果研究者的目的是鼓励人们使用录像带进行发言和交流，就必须避免在今后的活动中使用"艺术"这一术语。

这无疑是一个重要目标。作为一种表达手段，视频不同于任何其

[①] 本文原标题为《录像视频探究》（Das Video erforschen），副标题为译者根据文章内容补充。——译者注

他（来自图像的或三维的）媒介的"想象力"，所以它允许全新的表达形式。它比绘画和素描"更具有客观性"，因为它更直接地反映了物体；它比摄影"更具有话语性"，因为其中的照片没有被切入个人环境；它比电影"更具有直接性"，因为它可以立即放映。作为一种传播手段，视频与所有其他"富有想象力"的媒介完全不同，因为其他所有的图像媒介都不允许从媒介收信者的层面介入。由此可见，录像视频表现出对对话的欢迎。

录像视频所具有的话语的客观性和对话的开放性这两个特点，对于我们的处境来说是被低估的。仅从大众媒介阻止我们看到事物和人的方面来看，录像视频迫使我们从各个方面看待事物和人。技术的进步通过小广告屏幕将我们与邻居分开的时候，录像视频邀请我们在对方眼中认出自己并承认他人。因此，视频是一种对抗大众媒介的大众媒介，也是对抗小广告屏幕的广告屏幕。这是我们可以依靠的为数不多的一个东西，以保护自己免受来自四面八方的威胁，但这也使我们变得陌生化（Verfremdung）和孤独。

要发现上述事实并不容易，就像裹挟我们的一切事物一样，视频被我们的偏见掩盖了。我们看不到视频（的本质）是什么，因为我们把它视作一种绘画/摄影或电视/电影。要想认清并使用视频就必须消除这些偏见，但偏见不能被反思摧毁，只有实践才能发现事物的本质。我们只知道自己正在做什么，而要想知道视频是什么，我们就必须作出努力。我们已经处于臭名昭著的恶性循环中了。黑格尔在一个略有不同的背景下将这种循环定义为"不快乐的意识"①，即要了解视频，你就必须学习使用（handhaben）它，而要学习使用它，你就必须了解它。发生在阿讷马斯的事件正是为了打破这个恶性循环，从而结束这场灾难。

---

① 当我走向世界时，我迷失了自己；当我回到家寻找自己时，我失去了世界。——译者注

试图学习使用视频的尝试旨在发现其隐藏的可能性,这是一种"寻求"。这种视频是一项技术发明,它的发明者一定设想了一种特定的应用。按道理讲,视频一定对某些东西有好处,但它的创作者并不了解他们所创造之物的许多方面。这很奇怪,因为视频好像最终更适用于其发明者不想要的应用程序。书籍也是有自己的命运的(Habent fata libelli)——人类的产品有自己的命运。例如,福雷斯特发现视频是对世界观点的不断寻求,卢布林发现视频是针对对话的不断挑衅,珍妮特发现视频是对偏见的不断挑战(剥夺基础)。这是世界上所有产品的特点,而我们掌握它们的前提是必须发现其背后隐藏的可能性。否则,产品将控制我们。如果我们没有发现一辆车不仅可以用于休憩(睡觉)、温暖你的双手、在高速公路上行驶,甚至对阿联酋的经济有好处,那么汽车将主导我们。但是,对于视频而言,这一点更为重要。如果我们没有发现它有利于将人们从大众媒介和技术的极权主义压力中解放出来,即从未来的技术官僚主义中解放出来,那么它也将成为压迫我们的一种方式。视频的研究者们是真正的寻求者,他们寻求自由,但这很可能违背了视频工具创作者的意图。这会演变成一场文化传播的大革命吗?

综上,发生于阿讷马斯的事件是具有重要性的——它是要求解放人类的事件。这就要求我们必须对其作出判断(将视频作为对象展开研究),并将此作为一种意志,不能让视频实现对人类的控制。在我看来,如果我们想防止不久后即将出现的客体的暴政,包括预先被制造出来且刻板化的想象,我们就需要在这个方向进行大量的研究——我们需要更多的"阿讷马斯"。

(1975 年)

13. 技术图像时代的政治：
后历史时代的魔术[①]

1989年发生的罗马尼亚革命本身是很耐人寻味的，但本文的主题将专门讨论一个更有趣的问题，即电视在革命过程中所起的作用能够帮助我们预测将来的新政治范畴吗？摆在人们面前可供思考的假设如下。最初，照片等技术图像被用来"记录"政治事件，这意味着它们记录了这些事件的某些方面以供后人考虑。第二次世界大战后，越来越多的政治事件是通过电影或电视等技术图像捕捉的，这意味着这些图像具有政治目的。现在，罗马尼亚革命表明电视图像可以引发政治事件，这反过来意味着这些图像成为政治行动的动力。这里提出的假设挑战了我们的传统政治范畴。事实上，问题在于"政治"概念本身是否仍适用于图像作为支配性传播符号而发挥作用的情况。

图像是一种非常古老的符号，它至少与人类这一种族具有同样悠久的历史，甚至可能更古老。然而，我们此处不再考察前历史性的、前政治性的图像，因为它们在以场景为背景的世界中，为图像接收者提供

[①] 本文原标题为《技术图像时代的政治》（Das Politische im Zeitalter der technischen Bilder），副标题为译者根据文章内容补充。——译者注

了一种指导。例如,拉斯科的洞穴壁画应该展示古人如何狩猎。此处,重要的是我们要注意这些图像所具有的魔术性结构:它们意味着场景,而不是事件;它们意味着突发性事件,而不是过程。从这种激进的意义上讲,它们是前历史性的,几千年来它们都良好地运作着——关于人们能否过上好日子,历史和政治并不是必要的条件。

然而,这些图像的内部辩证法最终使它们变得有些无用。这种内在的辩证法是每个中介的特征——它们没有展示世界,而是隐藏了这个世界。同时,碰巧这些图像的接收者利用他们对世界的经验在想象的世界中定位自己,而不是利用他们对图像的经验来定位世界。这种"图像—现实"关系的逆转使人们能够生活在图像的功能中,这就是先知们所说的"偶像崇拜"和现代哲学所说的"异化"。我们一定要注意这一点,因为在罗马尼亚革命期间,电视图像可能已经恢复了其魔术性的前历史功能。

为了消解图像的这种陌生化的魔术性功能,人类发明了线性文本——文本的行解释了图像的表面。通过对图像的描述,文本允许信息接收者重新发现想象世界所指示的现实。随着线性文本的发明,实际的故事(历史)诞生了。文本的行卷起了魔术性表面,它们将场景转化为线性事件,从而创造了线性的、指示方向的、历史性的时间。

这种将表面重新符号化为线条的行为从根本上改变了人类存在的氛围,因为生命不再是永恒回归的循环,而变成一系列不可逆转的瞬间,需要戏剧性的决断。于是,政治意识诞生了。在这里,我们有必要强调并理解这种意识在其结构上是反图像的,因为它是反魔术性的。

现在,尽管政治意识在结构上是基于线性文本的,但它也取决于特定的传播结构,即所谓的"话语"。其中,人们可以区分信息的发送者和接收者。简单来说,文本是在私下完成然后公开发表的信息,接收者可以在公共场所访问(接收)这些信息。通过这种方式,这一特定的传播结构建立了产生信息的私人空间和接收这些信息的公共空间,还建立了一种非常具体的节奏——人们离开私人领域①进入公共空间②(如集市、论坛)以获得公开发布的信息,并在回家后储存和处理这些信息。这就是政治生活,并且这就是黑格尔所说的"不快乐的意识"——当我走向世界时,我迷失了自己;当我回到家寻找自己时,我失去了世界。因此,政治意识是反图像的(反具象的),而且是极其不幸的。

不过,政治意识从来都不是通过图像和魔术而受到挑战的。当文本开始解释,开始对图像进行说明时,图像穿透文本作出了图解。文本以事件的方式被展开时,图像将文本再次凝结为事件,所以意识变成历史性和魔术性之间的战场。正是这种悲剧性的内在张力,导致基督教和异教之间的冲突形式在中世纪出现。同时,随着现代科学的出现,这种紧张变得更加暴力了。

科学诞生于私人性的空间(如实验室),随后公开于公共性的空间。因此,科学是与魔术激进地对峙的圆形剧场型话语③,科学性的话语发展越快,科学的意义也就越变得越来越无法被想象。在这种特殊的意义上,科学是最纯粹的政治意识。这一意识从强加的条件(固有意义)中被真正地解放出来,在技术应用的情况下变成使美好生活成为可能的方法。虽然科学告诉我们现实已经变得越来越难以想象(尽管完全可以理解)了,但很少有人能忍受它。很少有人能生活在理性的公共光芒中,并在没有私人性魔术的帮助下生活。这仿佛是被魔术渗透的图

---

① 这里是指私人的房子(oikai,希腊语),与它有关的另一个词语为"私人的秩序"(oikonomia,希腊语),是经济(economy)一词的词源。——译者注
② 这里指阿戈拉(agora,希腊语),即露天集市,具有场所性,是城市的中心。——译者注
③ 指圆形剧场型话语结构中的话语。该结构的代表是报纸、电视、横幅标语等大众传播媒介,包括更为典型的马戏表演和罗马的圆形竞技场。从本质上看,构成圆形剧场型话语结构的三要素为送信者、信道和收信者。树状话语结构(如科学)具有封闭性和专业化的特征,但它们已经在圆形剧场型话语结构中被克服了,因为大众媒介等使用的是更具有普遍性的简易符号。——译者注

像提供的。这就是技术图像(以摄影为开始,包括电影、录像视频、电视和计算机显示器等)被发明的理由。

这些图像是科学和技术话语的产物。从这个意义上说,它们是政治产品,是公共空间的产物。但是,它们也具有一些激进的反政治的成分。它们不仅是二维平面(像所有图像一样)。这种平面会指示事件,而非使事件通过。与以前的所有图像不同,它们还破坏了所有的公共空间。这些图像使传统的传播结构解体,并建构了我们通常所谓的"传播革命"。在过去,信息在公共场所被公布,人们不得不离开家才能到达那里,如上学、听音乐会、听讲座和逛超市。在过去,人们"参与政治",无论他们是否愿意;在今天,信息直接从一个私人空间转移到另一个私人空间——人们必须待在家里才能观看电视,根据程序化的课程进行学习,通过迷你网①(Minitel)或类似的辅助手段甚至在家中就能购买商品。人们变得"去政治化"(politisch desengagiert),因为公共空间、论坛变得毫无用处了。从这个意义上说,有人声称"政治已死",从而使历史迈入后历史。在那里,什么都没有获得进展,但一切都发生了。

如今,科学和政治意识与现在所谓的"媒介"之间的斗争比这里所暗示的要复杂得多。在一开始(19世纪中叶),科学和政治似乎正在将这种新型图像用于自己的目的,而它的诞生正是基于这种情况。照片用于将事件转码(符号化)为场景,使记忆可以访问这些事件,以供将来使用。即使如此,这也只是一种简化,因为照片已经被理解为一种艺术形式了。因此,新的图像开始模糊科学、政治与艺术的差异。照片是服务于政治的科学产品,应该是艺术性的科学产品。这种模糊的差异是导致初步去政治化倾向的一个重要因素。19世纪的观察者可能会认为

---

① 迷你网(Minitel)是早于互联网的一种国家网络,于1982年由法国自行建立(法国政府为它提供资金支持),后于2012年6月30日退出历史舞台。——译者注

技术图像(尽管它们不需要公共空间来接收信息)仍然有助于加强政治意识,如报纸上的插图和类似的文本形式。

尽管如此,细心的观察家也对这些图像的状态表示了怀疑。当我在看一张关于政治事件的照片时,我不认为它是因果过程的一部分,它只是一个特定的场景。如此一来,我的政治意识就被蒙上了阴影。当然,我也可以阅读照片旁附加的文字,从而重新获得政治性的、批判性的理解。但事实是,图像的存在性比文本的存在性更强,所以我不是借助文本来理解照片,而是反过来用照片对文本进行了想象。基于这一过程,我便失去了政治意识。

在20世纪上半叶,政治家们开始使用这种想象的力量来战胜概念,即用魔术的力量战胜历史。随着时间的流逝,历史性的事件开始被操纵。同时,根据这些政治家的利益关系,能够引起收信者魔术性态度的图像被创造了出来。例如,如果没有照片和电影(的这种使用方式),法西斯主义是不可能存在的。

随着新图像在技术上变得更加完美,它们更为普遍地被用于反政治目的的用途。例如,我们可以说导致登月或抢劫行为出现的主要原因是电视转播,它们在图像接收者中引起了某种行动。可以说,这是历史终结的开始,即历史不再是事件的线性序列,现已成为图像生产的输入。事件的发展进程日益加速,因为它们将自己投往图像的方向,而这些图像会赋予它们反历史的、魔术性的意义。我们天真地将其称为"媒介力量",尤其是电视的力量。之所以说我们天真,是因为这些图像仍然为政治服务,尽管这种政治不再是传统意义上的政治。

目前,我们聚集在这里,试图了解罗马尼亚革命期间发生的事情。如果我在这里提出的考虑是正确的,那就可以说媒介已经掌权了,即不再是政客将这些图像用于自己的非政治目的(触发接收者的魔术性行动),而是图像生产者开始利用图像操纵人们的行动。如果这是一个事实(奇怪的是我们无法知道它是否为事实),我们确实就可以说它是"媒介的力量"。然而,这就引出了一系列我们暂时无法回答的问题。例如,图像制作者既然在政治之外实践,那他能够追求什么政治目的呢?他是否利用照片接收者的行动制作新的图像,从而成为后历史情境中的艺术倒塌的一种形式呢?此外,还有一个问题,即罗马尼亚革命是通过技术上不成熟的电视进行的,如果美国电视启动类似的过程,又将发生什么呢?这是否意味着我们所知道的政治决策的终结?换句话说,罗马尼亚革命是否应该被视为未来传播结构震动(Erdbeben)的典型事件?事实上,这使罗马尼亚革命成为 20 世纪末的重大事件,它迎来了等待我们的新千年。

为了使这一假设更加戏剧化,此处也假设我们不知道真正发生了什么,因为所谓的"真实"一词在图像的上下文中毫无意义。在画面中,想象取代了真实——我们没有必要问马在拉斯科壁画上的呈现是否为真实的,因为这没有意义。同样,问电视画面中的蒂米什瓦拉①(Temesvar)的尸体是虚构的还是真实的也是没有意义的。当图像占据主导地位时,每个本体论的问题都变成了一个虚假的问题。具体事实是图像中的内容,其他的一切都变成了形而上学,包括我们提出的有关罗马尼亚革命的政治问题,它可能已经是形而上学的了。我们只能知道我们在电视上看到了什么。这是对前历史魔术性的回归吗?答案是否定的,因为电视是科学和政治理性的产物。如果这个假设是正确的,那么我们就不是在练习前历史的魔术,而是在练习后历史的魔术。

(1990 年)

---

① 罗马尼亚西部平原最大的城市和经济、文化中心。——译者注

14. 没有图像的伊斯兰：一种后历史的视角①

所有的现象都被无数的观点包围，就像苍蝇围着秃鹫的腐肉。但是，并非所有观点都同样富有成效。就伊拉克战争这一现象而言，有四种主要的观点值得我们考察。

第一种观点是"历史决定论"（historizistisch）的。工业化国家（尤其是俄罗斯、法国和德国）集中了大量的武器来确保其从一个石油饱和的国家进口石油。正如预期的那样，有人威胁要使用这些武器来勒索工业化国家，还会使用意识形态和黎凡特②（Levante）的诡计。我们必须及时防止这种危险，尽可能地减少损失。

第二种观点是"地区主义"（lokal）的。自奥斯曼帝国崩溃以来，近东、中东地区已经瓦解成一系列的（人为的）统一国家，这或多或少地受到了英国和法国的影响，如黎巴嫩、叙利亚、巴勒斯坦、约旦和伊拉克。此外，在灭绝营和伊斯兰反犹太主义的压力下，违背法国和英国（以及

---

① 本文原标题为《没有图像的伊斯兰》（Bilderloser Islam），副标题为译者根据文章内容补充。——译者注
② 黎凡特源于拉丁语"Levare"（升起），指日出之地。它是一个不精确的历史上的地理名称，相当于现代所说的东地中海地区。——译者注

当地居民)的意愿,一个小的犹太国家就建立在那里。早些时候(在土耳其人之前),整个地区都在阿拉伯的统治之下,并以巴格达作为首都。战争是恢复这种局面的注定要失败的企图。

第三种观点是"存在主义"(existentielle)的。巨大的机器和装置压碎了人们藏身的结构(如对以色列发射火箭弹),无论它是故意的,还是出于不可避免的副作用(如对伊拉克投掷炸弹)。

第四种观点是"媒介立场"(mediale)的。这是本文的主题,但必须在简要提及其他三个观点之后才能展开阐述。

人们可以天真地相信(有些人确实相信)媒介根本不具有立场,而是从现象本身内部辐射,以使广泛的接收者能够采纳其观点。如果你有一台相机,你就知道不站出去便不能拍摄任何东西。由此,我们可以得出结论,诸如相机之类的媒介从一个视角跳到另一个视角,并为信息的接收者提供一系列观点。就伊拉克战争而言,媒体服务于"历史决定论""地区主义""存在主义"和其他在这里没有向接收者提及的观点。然而,仔细观察我们就会发现,媒介有自己的利益,所以也有自己的观点。媒介从中处理这一现象和所有其他观点,即媒介占据了一种元观点①(Metastandpunkt)。由于元观点实际上包含所有观点,所以在一开始就必须了解关于伊拉克战争的三个最富成效的观点。

媒介和所有自动装置的兴趣是自我保护(它们的兴趣还可能会增加)。所有装置的输出只是表面上的目的,这实际上是一种通过反馈来维护自己的手段。例如,护照的交付不是护照签发机构的目的,而是护照签发机构为了维护自身的一种手段,即护照起着权威的作用(在护照的功能之内发挥作用)。同样,媒介的广播不是媒体的目的,但广播的目的是保护媒介(这只是意味着"自动运行")。电子媒介的广播由图像

---

① 是指元立场,立场的立场。——译者注

组成，图像通常满是文字、其他声音和字母。因此，媒介占据的元观点是记录现象和所有其他观点，从而利用丰富的声音和图形图像，便于收信者接收并使用。

伊拉克战争的历史主义立场对媒体来说没有效果，原因有两个。首先，从这个角度来看，人们可以很好地预见战争的结果，所以它缺乏像侦探小说或益智游戏那样的惊心动魄的紧张感，而这可以培养一批忠实的观众(参与者)。其次，从这个角度来看，人们只看到机器和机器的操作者(在这种情况下通常是职业军人)，而经验表明这不是有吸引力的图像。从媒介的元角度来看，存在主义的观点实际上是迄今为止最有趣的，因为它将允许传达与痛苦的母亲和血腥的尸体有关的图像。此外，哀鸣的警笛声和世界各地的善意抗议者的崇高愤慨，这些也都是非常有效且相对廉价的电视内容。然而，遗憾的是，在这种情况下，上述传播却无法进行，因为工业化国家可能吸取越南的经验而禁止图像。在实际的生产方面，伊拉克可能是出于伊斯兰教的原因而禁止图像。因此，令这些国家懊恼的是，媒介在很大程度上被迫将地区主义的观点作为自己的观点。

地区主义的观点还指出了一种特殊的困难。首先，它操作"圣战""殉教士""撒旦""屈辱"或"圣地"等范畴进行运作，但只有中世纪的思想鉴赏家才能完全理解上述行为，而且媒介并非异国性概念的好的中介。其次，从长远来看，这种观点下的图像(特别是关于被挥舞的巨大旗帜和高喊着仇恨言论的人群)是多余的，人们更喜欢重金属摇滚乐(heavy metal)来让他们的神经得到刺激。最后，地方主义的主题，即重建伊斯兰世界[乌玛①(Ummah)，阿拉伯半岛统一国家的伊斯兰教]对

---

① 乌玛是阿拉伯语的音译，本意为民族。从历史上看，乌玛是穆斯林最早的政教合一的政权。——译者注

于欧洲的接收者来说太牵强了,因为只有人们用反美主义和反犹太主义等古老的欧洲主题来填充它时,才会引起人们的兴趣。媒介正在尽最大的努力克服这些困难,但它的"成功"令人怀疑。媒介(尤其是电视媒介)主要基于地方主义视角向我们介绍伊拉克战争,哪怕这种观点完全被西方化(扭曲)了。它们被迫报道如此无聊的、对自己来说毫无成效的媒介内容,是因为它们被上述的禁止图像剥夺了这种现象(在耸人听闻的方面)的趣味性,所以只能如此。

令许多传播研究人员惊讶的是,很明显,仍有决策中心可以对媒体实施图像禁令,从而威胁到媒介内容的扩散(也许不是保存)。这使得伊拉克战争成为所谓的"罗马尼亚革命"的对应物。在罗马尼亚,媒介似乎现在可以作出政治决定,并从隐喻的角度引导历史。在伊拉克,现在似乎还有其他的决策中心(我们在这里不讨论它们位于哪里和具体是什么),似乎媒介仍然受制于这些历史性决断。这绝非凌驾于罗马尼亚的经验之上,实际上是将它置于我们可以作出判断的当前的背景之中了。也许即将到来的21世纪的(未来的)批评家会用"罗马尼亚-伊拉克"这个钳子去拆解后历史文化的硬壳,以触及其核心。

罗马尼亚和伊拉克都以自己的方式证明,我们即将退出历史。罗马尼亚革命揭示了图像在逻辑话语理性上的力量,伊拉克战争显示出横跨(计算机化的)甚至是连图像都能够被禁止的"机器性-历史"的决断。然而,伊拉克增加了一种几乎带有教学色彩的元素,使我们更容易理解后历史。伊拉克战争是一个跨历史计划的设计结果。作为一个场景,它正针对一个在最激进的意义上思考"历史"并行动的伙伴,即用中世纪的方式以对焦神圣历史为导向。因此,这场战争既表明历史在程序化面前的失败(以及面对计算的意识形态),也展现出(以图像为生的)媒介有限的决策能力。

但是,当我们看向电视屏幕时,我们不会体验到这一切。只有我们通过其他媒介，通过精英渠道了解它时，我们才能体验到。这反过来又表明，在目前，精英与大众之间的分离开始再次生效。一方面，存在着一些怀着仇恨扭转自己轴心的大众，以及那些在大众媒介的影响下失去知觉的其他群众；另一方面，也存在着一些支配这一符号，以便于将现象与自身进行碰撞的精英。在伊拉克，由于图像被禁止，媒介不得不放下假面。由此，我们比以前看得更加清楚了。这可能是一个比伊拉克战争本身更具有决定性的事件，但它成为一个后历史性的考虑了。

(1991年)

第 4 部分

新的想象力

现代泵内流动

1. 计算机化：知识分子的任务[①]

最近在一封信中，尤尔根·林克(Jürgen Link)问我，为什么知识分子"飞跃到"缩略词"PC"之上，并且提出了质疑——这一缩略语意味着"共产党"(Partei Communiste)还是"个人电脑"(personal computer)。对此，我尝试作出如下的回答。

根据韦氏词典的说法，"计算机化"(to computer)这一动词意味着"确定，计算某事"。根据拉丁词典，动词"computare"的意思是"割除，考虑"。因此，"计算机"的意思是"首先考虑割除"。然而，在欧玛尔·海亚姆(Omar Khayyám)的《鲁拜集》[②](Rubáiyát)中的一节诗文中，人们发现了"计算机化"的合理定义：

> 啊！亲爱的，你和我能否与命运合谋？
> 要完全掌握这遗憾的事物，
> 我们不会把它粉碎成比特。

[①] 本文原标题为《计算机化》(Komputieren)，此处根据文章内容进行了补充。——译者注
[②] 也译为《柔巴依集》。关于该译名的探究，参见邵斌、朱安博：《是"鲁拜集"，也是"柔巴依集"——Rubaiyat 的译名之争》，《北京第二外国语学院学报》2009 年第 6 期。——译者注

然后，重新塑造它，为了更接近内心的愿望！

这段诗是说，"计算机化"是试图根据程序改造破碎之事物的过程，但这不也是两场战争之间某些党派的意图吗？这或许就是"知识分子飞向 PC"有两种含义的原因。

目前的计算机化情绪似乎与当时党内组织中盛行的情绪不同，但当研究这个问题时，我们发现了相似之处。在这两种情况下都存在着一个阴谋，等待着被粉碎、改造和重塑。不同的是，在计算机化的层面，"爱"在外观上似乎并不包括在阴谋中，而只是包含在"命运"内。与系统分析师、未来学家、场景、模拟制造商和类似的人不同，知识分子充满了"爱"——那颗具有理性的心对一切一无所知。因此，知识分子认为，系统分析师等人正在做的事情与他们自认为所做的事情是不同的。在知识分子看来，这些人不过是"把东西整体粉碎成碎片，然后根据知识分子的内心愿望对事物进行改造，再将碎片组装成事物"。

我认为，前文引用的诗文中的关键词是"遗憾"。如果所有的事情都没有遗憾，人们就不会有肢解它们的心思（进行革命，计算）了。就共产党而言，其深处的愿望是明确的，即必须把握社会。然而，上述两者在计算时的内心愿望是什么？当被问及这个问题时，人们可能会声称这只是不希望在无聊的账单上浪费时间的愿望。然而，这并不正确。当人们坐在键盘前考虑问题（粉碎成"比特"，以返回引用的诗文），然后将它们重新组合在一起时，背后一定有其他的东西。知识分子的任务就是找出它的答案。

（1988 年）

2. 分散与集合：
关于信任的问题①

　　此处我展示的句子都是用打字机敲打出来的，而打字机是放置在桌子上的。我为什么对这两种对象的坚固性如此确信呢？为什么我不会担心我敲击打字机的指尖会穿透键盘，或者打字机下面的桌子会消失呢？我知道这两个物体与我的指尖一样，都是一群几乎为零的粒子，在虚空中嗡嗡作响，"实际上"意味着自然科学所讲述的背景。因此，虽然是非盖然性的，但打字机有可能（尽管不太可能）从桌子上掉下来。常识为这个问题提供了以下答案，即我更相信感官感知的现实，而不是科学告诉我的现实。但是，常识总有可疑之处。如果我真的不相信科学的陈述，我就不能相信任何机器，甚至我的打字机也不可信任。对信任问题的更好的回答正在出现，它来自神经生理学领域。

　　我认为，我的神经末梢接收到了点状的刺激。然而，或强或弱的刺激并不存在，但各种刺激不是被接收了，就是被拒绝了。这被称为二维的数字符号化（二进制数字编码），即我的神经末梢接收到了数字编码

---

① 本文原标题为《分散与集合》（Streuen und Raffen），副标题为译者根据文章内容补充。——译者注

的信息。中枢神经系统通过电磁、化学和其他过程处理这些信息,并在认知这些信息后对其进行电脑化处理。目前,这个过程还没有被人们完全理解,问题仍然没有答案。不过,我们仍然可以说:我对我的打字机和我的桌子有信心,因为我的中枢神经系统已经组成了如此密集的特定刺激,以至于将两者(打字机和桌子)认知为具体的对象,进而将它们电脑化了。

这个答案有两个值得注意的方面。第一个层面直接映入我们的眼帘,即答案是基于计算机作为中枢神经系统的模型的,这在计算机发明之前是不可想象的。第二个层面值得注意的地方不那么明显,但可能更激进,即我把"真实"(作为客观)从分散的点元素中收集起来。这是激进的,因为它说"真实"是一个相对的概念,即东西聚集得越密集,它就越真实。后者是本文讨论的主题,但在此之前,我们需要先考虑第一层面。

这是被称为问题的东西与我们的工具之间著名的(也是臭名昭著的)环节。我们发明杠杆是为了模拟手臂,但杠杆对手臂产生了相反的效果——我们在杠杆被发明之后才了解手臂的杠杆功能(不过,这并不重要)。重要的是,杠杆是一条愚蠢的手臂(它只能被举起),但它能够比手臂被更好地提升。因此,在被举起时,手臂必须模拟其仿制品——杠杆(可以参考运动员)。这同样适用于计算机,即当我们将计算机作为模型时,我们能看到中枢神经系统的某些功能,而当我们开始模拟计算机时,我们(作为模拟物)甚至也开始具有这些功能。例如,根据计算机的方法,我们开始计算,并以此作出部署或绘制的决断。简而言之,我们发明了一种工具,然后我们发现了自身对这种发明的模拟。

科学将世界描绘成一群粒子,它们被越来越均匀地散射。毫无疑问,这种统一性、信息丢失、熵增的趋势使人们排除了对所有科学知识的怀疑。然而,在这越来越分散的沙堆中,微粒子、颗粒的聚集一次又一次地出现。这些微粒子似乎与熵是矛盾的，即它们具有丰富的信息，并逆转了熵（时间的流逝），从而具有非盖然性。例如，这些微粒子是氢原子、螺旋星云、活细胞或人脑。这种非盖然性是偶然出现的，而且这并不是令人惊讶的事情（奇迹），因为当这么多粒子嗡嗡作响如此长的时间时，即使是最具非盖然性的可能性也应该"偶然地"出现了。所有这些非盖然性的微粒子，所有这些信息，必然会随着时间的推移而瓦解，回到均匀分散的总体趋势，以至于被遗忘。我们也可以用一种不同的方式描述这种骇人听闻的世界观，即一切都只是一个重叠着多种可能性的网络。在这个网络中，一些可能性或多或少地被实现了，而后必然会再次消失。为了使图像可以被想象，有一个引力场，它的结构为重物提供了机会。当这种结构变得密集时，重物（如太阳、地球和月球）会或多或少地被实现（取决于场结构的密度），然后再次被吸收。

上文提及的图像是计算机屏幕上所谓的金属丝网（网格尺）的图像。它显示了引力场的线聚集在一个被称为"太阳"的点，并形成凸起。但是，你可以在那里看到别的东西——人类的创造力只不过是创造非盖然性的偶然。代表太阳升起和落下的金属丝网也可以表明艺术作品、城市、整个文化的出现和衰败。每当我们创造一些东西时，我们都会设置粒子和微粒子。这些粒子、微粒子的发展趋势与宇宙有可能的总体发展趋势越来越相反，即我们创造的一切都可能是偶然出现的。如果有一千万只黑猩猩在打字机上打字，就必然会在数万亿年的时间里谱写出神曲。因此，意图是非盖然性的偶然加速。

然而，这还不是全部。我们的中枢神经系统是一个随机的（非常不可能出现的）微粒子，具有随机捕获散落粒子并使之聚集在一起的能力。其他系统可能会以不同的方式聚合，如章鱼感知到的现实与我们不同，因为它们具有不同的中枢神经系统（与我们的构造非常不同）。我们会感知到书面语以外的其他可能性。然而，令人非常惊讶的是，计算机能够从类似的点的可能性中计算出具有非盖然性的图像（实体），我们可以将其视为现实的替代品。此时，我必须喘口气才敢进一步思考。

我们对桌子有信心，因为我们的神经系统已经密集地接收到点状刺激，以至于我们所有的感官都将桌子视为客观对象。目前，这张桌子的全息图还不是一个同样密集的聚集——我们从光学意义上感知物体，但不是通过触觉感知物体，所以不敢在全息图的桌上放置打字机。全息图不如书桌真实，它只是桌子的模拟。如果技术得到改进，全息图上的粒子像桌子上的（人类神经系统可以感知的）点一样密集地聚集在一起，那么两者之间将不再有任何本体论上的区别，它们在实际中将变成一样的——我们可以平静地将打字机放在全息图上。如果在全息图中的粒子可以比在桌子上更密集地聚集，那么桌子就会成为全息图的模拟物，并变得不那么真实了。

此处我们要假设计算机对感知对象的模拟是缺乏想象力的迹象，这是一种无趣的计算机化形式。电脑化是计算的集合，所有可计算的东西同样也可以被计算机化。这个过程被称为算法的综合，包括数值生成的表面、物体和运动物体。然而，现在也有我们无法在感官上感知的东西，如多维方程（尽管我们只能在时间上感知三维方程）。又如，我们可以计算分形结构，尽管我们必须将这种结构化的现象视为混沌。因此，计算机可以（并且在未来将）计算多维、分形和其他"超自然"方程。它们如此密集，以至于我们会将计算视为现实。我们将走在五维对象的后面，走在围绕着如伯努瓦·曼德布洛特[①]（Benoit Mandelbrot）般的怪物的区域。更不用说是计算对象（客体了），主体也具有电脑化

[①] 伯努瓦·曼德布洛特是犹太人，1924年出生于波兰华沙，数学家、经济学家和分形理论的创始人。——译者注

2. 分散与集合：关于信任的问题

的可能性，因为它也是可计算的。简而言之，在未来，我们将像信任目前感官可感知的现象（超感觉性现象）那样信任电脑化的超自然现象。换句话说，我们将从一个世界迁移到另一个世界。

这就是问题所在——同样的一份信任变得不完整了。自从计算机被发明之后，我们就开始怀疑现实是一个人们无限接近但从未到达的极限。我们会认为一张实际的桌子比照片上的桌子更为真实，被拍摄的桌子比画出来的桌子更为真实，即使那张实际的桌子也不是完全真实的。可是，借助媒介越来越好的模拟技术，我们对现实的信念会被动摇得更加厉害，因为只要我们能够计算，就一直会谈论对现实失去信心的问题。我们已经失去了现实的基础，即天真的信仰。计算机将在可能性的领域将那些替代性世界集合，它们为我们展开了意料之外的世界图景。但是，无论这些世界中的哪一个，都无法弥补我们对它的信任的丧失。

（1991 年）

3. 艺术与计算机：
新意识维度的转换[①]

在我看来，使用计算机创建图像的两个方面对于即将到来的未来非常重要，所以我将在本文中排除所有其他的方面。这两个方面是"固有的程序"和"将概念描绘成图像"。我将努力表明，这是一场正在改变社会结构和个人生存（存在）的革命。

固有的程序（Eigenprogramm）

计算机是以编程方式处理数据的装置，但这适用于所有装置，包括简单的装置（如摄像机）和非常复杂的工具（如行政机关）。就计算机而言，情况特别清晰，即如果我想购买计算机，我就不仅要购买装置本身（硬件），还要购买相关的程序（软件）。计算机的趋势是硬件会变得越来越便宜，软件会变得越来越昂贵。价值正越来越多地从硬邦邦的客体转向松软的象征。同时，伴随着这种价值移动一起产生的权力移动

[①] 本文原标题为《艺术与计算机》（Kunst und Computer），副标题为译者根据文章内容补充。——译者注

3. 艺术与计算机：新意识维度的转换

与即将到来的信息社会的特征相适应——掌权的不是那些拥有客体（原材料、工业综合体、武器）的人，而是那些开发、传播并可以支配社会计划（"信息帝国主义"）的人。

随着这一事实被确认，我们的传统政治范畴也随之崩溃了，诸如"财产""生产资料国有化""阶级"或"主权国家"等范畴不再反映后工业社会的事实。我们受到一种新的极权主义的威胁。在这种极权主义中，广播内容的程序员对我们的经验、见解、评估和行动作出所有决定。我们的自由仅限于方案留给我们的回旋余地。主张和扩大我们自由的传统方法，如政治选举、罢工或革命，在这种情况下也必定会失败。以上方法也都是广播内容的反馈，有助于我们的生活越来越好。对于程序员来说，我们的所有行动（特别是当它针对程序时）只不过是要合并到未来程序中的数据。为了更好地说明这种极权主义所具有的温和的恐怖，此处应该补充一点，即程序员不一定是人，也可以是计算机。程序可以自动从人们的行为中学习，并能够更好地将人们逐渐程序化。

我们可以对计算机和其他小型装置进行编程（程序化），所以我们需要特定的知识和时间。此后，尤为重要的是，我们能从极权主义编写的程序的压迫之中被解放出来，并能够作出自我决断。然而，事实证明，在绝大多数情况下，为此所需要的知识只有通过努力才可以获得，特别是为此所需要的时间极大地超过人类的寿命。在绝大多数情况下，所谓的自我程序化的自由是虚妄的。在日常生活中，在日常经验、价值观和行动中，我们依赖于电视、报纸、行政机构和一切被称为"媒介"的东西提供给我们的程序。我们必须被程序化，因为我们的生活境况已经变得过于复杂且无法程序化自我了。

在这种相当绝望的情况下，所谓的"计算机艺术"形成了一个充满希望的孤岛。我之所以说"所谓"，是因为与在其他地方一样，我不信任被残酷驱使的"艺术"这个概念，它背负着瓦尔特·本雅明（Walter

Benjamin)式的"光晕"①。计算机艺术的希望并非从中生成一些美丽之物,实际上是个人为了自己的目的而将那些装置程序化了。这些人强迫装置做一些程序中未被设计的事情(为了制造图像),做一些程序制造者预料不到的事情。这些不可预见的意外情况被称为"信息",即所谓的"计算机艺术家"迫使装置提供信息。在这样做的过程中,他们篡夺了决策和权力的一小部分,而这种夺取权力的微不足道的性质不应被低估。这不仅是对装置-极权主义的无害的游戏,也是对抗装置的新观点的萌芽。人们能够学会掌握所有的装置,甚至包括战争和经济这类巨大的机器。基于此,"计算机艺术"是未来自由和新政治意识的一个出发点。

然而,还有一些其他的东西使我们有资格保持这种乐观。"计算机艺术家"自己的程序不一定必须由一个孤立的个人,即过去的"伟大艺术家"来制定。这样的程序随后形成了一种共识,并且以这种方式出现的图像不再是个人的"作品",而是个人意图的综合。编程组不一定必须在地点和时间上受到限制。同时,由于远程信息处理可以分散在各个地方和时间点,所以我们可以想象一个未来的社会,它会对按照普遍共识运行的对话装置进行编程。装置极权主义(Apparate-Totalitarismus)将让位于程序化民主(Programm-Demokratie),程序化生活将让位于对话式程序化生活(dialogisch programmierenden Leben)。

这自然是被称为所谓的"计算机艺术"的乌托邦的延伸。然而,这是一个技术上可行的乌托邦,它只需要我们充分关注"计算机艺术家"的实践。然后,它们就变成了我们处境中的真正的革命者。

---

① 本雅明在《机械复制时代的艺术作品》一文中对"aura"(与"神圣"之物相对应)进行了论述,中文翻译为"光晕",用以形容艺术品的神秘韵味和受人膜拜的特性。——译者注

概念的想象

　　接下来我们要讨论图片意味着什么。根据传统的本体论（存在论），它们不是意味着某种东西，即它们是摹写（Abbilder），就是意味着应该是某个东西，即它们是典型、模型。例如，一张照片是某物（佛罗伦萨大教堂）的摹写，建筑师的草图是要建造的建筑物（大教堂）应该成为的样子的模型。当然，这种传统的分类是非常有问题的。例如，超现实主义图像指什么（梦想本身），还是指某些东西应该是什么（要被实现的梦想）？拉斯科的壁画是指某些东西（公牛），还是表示人们应该做的事情（狩猎）？鉴于目前电影和电视中的技术图像，这种分类（以及支撑这些分类的本体论）必须被完全舍弃。《朱门恩怨》①（Dallas）代表着一个家庭，据说是图像接收者的家庭应该成为的样子。技术图像作为摹写的模型，而且所谓的"是什么，应该是什么"这一问题，对于技术图像而言，在最坏的意义上成为形而上学的了。

　　计算机图像允许我们在没有任何形而上学的情况下重新提出问题。这些图像是由人们按下按钮创建而成的。人们按下的每个键都表示一个元素，并对应着计算机程序中的一个概念。整个图像意味着人们按下的键所表示的概念——它是想象的术语。人们按下按钮的手势是一种被切碎的、类似于马赛克的动作，因为它的意思是清晰而独特的。然而，在屏幕上，这种清晰度和区别表现为平面。终端上的图像是清晰而独特的概念元素的集合，是对计算的计算机化。在计算机图像中，概念的零维抽象性被具体化为想象的二维性，而计算机图像是可以想象的概念。

---

① 1978 年在全球上映的美国电视剧。——译者注

这是人类意识的一场巨大革命。人类具有想象力，使他们能在所处的环境中定位自己。在这种想象力中产生了从拉斯科到抽象画家的传统绘画（传统图像）。同时，人可以从概念中获取力量，可以批评自己的想法。在这种概念力量中，从《圣经》到抽象科学理论的文本已经出现。现在，人类发明了装置，使他们能够想象自己的概念、算术方程、几何结构、美学范畴和逻辑结构。这创造了一个新的意识维度和一个新的想象世界。新的意识维度不在概念性的思考之下，而是站立于概念之上的一个新的想象的世界——它是超意识性梦想的世界。

自此，新的意识维度诞生了。在世界的图像中，问它们是否意味着存在或应该存在的东西是没有意义的。这些本体论问题应该被抛诸脑后。新的意识维度产生的新图像意味着概念，而概念本身意味着一切。更为重要的是，这也意味着"什么也不是的东西"，如五维立方体、非亚里士多德逻辑或非线性时间等。计算机图像可以将什么也不是的东西都呈现在屏幕上，并将它们建构出来。计算机图像推翻了整个传统的本体论，从而推翻了科学与艺术的分离，因为计算机图像让不可能但应该存在的东西以一种想象的方式存在。有关于此，尚没有人知道等待我们的是什么。

在这种观察中，重要的是那些计算机图像起源于与传统图像的维度不同的意识维度。同时，在这些图像中出现了一种完全不同的想象力，一种革命性的思维方式，可以说它颠覆了人类批判性思维的功能。到目前为止，批判从根本上意味着分析思想（对想象进行分析），以便将人类从想象力固有的魔术性思维中解放出来。现在，恰恰相反，批评意味着综合思想，以使概念变得生动。批判性思维的密码是线性文字，特别是字母的、数学的、逻辑的象征。到目前为止，符号化的文本是将实际的、精神的图像用于批判性分析，即对文本"进行阐释"。现在，这一文本被用于图像的批判性综合的前文本（Prätexte），即它"投射了"这一

3. 艺术与计算机：新意识维度的转换

文本。在以前，数学的且具有逻辑性的文本是想象的世界；如今，这一文本是将新的想象的世界"计算机化"。"计算机艺术家"向我们展示了批判性思维的这种转换在实践中是如何运作的。它们强迫我们在新的、非康德意义的范畴中把握理性问题及其与想象和知觉的关系。这说明思维的重组和（进一步而言）对生存的重组过程正在展开。

现在，所谓的计算机艺术具有两种看似独立但实际上交织在一起的趋势：一种是装置本身与其他装置一起程序化的倾向，另一种是将清晰而独特的概念放入图像中的倾向。这表明我们是新社会和新人类诞生的见证者，它同时要求我们对这种新事物作出公正的评价。我们充分地、真诚地接纳"计算机艺术"——它是我们生活的大变革的重要征候。

（1984 年）

4. 想象：
走出传统并创造一个新领域①

"1+1=2"的陈述是柏拉图所说的不变的永恒观念，它不能在时间或空间上被定位，如在下午四点的办公桌上说它是真的是没有意义的。我们也不能从"表象"的世界来解释它，即没有必要问关于它形成的心理、社会或经济动机。如果一个人用内在之眼（理论性地）看待它，那么他就背弃了现象的世界，而生活在哲学化的闲暇之中。根据柏拉图的说法，这就是哲学家必须成为共和国之王②的原因，即他们看到不变的真实，从而观照到善良和美丽，所以政治必须以这种观点作为指导。

但是，当我们将"1+1=2"输入计算机时会发生什么呢？如果这台计算机的配备和编程正确，屏幕上便将出现一个形状。如果坚持柏拉图的观念，那么对这种现象的思考是理论上的观察，还是被引导至现象之中呢？这样的观众是在柏拉图式的天空③（topos uranikos）下，还是

---

① 本文原标题为《想象》（Einbildungen），副标题为译者根据文章内容补充。——译者注
② 即哲学王，根据柏拉图在《理想国》中设想的社会政治结构，哲学家被置于城邦等级结构的顶端，即哲学家为王。——译者注
③ 《雅典学院》是意大利画家拉斐尔·桑西（Raffaello Santi）于1510—1511年创作的一幅壁画作品，现收藏于意大利梵蒂冈博物馆。在这幅画中，柏拉图一手指向天空，其弟子亚里士多德将手指向大地。柏拉图的"洞穴"指《理想国》中的"洞穴隐喻"，里面关押的（转下页）

在柏拉图式的洞穴中呢？柏拉图反对艺术家的论点是，在试图将永恒的形式印在表象上时（在制作"作品"时），他们扭曲了这些形式。例如，在沙子上绘制的三角形不再具有180°的角度总和，所以它的沉思不会产生真理，而是会产生意见（doxa）。基于此，我们应该禁止艺术家进入共和国（城邦）。但是，这也适用于计算机艺术家吗？

如果你把"1＋1＝2"（或一个被重新编码为数字的三角形）输入计算机，那么你就不是把这些形状埋在沙子里，而是埋在电磁场里。这样做是为了让计算机根据特定的规则使用这些形式，改变它们并显示可以用它们做什么，即搞清楚它们里面有什么，然后与之进行游戏。具体而言，输入计算机的不可变（数学）的语句不是插图（摹写），而是形式的想象，所以它们不会扭曲这些形式，而是允许它们展开。因此，计算机使用者更像柏拉图式的哲学家，而不是柏拉图式的艺术家。但是，这是否意味着他们必须是共和国的国王或必须是"明智的"而不是"正统的"呢？

从青铜时代早期开始，我们保存了石板，在上面刻线。这意味着用于灌溉的河川之"线"被刻印了进去。这些石板不是运河水路的图示，因为实际的水路是以石板为基础而被开凿的。这些石板展示的是人们想象的水路（水路应该呈现的样子）。制作这些石板的早期测量师（几何学者）不是柏拉图意义上的艺术家，而是哲学家。早期（城邦形成之前）的人们按照这些石板所展示的在泥土中挖掘，以建造运河。但是，这并不意味着测量员是国王。相反，他们似乎是在"大人物"（祭司国王或神）的要求下进行绘制的。当今计算机艺术家的地位可能与当时的测量师相当。这就提出了一个问题，即谁或什么目前占据着"大人物"

（接上页）"囚徒"因为眼前可感的"影子"而不自知；柏拉图的"太阳隐喻"指高悬于天空的太阳，喻指世界中最高存在的善，即指向理念的世界。柏拉图是呼唤"走出洞穴，看见太阳"的人。——译者注

的位置。

让我们将目光从柏拉图转向康德。对康德来说,"1+1=2"这句话是先验的分析判断。这一陈述是一种真理(为真),因为这一陈述没说"2−1−1=0"。只有当在"空间"和"时间"的形式之内,将被感知的现象输入这一陈述时,这一陈述才能具有含义。"纯粹理性"是一台机器,只要感知(认知)不被输入其中,它的轮子就会空转。然而,如果你把"1+1=2"这句话输入计算机,你就是在反其道而行之,即你将"纯粹理性"的轮子输入到感知中。这是否使理性变得不纯粹了(成了"实践性"的)呢?计算机图像是被污染(或没有被污染)的判断,由于康德从纯粹理性的分析判断退回到综合判断,所以"综合性图像"是否仍然为(或再次变成)数学的?这些问题比柏拉图的问题更令人困惑。其原因如下。

包括康德在内的启蒙运动理论家认为,理性可以脱离一切感性及与其相关的一切东西,即脱离一切情感,从而可以在形而上的层面支配我们的行动。启蒙运动的这一教育使命注定是要失败的。多亏了弗洛伊德,我们现在才知道理性总是与非理性纠缠在一起。事实上,我们所处的世纪可能会被视为一个疯狂的时代并被载入史册。然而,以自然科学形式出现的启蒙运动在很大程度上成功地揭示了我们环境中的黑暗事物,即我们的"自然性的条件"。例如,这一辉煌的成功在切尔诺贝利①(Tschernobyl)就显而易见。成功之所以成为可能,是因为在启蒙运动的过程中,理性变得越来越"纯粹"(变得更具数学性了)。我们现在正在将这种成功的纯粹理性输入计算机。这种理性在屏幕上亮起,并已经变得可感知——虽然它与在核爆中产生的蘑菇云不同,但同样作为辐射的它是可以被感知的。它在计算机中是可以用作解释,还是在那里实际做些什么呢?纯粹理性掌握了那里的情绪,还是它的工作

---

① 苏联的核能发电站所在的城市,1986年发生核爆炸,被称为切尔诺贝利事件。——译者注

唤起了情绪？在计算机中，这一纯粹理性会变得更美丽吗？

在此处，让我们非常迅速地从康德转向马克思。马克思认为，世界不应该被解释，而是应该被改变。"1＋1＝2"只有在劳动中，在被允许重新编码（进行符号转换）时才具有意义。我们现在比以往任何时候都更知道如何做到这一点。我们将"1＋1＝2"输入计算机，计算机控制着自动装置，进而改变世界，如制造汽车。因此，屏幕上出现的是未来劳动的模型（想象力）。计算机艺术家就像青铜时代的测量师一样，是模型的设计者——他们将纯粹的理性服务于实践。这大致符合马克思主义对艺术家的看法。然而，这是计算机艺术家的意图吗？

如果在粗略地浏览哲学史之后，再看看计算机屏幕上实际发生的事情，人们就会明白为什么传统的"理论""纯粹理性"和"劳动"概念出现了问题。以前被分解为点状元素（比特）的数学语句在屏幕上变得可感知，因为这些比特根据特定的规则（计算）聚集在一起，形成了线条、平面、彩色平面和移动平面等。从零维元素，即严格来说从"无"开始，创造、生产出一维和二维的"现象"。同时，由计算机控制的全息图再次生成三维和四维的"现象"。如果用上面提到的三个传统概念来概述，那么在理论观点中，表象世界是被设计出来的，现象产生于纯粹理性，它不再是关于通过劳动改变世界的问题，而是关于创造替代性世界的问题。或者可以这样说，"1＋1＝2"从一个理念变成一个表象，从一个判断变成一个事物，从一个解释变成一个可替代物。

然而，这种制造、创造、无中生有的东西，或者更确切地说，真正有潜力的东西，它们有一个传统的名字。在希腊语中，它们被称为创造（poiesis）。如果我们想坚持传统，那么屏幕上发生的事情就可以被称为视觉性诗情（visuelle Poesie）。计算机艺术家利用这三种概念，只有在指称视觉性诗情的三种变体时，他们才能被视作柏拉图式的哲学家、康德式的科学家和马克思式的劳动者。换句话说，如果我们观察计算机显示器上出现的东西,我们就能观察到哲学、科学和劳动在相互的视觉性诗情中是如何被扬弃的。

不过,这种陷入传统的思维方式并不适用于把握计算机屏幕上的过程。要想把握计算机屏幕上的过程,一个更好的出发点是在这里废除哲学、科学和劳动。由此,在这一观点下,有三个方面不再发挥作用。人们本来是要利用工具的,但在屏幕上,人们不再需要哲学、科学和劳动,因为借助仪器,人们可以利用算法的投射物替代现实。这种视觉性诗情使哲学变得没有必要,因为理念会自动出现;它使科学变得没有必要,因为我们自己起草了支配现象的规律;它使改变世界变得没有必要,因为我们可以创造无数个替代性世界,将眼前的这个世界换掉。在某种程度上,视觉性诗情将比特组合成可感知的现象,即使它是基于传统的,但也是超越传统的。由此,它开辟了一个新领域。

我们可以对这种激进的断言提出一个有力的反对意见,即视觉性诗情产生的只有想象的现实。它们与所谓的"给定"("赋予")的世界没有相同的具体性,所以它们不会如此给予我们"条件"。我们可能不得不继续从事哲学、科学研究和劳动,以便对抗这个唯一的具体世界。虽然这看起来很有说服力,但这种反对意见是站不住脚的。当我们声称"给定"的世界是具体的,是给予我们的条件时,我们是什么意思呢?我们认为自己在走向死亡的路上撞到了这一具体世界。同时,它挡住了我们的去路,它是"客观的"(这一词语原本的意思是"相对而视并被扔出去")。但是,为什么我们真的会碰到这个世界呢?因为我们可以而且必须用我们所有的哺乳动物的感官来感知它。然而,想象中的现实却不那么具体,因为我们只能用少数感官来感知它们,尤其是用眼睛和耳朵。我们不能咬一只苹果的合成图像、坐在桌子的全息图上,或者与人类的全息图交配。因此,我们可以通过上述反对意见得出结论,即视觉性诗情创造的想象现实不应该像旧世界那样得到认真对待。同时,

4. 想象：走出传统并创造一个新领域

与在旧世界相同,我们必须从事哲学、科学研究和劳动。

但是,我们一旦以这种方式提出看似令人信服的反对意见,想象世界和给定世界之间的差异很明显就是程度的差异。想象的世界没有给定的世界那么具体。然而,这种程度的差异可以被精确地测量出来,即钻头的打磨越密集,物质就越具体。我们不能像坐在实际的桌子上一样坐在桌子的全息图上,因为元素更为密集地分散在桌子本体。这种程度的差异不是一个本体论问题,而是一个技术问题。视觉性诗情面临着分散想象世界的技术任务,它们至少与所谓的"给定"的世界一样密集。就像所有的技术任务一样,这个技术问题在原则上也可以得到解决。从技术上讲,虽然不一定是在不久的将来,但制作那些在想象中被咬的苹果、被坐的桌子和可以交配的人类是可行的。更何况我们知道,所谓的"给定世界"似乎不是给定的,而是由我们的感官以某种方式将可感知之物的点元素转化而成的。因此,要么想象的世界与所谓的给定世界一样具体,要么给定的世界就同样是想象的(eingebildet)。

直到现在,我们在驳斥了看似令人信服的反对意见之后,上述大胆断言的激进性才变得具体起来。根据该断言,我们即将走出西方传统而进入一个新的领域。由此,我们不再是客体的主体(条件的主体),而是开始成为替代性现实的设计品。同时,我们开始阐述不再制约我们而是为我们作证的事实(事态)。我们可以做到这一点,因为我们可以塑造最抽象的思维,即数学陈述。以这样一种方式,我们可以感知、体验和"品味"它们,因为在视觉性诗情的帮助下,我们可以设计出想象中的世界,取代我们想象中的给定世界。这可以从我们查看计算机屏幕的行为中看出来。

上面的想法听起来很棒,因为在屏幕上可见的只是在声称的方向上迈出的拙劣的第一步。几乎可以肯定,我们会绊倒。这里所谓的"视觉性诗情"与"想象"是一种仍然完全不成熟的思维和技术方式,如果事情进一步发展,我们是无法预见其后果的。但是,事情已经开始发展了,它将之前的一切都抛诸脑后。同时,我们以后面对的所有问题都是新的,并且它们必须以完全不同的方式被提出。因此,在我们目前所处的过渡时期,只有梦幻般的主张才是真正有意义的。那些不具有梦幻属性的存在则被归于要被超越的脉络。在这个方面,我们的情况会让人联想到文艺复兴时期的情况,即展开对一个新领域的探索。达·芬奇(Leonardo da Vinci)和后来的伽利略谈到了幻想曲的高潮(fantasia essata),伽利略当时说上帝可能是无所不知的。但是,与我们所知道的"1+1=2"相比,他们所知的东西也可能不比我们知道的更好。当前,这些反思已经回到了起点,继续徘徊在我们的脑海中。

(1989 年)

5. 数字虚拟：
一种形式性、数学性的思维①

随着来自计算机的替代性世界的出现，令人难以置信的是，由点元素组成的线、平面、立体和移动的立体开始出现了。这些世界是彩色的，可以发出声音，而且在不久的将来可能也可以被触摸、闻到和品尝。但是，这些还不是全部，因为当运动物体开始从计算机化中出现时，它们很快就会在技术上得到实现，并可以与图灵-人类型的人工智能适配，这样我们就可以与它们建立对话关系。为什么我们不信任这些合成图像、声音和全息图？我们为什么要用"虚拟"这个词来称呼它们呢？为什么它们对我们来说是不真实的？对上述问题仓促的回答是，这些替代性世界只不过是计算机化的点元素而已，它们是飘浮在虚无中的雾阵。说这个答案是仓促的，因为它通过散射的密度来衡量现实。我们可以相信这样一个事实，即技术将来能够利用相同的方式密集地散射点元素。我写这篇文章时使用的桌子只不过是由一大堆点构成，一旦进入这张桌子的全息图，元素就会同样密集地分散开来，我们的感官

---

① 本文原标题为《数字虚拟》（Digitaler Schein），副标题为译者根据文章内容补充。——译者注

也将不再能区分两者。因此,当前的问题如下:要么替代性世界与给定的世界一样真实,要么给定的世界与替代性世界一样令人毛骨悚然。

然而,当被问及我们对另类世界的不信任时,也有一个非常不同的答案。它基于这样一个事实,即它们是我们自己设计的世界,而不是像我们周围的世界那样赋予我们某种东西。替代性世界不是被赋予(Daten,给定、条件)的,而是人为产生的(Fakten)。我们不信任这些世界,因为我们不信任一切人造物,也不信任所有的艺术。"艺术"是美丽的,但它是一个谎言,而这就是"虚拟"一词的含义。不过,这个答案也引出了另外的问题:为什么表象具有欺骗性?有什么是不骗人的吗?这是另一个世界向我们提出的关键问题,是认识论领域的问题。我们要想谈论"数字虚拟",就必须对这一问题进行考察。

当然,"虚拟"不是一个新问题,因为自从我们眼前的东西变得令人难以置信以来(最迟开始于前苏格拉底的那些哲人),它就让我们感到担忧,而且它只是在现代开始时才完全具有明确性。数字虚拟中的那些替代性世界逐渐使人们的不安达到了顶点。因此,在考虑数字化时,有必要从现代开始。那时发生了什么?简而言之,当时的人们发现,人们既不应该简单地看待世界,也不应该描述它,将其置于手中才是重要的问题,即掌握、理解那个世界时必须对它进行计算。世界是难以被想象和形容的,却可以被计算。这一发现的结果直到现在才在替代性世界的情况下显而易见。

事情是这样的,在文艺复兴早期,具有革命意识的工匠不再希望主教为他们的产品规定"正当的价格"。他们想要一个"自由市场",在这个市场中,商品价值"本身"可以通过供求关系得到确定。如果他们拒绝主教关于"价值"的权威,他们也就拒绝了迄今为止被"理论"一词所解释的一切。到目前为止,一方面,"理论"一直是人们认识不变的形式的工具。因此,主教通过"理论"看到了"理想的鞋子",并可以将其与鞋匠制作的鞋子进行比较，从而按照生产出来的鞋子与理想的鞋子的相似程度定价。另一方面，具有革命意识的工匠声称没有理想的鞋子，也没有不变的形状，是他们自己发明并逐步改进了鞋子的形状。工匠不将形式视作永恒的理想，他们知道模式可以是多变的。这就是为什么新时代被称为"现代"。现代人所说的"理论"并不是对理念的被动观察，而是必须通过观察和实验逐步阐述实践中的模型。这便催生了现代科学技术和工业革命，并最终催生了数字虚拟。

结果，理论家从大教堂和修道院中走出来，并走向工厂（以及大学、技术学院、工业实验室），开始制作模型。随后，他们根据这些模型制造出越来越好的鞋子，并且可以更好地理解和对待整个世界。令人惊讶的是，事实证明，这样的操作模型不可能是图像或文本，而只能是算法。顺便说一下，我们仍然没有完全适应这种惊讶。用文艺复兴时期的话来说，"世界是一本用数字编写的自然书"，即"自然是本书"（natura libellum）。从那时起，理论家不得不越来越多地思考数字，并越来越少地思考字母和图像。这种变化产生了深远的影响，我们在分析数字化时需要考虑这些影响。

理论家一直是对文字十分通达的人，他们是识字的人（litterati），与传统图像思维（魔术性思维）展开斗争，并通过文字符号思考。他们发展了一种线性的、过程性的、逻辑性的历史意识。然而，在线性文本符号中，字母表始终是异化的立体（异物），即它在结构上不是线性字符。虽然字母是口语声音的符号（话语的符号），但这些异物是代表数量的表意文字（数字）。然而，数字不是话语性的，所以它不适合线条。因此，人们总是免不了谈论字母（数字符号也不是字母文本）。字母描写的意识既是程序性和历史性的，也是形式性（formalen）的和计算性的。当人们认识到要越来越多地思考数字，越来越少地思考字母时，结果就是历史意识开始退缩了，取而代之的是形式性意识。这是一场大变革，不是因为形式性的劳动模型的制作是一项现代发明,而是因为至少自第三个千年以来,已经有刻着标志的陶土板,这无疑必须被解释为与水渠(用于灌溉的劳动)有关的模型。这些来自青铜时代的测量员是所谓"计算机艺术家"精神上的祖先。他们没有创造给定的图像,而是设计尚未被实现的东西,即他们"投射替代性世界"。在他们设计的图像和计算机合成的图像中,表达出一种形式性、数学性的意识。如果想从本质上把握当前新兴的替代性世界,那么借助这种古老的陶土板帮助我们思考并不是一个坏的方法。

即使历经如此长久时间的发展,现代理论思维从字母到数字的重新编码也必须被描述为一场精神的大变革。这在笛卡尔的身上清晰可见,但在伽利略那里几乎已经痛苦地表现出来了。重新编码显露出我们已经提到的基本认识论的问题,即是否存在不具有欺骗性的东西。众所周知,笛卡尔给出了答案,即不具有欺骗性的是纪律严明、清晰而独特的算术思维。算术思维是十分明确的,因为它是用数字展开符号化进程的,每个数字都用一个间隔分开彼此。这种思维是有纪律的,它们必须严格地遵循数字符号的规则,如加减法。因此,放弃文字思维而支持数字思维的真正原因是前者不够清晰、独特,并且规律性不足。思考(res cogitans)必须是借助算术的方式认识世界。

然而,这导致了一个奇特且典型的现代性悖论。算术的思维是很清晰的,即数字之间充满了缝隙,但世界是一个扩展的庞然大物(res extensa,物质性扩展),其中的一切都无缝地结合在一起。因此,如果我把思考的东西附在扩展之物上以便考虑它们(adaequatio intellectus ad rem,对事物的统一认识),那么缝隙之间的扩展事物就会从我身上溜走。因此,在现代的进程中,认知问题变成堵塞数字间缝隙的问题。笛卡尔试图简单地相信世界上的每一个点都可以用数字来计算,并用几何知识来填补它。后来,这种方法得到了改进,特别是多亏牛顿和莱布尼茨（Gottfried Wilhelm Leibniz）引入了新的数字（积分、差分）来填充缝隙。事实上，微分方程可以用来表述世界上一切可以想象的东西，并将之形式化。形式化的数学思维可以看到一切，它提供了一切可以制造的模型。这代表着我们已经变得无所不知、无所不能了。这是在伽利略所处的时代已经表达出来的精神大变革，他说上帝不能比我们自己更清楚一加一等于二这一事实。

这种将字母重新编码为数字的现代简化方式，以及随之而来的，将过程、历史和启蒙意识转变为形式、计算和分析意识的这种大大简化的方式，当然完全不足以让我们真正地理解目前计算机中出现的替代性世界。首先，并不是所有人都实现了从线性（一维）到零维的飞跃，即不是每个人都具有计算意识。大多数人继续从进步和启蒙的角度思考，他们继续以因果方式体验、认识和评价世界，并且致力于打破这些因果链，以便将人们从必然性中解放出来。因此，他们的意识仍然是线性的、文字的和字母的。只有少数人离开了这种意识，不再将世界体验、认识和评估为一条因果链，而是将它视为一个偶然的投掷。他们不再渐进地、启发性地思考，而是以未来学、功能分析或结构的方式进行思考，并生成大多数人依据的模型。例如，他们根据结构标准对广告、电影和政治的媒介内容进行编程，而操纵者无法阐释它们。

计算机带来的替代性世界是一种意识维度的表达，大多数人无法参与其中，所以也可以认为他们根本不想参与。然而，将社会划分为少数以形式和数字方式思考的程序员，以及多数被程序化且具有字母性思维方式的人，无论这看起来多么戏剧化，它也都不是当前问题的核心。核心在于，声称形式思想的无所不知和无所不能的现象在20世纪（特别是下半叶）逐渐显现。这样做是出于实践和理论上的原因。在实践中发生了以下的情况，即微分方程将一切形式化。在这种纯粹的形式意义上，一切都是"可认知的"。但是，为了能将这些方程作为制作模型加以应用，它们必须被"重新计算"，即重新编码为自然数。对于复杂的方程而言，这是一个漫长的过程，因为所有有趣的问题都很复杂。对这样的方程进行符号转换可能需要比宇宙存在的时间更长的时间。因此，这些问题仍然无法被解决。我们不是万能的，我们的知识在复杂的情况下实际上是无用的。文化悲观主义和荒谬的生活态度的蔓延，背后的原因便可以追溯到形式理性的这种要求。

在理论层面上，计算思维已经越来越深入表象。计算性思维分析（分解）了表象，从而使这些现象越来越多地呈现出计算思维的结构。在物理学中，表象衰变成粒子；在生物学中，表象衰变成基因；在神经生理学中，表象变成点状刺激；在语言学中，表象变成音素；在民族学中，表象变成文化素；在心理学中，表象变成行动分子。人们不再谈论原始的"扩展之物"，而是谈论根据场建构的粒子群。有了这些粒子[如夸克①(quark)]，问题就出现了——它们真的是世界的粒子，还是计算思维的象征或符号呢？也许数字思维根本不是关于世界的知识，而是关于数字符号向外的投射。因此，数字性知识（认知）在理论上是存在问题的。

在这种背景下，当代意识的情况大致可以概括如下。自文艺复兴以来，知识精英的一部分（文学家）开始以形式计算，而不是以话语历史的方式思考，并用算法而不是文学文本来表达自己。这种变化的动机是希望这种想法对于认识和处理环境（甚至是在认识和对待人）的方面与社会是契合的。其实，现代科学技术都是基于这种思维而产生的。起初，技术似乎只不过是应用科学，技术学校隶属于"纯粹"的学科分支。然后，科学技术的关系开始逆转，"纯粹"的学科变成了技术的束缚。目前，理论和实践就是如此联系的，以至于我们无法区分两者，无

---

① 一种参与强相互作用的基本粒子，也是构成物质的基本单元。——译者注

5. 数字虚拟：一种形式性、数学性的思维

论是在理论还是实践上。如果哲学应该是"最纯粹"的学科，那么哲学的技术化（哲学话语的数学化）和（相反方面的）技术的哲学化就成为我们思考的真正目标。可惜，对这种思维方式寄予的期望没有得到满足。然而，形式思想家精英目前负责研究社会依据的知识、经验和行动模型。他们是所谓的"技术专家"、"媒体运营商"（媒介操作者）或"意见领袖"（舆论生成者）。或许，我们应该更好地将他们概括为"程序员"，因为现在计算机生成的替代性世界必须被理解为出自这些具有支配性的精英之手，所以我们有必要仔细地研究计算机。

如上所述，在20世纪初，微分方程被证明实际上不适用于大多数情况。这是一个令人无法容忍的情况，因为人们无法将现有的知识转化为力量。例如，数以百计的计算者坐在工程师的工作室里，用数字填满了一页又一页，却无法解决理论上已经被认知的问题。奇怪的是，这种"纯粹理性"的实际崩溃并没有渗透到当时普通大众的意识中。人们为了克服这种无法忍受的情况而发明了计算机，而且它运算得越来越快。因此，实际上一系列问题（虽然不是全部）在当前都可以被解决了，因为它们变得可数值化了。但是，这些高速运转的计算机有一些不可预见的特征。同时，这些特征改变了人类的整体形象和自我形象。对于我们的主题，强调其中的两个品质就足够了。如前所述，现代认识论的很大一部分努力旨在使世界的数字符号变得充足，以发展更加复杂和优雅的数学方法。高速运转的计算器使这项工作变得多余。它们的计算速度如此之快，甚至可以满足于仅添加"1和0"（二进制)，通过"数字化"的命令省去了所有的数学方面的改进。它们用"两根手指"计算，但速度如此之快，以至于计算得比最伟大的数学家还要优秀。这几乎具有颠覆性的后果，因为数学思维（迄今为止被视作人类的一种最高能力）被证明是可以机械化的。因此，一方面，对于人类而言，计算成了一种没有多大价值的工作；另一方面，人们面临着一项新任务，即对计算

机程序进行编程。人们必须从结构上分析数字世界,而不是做算术。数学思维不得不后退一步,回到系统分析中,从而变身为另一种方式。这里顺便说一下,适用于数学思维的东西也可以用于许多其他思维方式,如作决策。

这里我们要强调的高速计算机的第二个特点是,它不仅能令人惊讶地计算,还能计算机化地运行。换句话说,它不仅能够分析数字方程,还能够将这些数字组合成形式。这是一个令人震惊的发明(和发现),考虑到计算思维已经深入现象,并且后者由于这种进步而被分解成粒子。因此,世界已经被假设成数字世界的结构了,当计算机显示计算思维不仅可以将世界分解(分析)为粒子,还可以重新组装(综合)它们时,令人困惑的知识问题就出现了。此处仅举两个特别令人兴奋的例子作为说明。第一,所谓的生命不仅可以在粒子、基因方面进行分析,基因也可以通过基因工程被重新组装为新的信息,以创造"人造生物"(künstliche lebewesen)。第二,计算机可以生成替代性世界——算法将它们投射出来(从计算思维的符号中投射出来),并且可以像我们周围的环境一样具体。在这些被投射的世界中,数学上可以想象的一切实际上都是可行的,即使是环境中"不可能"的东西,如四维物体或曼德布洛特论争①。计算机在技术上还不先进,但没有什么能阻止实现这一目标。

在关于"数字虚拟"令人眼花缭乱的考虑中,我们有必要喘口气并忽略已经走过的路。我们未来的图景可以被描写如下,即人们最晚从青铜时代就开始正式思考,如在陶土板上设计灌溉系统。在历史进程中,形式思维一直服从于过程思维,直到新时代到来之初才作为"解析

---

① 曼德布洛特复数集合是一种在复平面上组成分形的点的集合,曾被称为"上帝的指纹"。它是曼德布洛特教授在 20 世纪 70 年代发现的。——译者注

几何"（几何形式重新编码为数字）脱颖而出。这种严谨的形式思维催生了现代科学技术，最终却陷入理论和实践的僵局。为了克服实际的障碍，计算机被发明出来，使理论问题更加尖锐。在新时代之初，人们正在寻找不具有欺骗性的东西，并相信自己已经在清晰、独特和有纪律的数字思维中找到了它们。随后，人们开始怀疑科学只是向外投射数字符号，即人们开始对所谓的"自然法则是对以自然为基础的方程式的描写"产生了怀疑。人们在后来甚至产生了更加深刻的怀疑，即整个宇宙[从大爆炸(Big Bang)到热寂]，以及那些与宇宙有关联的事物是否为"实验'退回'计算思维"的一个投射。毕竟，计算机现在表明，我们不仅可以投射和恢复这个宇宙，还可以用这种方式自由自在地投射和恢复其中的任何东西。简而言之，我们的认知问题及我们的存在问题（将包含人类在内的所有问题）都能以数字虚拟的方式进行分析。

在此处，如果将替代性世界比作一头黄牛，那么我们现在就可以抓住它的双角。换句话说，一切都是骗人的，如果一切都是数字虚拟的——不仅是计算机屏幕上的合成图像、我打字的这台机器，还有这些打字的手指和用手指表达的想法，那么"虚拟"这个词就变得毫无意义了。剩下的一切都是数字的，所以一切都必须被视为点元素、比特的或多或少的密集或分散。这样一来，某物越真实（具有实际性），密集度就越高，也就越有数字化的可能性。我们所谓的现实是一种感知和体验，那里的点比较密集，是有潜力实现的场所。这是科学为人类提出并由计算机证明了的数字世界观。从现在开始，我们必须忍受这一点，哪怕它不适合我们。

这不仅强加给我们一种新的本体论，也强加了一种新的人类学。我们必须将自己（自我）理解为这样的"数字色散"(digitale Streuung)，并借助密集的色散实现突破。我们必须将自己理解为交叉领域的曲率或凸起，尤其是在人际关系中。我们也可能是嗡嗡作响的"数字计算化"存在。这种新的人类学已经可以追溯到犹太教-基督教,但它却只看到人类的灰尘。我们不仅必须处理认识论,如精神分析或神经生理学,而且还要将其付诸实践。仅仅让我们意识到自己的"自我"是互相交叉的虚拟的(潜在的)交汇点,是漂浮在无意识海洋中的冰山或跳过神经突触的计算机化存在远远不够,我们还必须采取相应的行动。计算机生成的替代性世界是对我们已经看到的东西的转换。

那些坐在电脑前,按下按键并创建线条、平面和身体的人实际上做了什么?答案是他们使可能变成现实,即根据被精确制定的程序对点进行综合(合成)。此时,他们意识到的东西既是外在的,也是内在的——他们意识到了替代性世界,从而意识到了自己。他们通过"设计"使想法(可能性)变成现实,他们将点收集得越密集就越有效。通过这种方式,新的人类学被付诸实践。换句话说,"我们"是一个充满各种可能性的结。这个结收集的自身的可能性和周围嗡嗡作响的可能性越多,通过创造性的塑造,它就越能被实现。计算机是实现人类内部、人际关系和超人类可能性的装置,这要归功于精确的计算思维。上述讨论也可以被理解为"计算机"的(一个可能的)定义。

我们不再是给定客观世界的主体,而是成为替代性世界的规划(Projekt)。从顺从的主观立场挣脱,我们上升到投射的位置。换句话说,我们长大成人,并知道自己在做梦。

一方面,从主体到计划的存在层面的变化不是某种自由决断的结果。我们是被迫这样做的,就像我们遥远的祖先被迫用两条腿站立一样,因为当时发生的生态灾难迫使他们以某种方式穿过稀疏的森林。另一方面,我们现在必须看穿周围的物体和自己的自我。这些自我过去被称为精神、灵魂或我们的本来面目(本质上的自我),我们要通过计算机化的点去观察它们。我们不能再成为主体,因为并不存在成为主体的客体的那种种子。主观的态度及由此而来的任何主观知识都变得

5. 数字虚拟：一种形式性、数学性的思维

站不住脚了。我们必须把这一切幼稚的幻想抛诸脑后，并且必须敢于踏入充满可能性的广阔领域，即我们必须冒着"道成肉身"（成为人）的风险进入一个新的阶段。能最明显地体现这一点的是，我们再也无法区分真理与虚拟的差异了，或者说我们再也无法区分科学与艺术了。除了等待被实现的可能性之外，对我们而言，再没有什么是"给定"的了，所以这些可能性"还是什么都没有"。我们嘴里的"世界"是感官用不成熟的理解方法计算出来的知觉，然后知觉变成感觉、欲望和认知，甚至变成感官本身。这些都是具体的计算过程。正如世界在过去被组合的那样，科学也对它展开了计算。科学并非与赋予之物（Daten）相关，而是与建构之物（Fakten）、事实和已经完成的工作相关。科学家是前卫的计算机艺术家，科学的结果不是任何"客观知识"，而是处理计算的模型。如果一个人认识到科学是一门艺术，那么他就不会贬低它，因为它已经成为所有其他艺术的范式。很明显，所有艺术形式只有在剥离经验主义并达到科学中声称的理论精确性时，才能真正地成为现实。这就是我们在这里讨论的"数字虚拟"——所有的艺术形式都通过数字化成为精确的科学分支，并且无法与科学区分开来。

词语"虚拟"与"美丽"具有相同的词根，并且它在将来会成为一种决定性因素。如果孩子追求"客观知识"的渴望会被抛弃，那么知识就会根据美学标准来被判断。这并不是什么新鲜事。我们说哥白尼比托勒密更好，爱因斯坦比牛顿更好，因为前者提供了更为优雅（高尚）的模型。但是，真正的新东西是从现在开始酝酿的，我们必须将美理解为唯一可接受的真理标准，即"艺术比真理更好"。这在所谓的计算机艺术中已显而易见，即数字虚拟越漂亮，投射出的替代性世界就越真实。人作为一个规划者，是这个形式思考的系统分析师和综合者，也是一名艺术家。

这种见解将我们带回这里所展示的思路的起点。我们假设自己对

目前正在出现的替代性世界持怀疑态度,因为它们是人造的,也因为是我们自己设计了它们。这种不信任出现于当前这种适当的(不信任的)背景,它是旧的、主观的、线性的思维和具有历史意识的人对新事物的不信任。同时,这种不信任在替代性世界中被表现出来,我们不能再用传统的范畴,如"客观真实"或"模拟"来把握它。替代性世界基于一种形式的、计算的、结构的意识,对它而言,"真实的"是具体体验的一切(aisthestai=经验)。在某种程度上,替代性世界被视作美丽的,因为它们也是我们身处其中的现实。"数字虚拟"是照亮我们周围和内心空虚之夜的光。然后,我们自己也成了聚光灯——我们无中生有,设计了虚无的替代性世界。

(1991 年)

6. 物质的表象：
质料与形式[①]

"非物质"(immateriell)一词长期以来一直被用于恶作剧（胡言乱语），还有人使用了"非物质文化"(immateriellen Kultur)这一概念。本文的目的是为所谓的"非物质性"这一被歪曲的概念正名，并试图对其进行完善。

物质(materia)这个词是罗马人试图将希腊语"hylé"翻译成拉丁语的结果。"hylé"最初的意思是"木头"，也就是"materia"这个词的意思。我们从西班牙语单词"madera"中仍然可以看到这一词语的发展。但是，当希腊哲学家使用"hylé"这个词时，他们想到的不是一般的木材，而是木匠作坊中储存的木材。他们想找到一个词来表达与术语"形式"(morphe)相反的概念。因此，"hylé"的意思是无定形的东西。与其相关的基本思想如下：表象的世界（正如我们用感官感知到的）是一个畸形的糊状物，它背后存在隐藏的、永恒的、不变的形式，我们可以通过理论的超自然凝视感知它们；表象的无定形糊状物（物质世界）是一种错

[①] 本文原标题为《物质的表象》(Der Schein des Materials)，副标题为译者根据文章内容补充。——译者注

觉,隐藏在它们背后的形式(形式世界)是通过理论被发现的现实。我们在理论的帮助下认识到无定形现象流入形式、填充它们,然后再流入无定形的过程。

如果我们将"物质"(Materie)这一词语翻译成"质料"(Stoff),我们就更进一步地接近了"hylé-morphé"(形式)或"物质-形式"的对立关系。"素材"这一词语是"填充"(stopfen)这一动词的名词形式。物质世界是塞进形式内的世界,是形式的质料。这比木头被雕刻成形状的形象要合理得多,因为它表明物质世界只有在塞进某物时才能实现。法语中的"填充的质料"一词对应的是"填充"①(farce)。这允许我断言,在这种理论的世界观下,一切都是物质的、填充有质料的,并且一切都被视为一种填充。在科学的发展过程中,这种理论观点与感性凝视(观察—理论—实验)产生了辩证的矛盾,这可以解释为理论的阴云密布。它甚至可能导致唯物主义,即认为物质(质料)是一种现实。然而,目前,在计算机科学的压力下,我们开始回到"物质"作为永恒形式的临时质料这一原始概念。

物质的哲学概念超出本文的讨论范围,但无论如何,"物质"与"精神"的对立已经发展起来了。最初的想法是固体的可液态化,液体可以汽化②,并从视野中消失。例如,呼吸(pneuma,希腊语;spiritus,拉丁语)可以被视作硬邦邦的人类肉体的气息。

在现代科学中,聚集状态(物质具有固体—液体—汽体状态,以及反向回归的状态)的变化催生了不同的世界观。在那之后,我们可以粗略地说,这种变化发生在两个世界之间。在一条地平线(绝对零度)上,一切都是固体(质料性的),而在另一条地平线(以光速)上,一切都不仅

---

① 古法语中补充、填充的意思,来自拉丁语"farcire",后用于指代大杂烩、闹剧。在法国也指将肉捣碎,放进海鲜或蔬菜之类的料理的一种。——译者注
② 物态变化有六种:熔化、凝固、汽化、液化、升华、凝华。——译者注

仅是气态(能量的)。我们应该记住,"gas"和"chaos"("气体"与"混沌")是同一个词。这里出现的"物质"与"能量"的对比让人想起招魂术。人们可以将物质转化为能量(核裂变),将能量转化为物质(核聚变),爱因斯坦的公式对此进行了阐述。然而,对于现代科学的世界观来说,一切都是能量,即随机的(偶然的)、非盖然的聚集和物质形成的可能性。在这种世界观中,"物质"类似于重叠的可能存在的能量场中的临时聚集岛(曲率)。因此,目前流行的胡说八道是对"非物质文化"的讨论,这是一种信息输入电磁场并在其中传输的文化。同时,目前的混乱不仅在于人们对"非物质"(而不是"能量")一词的误用,还在于人们对"信息化"(informieren)一词产生了误解。

如果返回原来"物质"与"形式"的对立,那么"内容"与"容器"就需要被重新审视了。当我看到某物(如桌子)时,我实际上看到的是桌子形状的木头。的确,我通过接触知道木材很硬,但也知道它会死(燃烧并分解成无定形的灰烬)。然而,桌子的形式是永恒的,因为我可以随时随地想象它(在理论观点中建构或在理论性视觉前建构)。因此,桌子的形状是真实的,桌子的内容(木材)只是表象。这显示了木匠的实际工作,即依照桌子的形状(桌子的"理念"①),将其强加在一块原本无定形的木头上。遗憾的是,木匠不仅为木材提供信息(迫使它变成桌子的形式),还使桌子的理念变形(在木材中扭曲它)。这种不幸的本质在于木匠无法制作理想②的桌子。

这一切听起来很古老,但实际上却是一个"火热"的话题。我可以举一个简单并充满希望的例子:处于人们周围的沉重物体似乎是随机翻滚的,但实际上它们遵循自由落体的公式。人们感官感知的运动(身

---

① 指事物的原型,存在于柏拉图所谓的理念(理式)的世界中。——译者注
② 指与理念具有一致性的书桌。——译者注

体的物质)是显而易见的,理论上看到的公式(身体的形式)是真实的。这个公式和形式是无空间的、永恒的、不变的。自由落体的公式是一个数学方程,方程是无空间的和永恒的(无时间的),比如即使在塞米巴拉金斯克①(Semipalatinsk)下午四点,问"1＋1＝2"是否为真也是没有意义的。但是,说这个公式"无关紧要"也是没有意义的。公式是质料遵循的规则[应该"怎么样"(Wie)],质料是形式的具体内容[是什么(Was)]。换句话说,"自由落体"的信息具有内容(物体)和形式(数学公式)。这就是它在巴洛克时代的表达方式。

但问题是,伽利略是如何提出这个想法的?他是否在表面(现象)的背后发现了它们(柏拉图式的解释)?他是否为了在物体中以抓住方向为目的而发明了它们?或者他是否在自由落体的想法出现之前在物体与理念间进行了博弈?这些问题的答案是关于科学和艺术的建筑物,即这个算法和定理中出现的水晶宫被我们称为西方文化。为了更加明确这个问题,进而说明形式思维的问题,我要对伽利略时代的另一个例子进行讨论。

这个问题与天地的关系有关。如果天空与月球、太阳、行星和恒星(看起来如此)一起围绕地球旋转,那么它会在非常复杂的周期轨道上旋转,并且其中的一些旋转必须是逆行的。如果太阳是焦点,那么地球只成为一个天体,并且以相对简单的椭圆形轨道运行。关于这个问题,巴洛克式的答案是:实际上,一方面,太阳位于中间,椭圆是一种真实的形式;另一方面,托勒密(Ptolemäer)的本轮形式是以虚拟、被发明的形式来维持表象(以拯救现象)的图像。我们现在比那时更倾向于用形式的方式思考,而我们的答案是,椭圆比本轮更为便利,所以它更受到人们的喜爱。椭圆不如圆令人感到舒适,但遗憾的是,圆不能应用于

---

① 哈萨克斯坦东北部的城市,附近曾是苏联的核试验基地。——译者注

此处。因此，问题的关键不再是什么是真实的，而是什么是舒适的。事实证明，人们不能简单地将舒适的形式用于现象（在这种情况下是圆），而只能在这些形式中使用那些最符合情况的最舒适的形式。简而言之，这些形式既不是发现也不是发明，既不是柏拉图式的理念也不是表象，而是为了现象而加工、制造出来的容器（模型）。换句话说，理论性的科学不是"真理"，也不是"表象"，而是"形式性"的（是对模型的设计）。

如果"形式"是"物质"的对立面，那么能够被称为"物质的"绘画是不存在的。形式常常提供信息，如果形式是物质的"如何"，物质是形式的"什么"，那么绘画就是赋予物质形式并使其以这种方式而不是其他方式出现的一个方法。如同所有的文化性描写所展示的，绘画表明物质除非被用于提供信息，否则不会呈现（不显眼）。同时，一旦被用于提供信息，物质就会开始呈现（变成现象）。在绘画（以及文化）中，物质无处不在，它们是形式显现的方式。

事实上，我们有两种不同的观看和思考方式，即质料性的方式和形式性的方式。巴洛克式不是物质的，而是非物质的。据此，我们可以说太阳实际上位于太阳系的中心，石头实际上依照公式下落。我们的方式是具有形式的，所以不是非物质的。因此，我们会说位于中心的太阳和自由落体公式是实际的形式。这两种观看和思考的形式催生了不同的绘画方式：质料性的方式催生了再现，如在洞穴的墙壁上描绘动物；形式性的方式催生了模型，如对美索不达米亚平原壁石上的灌溉水道的描写。第一种观看模式强调形式上的显现，第二种模式则强调表象（现象）的形式。例如，绘画史可以被视作一个过程，尽管其中有一些曲折，但形式的看比质料的看更具有优势。

形式化发展道路上的一个重要的步骤是透视法（远近法）的引入。这是绘画中第一次故意使用质料填充预制（已经完成的）形式，从而让现象以特定的形式出现。例如，在保罗·塞尚①（Paul Cézanne）的身上可以发现更进一步的方法步骤，他成功地将两三个形状同时绘制到质料中（如从不同的角度"展示"苹果）。立体主义将这一点推向了极致，因为它显示了预制的几何（重叠）形状，其中的质料仅用于彰显形式。因此，可以说这幅画在内容与容器之间，在质料与形式之间，在想象的物质性层面（质料）与形式性层面（外观）之间，朝着被错误地称为"非物质"的方向移动。

然而，这一切都只是为制作所谓的"综合性图像"而做的准备。也正因如此，这些图像将目前质料与形式之间的关系问题变得如此"激烈"。更重要的问题是，它允许算法（数学公式）在屏幕上点亮彩色（可能移动的）图像的装置。这与在美索不达米亚平原的壁石上设计灌溉水道，在立体主义绘画中设计立方体和圆锥体不同，甚至与在计算中设计可被制造的飞机也不同。

因为，在第一种情况下，这是为将来的物质设计模具的问题（运河水的模具、阿维尼翁的少女②的模具、幻影的模具）；在第二种情况下，这是柏拉图式的"纯粹的"（形式上的）问题，如分形方程在屏幕上像曼德布洛特分形（Apfelmännchen）一样亮起，是无质料的（尽管随后也可以被填充上山地、雷云或雪花等物质）。这种合成图像可以（错误地）被称为"非物质的"，不是因为它们在电磁场中发光，而是因为它们显示出无质料的空洞形式。如果这些画是用油彩绘制的，那么这些图像虽然是在质料性的油布上被描画的，但在上文言及的意义中，它们也是"非物质性的"。

---

① 保罗·塞尚是法国后印象主义画派画家，主要作品有《缢死者之屋》《摩登奥林匹亚》等，被称为"现代艺术之父"。他的作品理念对19世纪所有常规绘画的价值提出了挑战，并影响了20世纪众多的艺术家和艺术运动，尤其是立体派。——译者注
② 《阿维尼翁的少女》是毕加索的名作，是20世纪最著名和享有盛誉的绘画作品。——译者注

6. 物质的表象：质料与形式

以前，从柏拉图开始（甚至更早），重要的问题是如何利用已有的质料使形式得以呈现；现在，这一问题变成用质料填充从我们的理论视野和装置中涌出并冒泡的形式流，以便将形式"物化"。在过去，如何根据形状对表象性质料进行排序是重要的问题；现在，如何使以数字编码为中心的形式世界变得更加闪耀则成为更为重要的问题。在过去，重要的问题与如何形式化给定的世界有关；现在，重要的问题与如何将设计的形式实现为替代性世界有关。这虽然意味着"非物质性的世界"，却应该被称为"质料化的文化"。

此处，重要的问题在于"信息化"这一概念。自工业革命以来，很明显，这一概念明确意味着对质料镌刻形式的改变这一事实。压力机中的钢制工具是一种形式，可以为玻璃或塑料提供信息，从而形成瓶子或烟灰缸。过去，课题的任务在于区分真假信息，但在那些形式被发现时，这种区别变得毫无意义。换句话说，从这些形式不被视为发现（aletheiai）或虚拟（Fiktionen），而是被视为模型以来，这种差异就失去了意义。过去我们对科学和艺术的区分是有意义的，但现在它已经毫无意义了。信息批评的标准大致如下：镌刻形式在多大程度上可以被质料填满，以及这在多大程度上是可行的；信息的操作性及效果如何。

因此，问题的重点不在于图像是物质的表面还是电磁场的内容，而在于它们在多大程度上源于质料和形式的思维（思考）和视觉（观看）。因此，这些思考的题目是"关于质料的表象"。结论是，无论"物质"是什么意思，它都不能与"非物质性"相反。更准确地说，"非物质性"借助形式首先使物质得以呈现，物质的表象就是形式。然而，这是一种去物质的主张。

（1991 年）

7. 摹写-模范：
何谓再现

假设你在预定出版的图书项目①中遇到一名讲英语的同事，他对动词"再现"②(darstellen)进行了说明。有人可能会说，这个词的含义与呈现(to present)、暴露(to expose)和展示(to exhibit)的意义具有重叠的部分。很遗憾，这一说明并不能使对话的双方满意。其中一人的不满在于，"再现"这一动词并不意味着"灰色"，所以它不是含义的重叠部分，它有自己的含义。这也是书名《何谓再现？》提出的疑问。团队中说英语的同事的不满在于，如果认真地对这三个英文单词下定义，那么你会发现，它们根本没有什么重叠的部分。这是否意味着书名中出现的问题只在德语中才有意义呢？同时，编辑提出的书名的法文翻译"Que veut dire représenter?"指出了一个完全不同的问题，所以它们对应着

---

① 指 Suhrkamp 出版社的图书《何谓再现？》。
② "再现"对应英文"representation"，意思是"用某种媒介再次呈现事物的形态"。具体而言，"再现"是一种呈现，只是并非直接呈现，而是利用其他媒介(文字、图像、声音等)进行的"重新呈现"。基于此，可以说"再现便是重新呈现了某物"。在西班牙语中，"再现"和"表征"共同对应"representation"一词。就两者的差异而言，"再现"指一般意义上的呈现(再现)，"表征"经由文化研究学派的斯图亚特·霍尔(Stuart Hall)在著作《表征：文化表征与意指实践》的再阐释，特指含有文化权力冲突意义的再现(呈现)。参见赵毅衡：《"表征"还是"再现"？一个不能再"姑且"下去的重要概念区分》，《国际新闻界》2017 年第 8 期。——译者注

不同的图书吗？这本书不同的语言版本可能会对上述问题提供帮助，但团队里的人们仍然会互相谈论，因为大家都在使用自己的语言回答问题。仅此一点，这一图书项目就令人兴奋——它是跨学科的，因为每种语言都指向自己的学科。

当然，上述内容还不是全部。在试图解释"再现"之后，人们必须问自己，"再现"与"想象"（vorstellen）或"展示"（ausstellen）（在"expose"和"exhibit"的意义中）具有怎样的差异。这是书名想要表达的意思吗？但是，一旦你卷入这样的事情，你就会后悔。让我们来看看动词"建立"（stellen），它出现在三个前缀（符号）"dar-""vor-"和"aus-"之后。"stellen"允许完全不同的前缀，并且即使没有前缀自身也是具有意义的。顺便说一下，它不允许被翻译成令人满意的英语或法语。因此，你冒着让海德格尔（Heidegger）的"座架"（Gestell）之类的术语阻碍回答再现问题的风险。然而，这种风险可能是值得的，因为它需要先回答次要问题，而这可能对主要问题有用。例如，"如果我们建构某物，我们就是对什么进行再现吗？"或"我们会拿什么附着在再现之物上？"等问题都是"富有成效"的，因为它们像兔子繁殖一样，使作为原始问题的"何谓再现"在多样性中熠熠生辉。但是，基于后续文章的局限性，我在此处就不依从这种蜿蜒的路径了。因此，本文将尝试回答"为了再现，我们必须采取怎样的见解"的问题，其中有两种从根本上不同甚至相反的见解。总结而言，本文对上述问题的回答如下：基于对"再现"的见解，存在两种截然不同的含义，而且我们目前必须与两种含义一起生活。这就是我们文化现状的特征。

在对以上两种见解展开考察之前，有一点需要说明。这一考察想要暗示的事实是，作为两种见解之一的"摹写"引起了后退的再现，"模范"（Vorbild）作为另一种见解创造了设计的再现。德语"摹写"在其他语言中几乎与"再现"的意义是一致的，但德语"模范"在语言的意义领域中指"模型"(Modell)。因此,这种事先的言及是一种警告,即只有用德语思考的人,在"摹写"和"模范"中才会看到两种再现方式。此处我们已经能够认识到的事实是,所谓的"图像"这一词语已经出现在两种概念中了。基于此,一个问题就被提出来了,即"何谓再现?"的疑问在被从德语翻译成其他语言时具有不同的意义。

为了从外部观察自身周围的事态,我们具有从事态后退一步的固有能力。"固有的"这一词语的字面意思是"人类特有的"。对此,在传统中,我们据说不仅与生命世界中的所有其他生物一样(in-sistieren①),而且奇怪的是,我们还以某种方式将自己从其他生物中拉了(区别)出来(ek-sistieren)。如果我们没有这方面的具体经验,那么这种主张就具有幻想性。换句话说,后退(抽象)的运动可以被具体地体验,但很难理解。即使是最复杂的术语也会出错,事情是不可理解的(无法分析的),如果我们诚实的话,就必须承认对此感到震惊。事实上,在这种困惑中,所有的人类学和所有试图抓住人类特征的尝试都已经出现了。

如果我们将存在的能力作为具体的事实进行接收(如我们必须这样做),那么就会出现以下问题。例如,我们在存在中要退缩到哪里?传统为我们提供了不同的名称作为回应,如灵魂、反思、精神、主体、我们自己——西班牙语和葡萄牙语为此创造了一个极好的名字,即"ensimesmamento"。我们越对它进行过多的思考,就越会陷入矛盾,也就越能清楚这个问题中的"到哪里"是错误的。在各种趋同的原因中,越来越清晰的是,"存在"并不意味着站在某个外部的地方。"存在"是一种态度,不是一种观点,而且它是一种否定的态度。我们有能力从环境中后退(存在),因为我们对那些事态采取了否定性的理解。存在

---

① "in-sistieren"指动词"主张"。——译者注

是一种否定，而不是一种立场、乌托邦或术语（Topos①），所有将存在具体化的尝试都必将导致形而上学的荒谬，如"精神"或"灵魂"等形而上学的荒诞。然而，如果我们所说的存在不是指可本地化的东西，而是对可本地化的消极态度，我们就肯定无法克服自己的困惑了。但是，现在出现了一个可能更神秘的问题，即"何谓否定"。事实证明，这样的问题与"何谓再现"处于同一脉络。

一旦人们开始存在，消极的态度就会变成一种工具。当我们对旧石器时代的石刀进行现象学检查时，我们会看到否定意味着什么。刀是人类用来给动物剥皮的，所以必须被视为"人造的犬齿"（作为"仿造物"）。人类为了能够生产这样的东西，必须掌握许多先决条件。我们必须认识到，人造的工具不应该是自然界中犬齿的样子，我们必须就它应该是什么样子达成一致（意见的一致）。明确存在（So-sein）与应当存在②（Sein-sollen），即现实与价值之间区别的步骤，必须在任何生产之前进行。对此，我们可以将存在表述为一种态度。在这种态度中，人们生活的世界被价值的世界否定——"它不应该是这样的，而应该是不同的"。同时，工具将这种存在的否定转化为行动，因为它们就是为了实现价值和利用现实而被生产的。简而言之，人类于存在的瞬间便产生了制造工具的念头，并在制造过程中试图证明否定态度意味着什么——生产是实际（实践性）的否定。

然而，尽管"制作"与"再现"具有词源上的相似性，但它们并不是同义词。我们在这里提出的问题不是生产意味着什么，而是何谓再现，所以有必要对石刀这个存在的见证进行更深刻的现象学研究。如果人们在其中看到人造犬齿，其生产前提是将已存在的犬齿放在制造者面前，

---

① 指修辞学上的惯用语或普通概念（术语）。——译者注
② "存在"与"应当存在"对应着"自为"与"当为"的状态。——译者注

以便他可以仿造它。可以想象，旧石器时代的工匠（艺术家）在工作期间，面前放着一颗人或动物的獠牙，这就使犬齿成了模型（模范）。但是，在这里，更为合理的想法是，制造者在他的记忆中保留了犬齿的图像，并可以在生产过程中将与它有关的记忆召唤出来。换句话说，旧石器时代的艺术家可以"想象"一颗犬齿。如此一来，这种思考就更进一步了。

例如，在前文的论证中，"想象力"被理解为储存和可检索的感知（这里忽略了相关的神经生理和心理困难）。从这个意义上说，想法在生产中有一个缺点，即它们是短暂的和主观的。虽然想象先于制造，但这是一个不可靠的过程。如果我们把否定的态度视作对生活世界的抽离（进行后退），那么就可以说这种对生活世界的抽离是将存在变成想象的主体。从这个角度看，通过否定，人们生活的世界中就出现了断裂，即一边是作为客体的想象世界，另一边是想象的主体。但是，人们制造了工具，以便在主体与客体之间异化的深渊上架起一座桥梁。简而言之，客体是在人们生活的世界中以陌生化形式存在的人类想象。

到目前为止，这是人类物种存在的最伟大的时期（数十万年），以下对存在性态度的描述可能就足够了。生活世界的生存被否定，"应在"与"实在"是对立的，而否定的生活世界被呈现为一个对象的语境而被想象。这种想象服务于工具的生产，即工具被用于制造当为的存在。随着大约 4 万年前我们自己的人类物种（智人）的出现，这种描述突然变得不充分了。有人说，我们对道成肉身（成为人）的奥秘感到震惊。当我们想到与自己有关的物种出现时，这种困惑就会加深，就如多尔多涅①（Dordogne）的洞穴所体现的那样。洞穴的壁画展示了想象的再现

---

① 多尔多涅省是法国阿基坦大区东北部的一个省份，是法国第二大省，首府是佩里格。——译者注

过程,上面展示了黄牛、猛犸象和马的图像。如果这些图像不存在,如果我们自己不能拍摄这样的照片,所有与人类起源有关的事情将完全变成不可信的。

想法在生产中是不可靠的,因为它们是短暂的和主观的。想法是储存的感知(认知),而感知是短暂的瞬间事物。想象储存在个人的记忆中,但不能按原样传播(传达)。人们为了在生产中相信想象,必须捕捉想法并使它们具有主体间性。不过,人们为此必须从想象中退后,以便能够在外部操纵它们。此时,我们需要第二种态度,即这次不是对生活世界的态度,而是对否定生活世界的态度。这种双重否定,这种对否定之"自我"的否定,这种"走出自我"或我们试着让这个过程说话的意图,都是为了实现所有再现的前提条件。此时,"再现"意味着一种固定的主观间的想象。

我们相信想象是图像化的,即现象是具有平面性的。也许我们相信这一点只是因为想象是以图像的形式被捕捉的。但是,谈论未被记录的想象可能比谈论感知更加不可能,因为没有"私人的语言"能谈论它们。事实是,由于拉斯科的岩壁是经过色彩绘制的,所以从那时起,人们借助其他媒介在不同的基础上展开记录。我们直到最近才开始了解这种记录是如何发生的,如通过神经生理学和计算。但是,我们在这里没有必要进入这个极其复杂的过程。可以说,想象可以通过记录作为再现而被产生出来。这是其中的第一个侧面。

人们无法交流具体的经验,但可以追溯到一般性的东西,并借此来交流。为了传达具体的东西,人们必须将它们抽象出来,必须将专有名称(Eigennamen)简化为等级名称(Klassennamen),必须对它们进行"象征化"(symbolisieren)。服务于具体事物间的传播所使用的象征本身必须再次排序,并内置于符号。为了传达具体的东西,人们必须将其符号化。想象是图像化的具体经验,再现是符号化的想象。这是第二个侧面。

这里所说的再现概念是被创造的、符号化的想象的概念,这就是"摹写"一词的用途。图像是再现的想象,是一系列抽象的结果。首先,存在将自己从生活世界中拉出来,即否定存在;其次,存在通过想象将客体从否定世界中抽出来;最后,存在通过固定(Festhalten)和符号化(Kodifizieren)将自己从想象中拉出来。这一系列的抽象过程也可以表述如下,即图像是空间深度(客观)、时间流动(转瞬即逝)和不可传递的(主观)抽象出来的经验,并且只保留了其中的二维性体验。摹写是为了描写人们具体的生活世界而被从生活世界中抽出来的。这仿佛就是在景观中绘制地图。事实上,地图可以被视为预期意义上的有关再现的极好案例。

石刀的生产以存在退出生活世界为前提,便于人们展开对它的想象。然而,与此同时,生活世界必须保持在人们对现有事物触手可及的范围内。手(实践)必须能够到达想象作为客体的生活环境,以便人们能够从中生产刀具(这里)。尽管生产的存在已经脱离(异化)了人们具体的生活世界,但它可以通过实践以某种方式弥合这一点。然而,图像的产生以存在否认其自身的主体性为前提,它从自身中退出,进而从具体的生活世界后退一步。结果,具体世界现在变得遥不可及,存在于人们生活世界的范畴之外——异化的深渊比手臂更长、更宽。为了找到人们从摹写到实践的回归方式(从马的再现到狩猎),我们必须使用一些中介。再现比制造更抽象,或者说再现是一种更抽象的制造范畴,比如人们在打猎时不能像制造石刀一样直接使用马的图像。

由于人类渐渐地不再狩猎,而是开始耕作,他们便生活在对干旱或洪水的恐惧中(就像人们过去生活在对捕食者和寄生虫的恐惧中一样)。如果一个人试图预见水(眺望远方,从而展望未来),这种恐惧就会转化为担忧。在河边村庄的边缘,有一大堆厨余垃圾形成的山丘。

人们可以爬到它上面去俯瞰该地区,从而保护作物免受洪水侵袭。爬上山丘的监督者和守护者将成为祭司、国王、神,他们有点声名狼藉的超越性渐渐被神圣化。但是,人们在山顶上获得的江水上游和下游视图,即对遥远和未来的时空视图,实际上具有超越单纯表象世界的东西——一个人不仅在那里看到他想看到的,也看到他所害怕的;他不仅认识了河流,也有可能见识了干旱和洪水。从这个角度来看,人们可以尝试避免恐惧,带来期望,引导河流。这就超越了"祭司—君王—上帝"的立法,形成立法性、规范性的功能。例如,米开朗基罗(Michelangelo Buonarroti)在试图摹写创作者时,就再现了这种设计态度。但是,这不是一个向未来伸出手臂的问题,而是人们想要尽可能精确地规划未来的行动,以实现期望并避免恐惧。重要的是对刻有法律的陶土板(法律碑)的完成或促使其完成,刻有象征着灌溉水路的那些线的壁石就属于此类。它们是规范表,是未来行动的模型,表示此行为的预期结果——灌溉水路的再现。

当涉及调查的可能性时,如果这种观点的意图是实现某些可能性并避免其他可能性,那么人们就必须对此加以考虑。设计态度是一种计算态度,这是它的本质(自古以来不是只有概率论和计算机投影)。通常,人们不了解价值中的算术元素。例如,我们的宗教并没有说上帝在起草《十诫》时在计算。相反,人们谈论"永恒",即不可估量的价值。对设计态度的现象学研究则相反,它认为这是一种判断,因为其具有测量的姿态。设计态度是决定性的,它在具有可能性的领域抛出一张测量网,目的是实现人们期望中的可能性。所有的创世故事都讲述了这张网络(每个故事都有自己的方式),带有水渠设计的美索不达米亚平原的石块显示了这样的网。测量和值是相互依赖的。事实证明,一门既是测量的又是无价值的科学在术语上是矛盾的。

然而,再次回到堆满垃圾的土坡上来。在这个土坡上,君临天下的监视者和守卫者①(Big Man)是职业上的计算者。他们收集收获之物（将谷物相加）以后，要进行分配（除以总和），这种计算被称为"统治"[其中，计算（rechnen）、正确的（richtig）、权力（Recht）和统治（Regierung）具有相同的词源]。然而，以进行设计的长远目光来看，那种类型的法理（判决权）是不适合的。人们并不是与被赋予的（给定的）谷物有关，而是与可能的水滴有关。换句话说，人们并非与坚硬的东西有关，而是与柔软的东西（软件）有关。为了进行这样的计算，大人物不得不将软件专家（Software-Spezialisten）请到土坡上来。目前，我们将这个职业称为地质学家（几何学者），目的是测量土地以设计运河。在当时（文明的起源），这些第一批知识分子被视作先知，是能够预见未来降水量的人，并通晓几何学和天文学（以对降水量、收成和种子进行评估/测量、预见/设计）。在考虑理论科学和知识分子的（现实参与）承诺时，我们不应忘记这一点。

据此，设计态度的关键词得以确定——"理论性的观照"(theoretisches Schauen)。站在坡顶慢慢地望向江水上游的人并非只用眼睛观看，他也从"背后"观看，即思考可能性。有关这种"内在之眼"，从苏格拉底时期开始，人们就已经绞尽脑汁地进行根本性的思考了。因此，我们也常常会产生这种印象，即"理论"是从希腊人开始才有了接近的可能（才被理解）。同时，我们也相信理论性思考的根源同样在希腊人那里。然而，如果看看美索不达米亚平原的石碑或石刀的制作，你会不禁将理论归因于所有人类的存在。有关设计之见解的所有描写都源自理论性观照，遵循设计态度的所有再现都基于理论性写照。柏拉图是反对再现艺术的一个强有力的例子。

---

① 如监视者与守卫者。后文作者使用了"der Big Man"，根据上下文翻译为"大人物"。——译者注

7. 摹写-模范：何谓再现

根据柏拉图的说法，理论之眼看到的并非一种可能性（Möglichkeiten），正如前文所述，它看到的是真正的现实（Wirklichkeiten）。柏拉图称它为理念。当我们将自己置于旧石器时代的石刀制造者的立场上时，这种柏拉图式的现实主义观点就变得容易理解了。石刀制造者从理论上看到了犬齿应该是什么样子，以及它实际上必须是什么样子，即他在用理论之眼观照前就已经有了"理想犬齿的样子"。这种理想、模型和模范是真实的，因为它们导致石头依此被雕刻。不过，这种旧石器时代对柏拉图主义的解释并不是柏拉图论证的意思。相反，事情看起来更像下面这样。从理论上讲，我们看到的是一个理念（理想），即一个无意义的形式，如三角形。我们可以从理论上研究三角形这个概念，并确定（例如）它所有角的和是180°。然后，我们再现这个三角形，如将其置于沙子中。也就是说，我们在沙子上设计三角形的理念，赋予它内容，让它得以"呈现"（erscheinen）。如果现在检查三角形的这种呈现，我们就会发现它所有角的总和不再正好是180°。因此，我们在再现之时并非将理念变成现实，而是相反，在现象中，我们扭曲了理念（以使它表现为呈现出来的样子）。三角形真正的概念只在理论上显而易见，只有理论观点才能带来智慧，任何通过设计再现于表象世界中的理念都会导致错误的信念。因此，柏拉图在《理想国》中禁止（再现的）艺术家进入城邦（共和国），而音乐和数学（处理理念的学科）是两种被允许（进入城邦）的"艺术"。

柏拉图式的论点（以及一般的柏拉图主义）是考察再现问题的核心。从柏拉图主义转移（翻译）到其他本体论时，他的论点是不可能完全使一种价值实现的。人们在沙砾中刻画的三角形，以及石刀、灌溉系统、国家、被制作的东西，它们（所有的）都"不是理想性的"。从美索不达米亚的角度来看，所有的预言都可能是错误的。从如今的未来学者的视角来看，我们必须考虑（预料）一个错误因素；从一般的设计态度来看,在价值观的辅助下,否定的生活世界是硬邦邦的(马克思称生活世界为"预告危险",两者语境略有不同)。但是,柏拉图主义本身与柏拉图式的论点对于考察再现问题来说是同等重要的,因为柏拉图主义认为"存在"(自为)和"应在"(当为)之间的区别首先产生于此。这是一种决定,即我们因选择了价值而疏远了"存在"。价值观、理念、"柏拉图式的天空"是我们的家,而且它们是真实的。这种柏拉图主义目前决不能被接受,但我们必须证明,算法在计算机屏幕上以合成图像的形式再现物体,这种电磁场思想的设计并不需要一种柏拉图主义,它只是(在该主义的帮助下)将理念设计到电磁场之中。因此,尽管对理论和柏拉图主义进行考察的这一题外话似乎扰乱了话语的进展,它却是不可避免的。它允许产生模范的设计态度是(被视为)注定要失败的。它作为设计的存在是悲剧性的(英雄式的),其再现的所有模范都是错误的计算。

让我们再次回到堆满垃圾的土坡。当站在上面的几何学家先知观察江水上游时,他感觉性地认为什么是可能的,什么是应该的或什么是不应该的。他的感官敏锐地捕捉到江水目前的流动方式,以及理论上对未来可能发生的洪水和干旱进行了认知(观照)。他可以尝试了解这两种观点,它们都是一种再现。第一幅图像是对被认知到的存在的再现,说它是再现,因为它是从存在中被抽象出来的。第二幅图像是未来的行动模范(模型),它再现的是未来可供实现的可能性(从可能性到现实)。第一幅图像是先知从垃圾堆上的生活世界向后退的结果,第二幅图像是先知从垃圾堆的生活世界之上对它进行设计的结果。第一幅图像(摹写)指向抽象的方向,第二幅图像(模范)指向具体化的方向,所以两幅图像的意义相反。换句话说,我们必须以不同的方式解释这两种图像,并且它们的"语义矢量"相互对立。拉斯科洞窟石壁上的马的图像和美索不达米亚平原石块上的水渠的图像具有恰好相反的意义,尽管它们都必须被称为"再现"。如果作为几何学家的先知具有与摹写一致的见解,那么他们是否能够再现它呢?旧石器时代的人是否也能对石刀的设计和人造牙齿的模型进行再现呢?

上面这个问题清楚地表明,我们在这里试图对摹写和模范进行的严密区分是无法在再现中进行的,这是一个令人困惑的事实。同时,人们可以将美索不达米亚平原的刻有水渠的陶土板阐释为摹写,并对当时底格里斯河的路线有一种很好的了解。我们可以将拉斯科洞窟墙壁上的马解释为模范,并深入了解当时人们狩猎的方法。我们可以看到,石刀被视为一次对猛兽牙齿的摹写,并且在另一视角下,我们可以将石刀视为一次剥皮(猛兽皮)的模范。这一人为性的工作是令人困惑的,因为两种类型的再现之间的明显区别基本上是明确的,即后退一步的抽象见解与进行设计、具体化的见解有本质上的不同,它们是两种独立的存在形式,各有各的本质特征。

计算机-预言者用感性之眼观照江水的流动,并用理论之眼观照江水未来的可能性,之后便坐下来开始计算。那时没有数量的象征(当前意义上的数字)可供他使用,但他可以通过类似的表意文字来象征数量。因此,他计算了使用哪种方法可以在多大面积的土地上分配多少灌溉用水量,以便获得最好的收成。他可能还计算了挖掘运河需要多少奴隶,预期的收成有多少,需要多少谷仓。然后,他将这个非常复杂的计算以线条的形式呈现在石板上,以此为大人物留下简洁的印象。大人物必须在不同的设计之间进行选择,并决定其中的哪些应该作为他未来行动的参照。

对榜样生产过程的必要描述导致一些当代文化批评家对围绕着人们的图像世界进行了划分:一方面是代表感知(认知)的图像(无论感知是定位在所谓的外部世界还是内部世界),另一方面是代表思维过程的图像[所谓的思维图像(images of thinking)]。第一个分类应该被命名为"艺术",第二个分类应该以不同的方式命名(如"科学""技术"或"政治")。目前的考虑表明,我们周围的再现有不同的方式:第一,再现"如此";第二,再现"说是如此";第三,再现"说是如此"并假装"如此"。与我们相关的大部分再现属于第三种类型。

如果这些考虑没有限制,人们就必须记住这样一个事实,即模范(再现"说是如此")的再现是势在必行的,但功能类似于提案。总结而言,所谓的"再现",在两个含义的第二个含义中意味着介入价值及将其设计为具体化的可能性的模范(设计到否定的生活世界之上)。

对上述主题进行研究的两种态度(见解),即否定的后退与判断的设计,自我们人类物种出现以来就一直是人类存在的特征。我们通过对两种态度的选择而成为客观世界的主体,因为对生活世界的否定包含着这种分裂。由于态度不同,我们是替代性世界的计划者,因为价值观的设计与选择(选择的"自由")有关。尽管"存在"意味着进行否定和设计两方面的意义,但到目前为止,第一个态度,即主观性的态度被视为根本性的态度。如今,第二个态度,即投射的态度已经开始全面登场了。人们开始不再将自己理解为客体的主体,而是客体的计划者。人类首先不再将世界视为被赋予的物品,而是与之相对的,将其视为可由自己设计的物品。换句话说,人们不再使自己从属于给定之物,而是对自身进行设计。这是一场巨大的危机,"何谓再现"的问题就在其中。

拉斯科洞窟的壁画对马的描绘之所以能够产生,是因为它们的制造者从生活世界中进行抽象,然后再从自己的主观观念中进行抽象,最终再现了这些观念。这种双重抽象允许主体间性的存在,即允许主体的符号化。然而,我们根据上述内容可以知道,抽象(或原路回溯)的过程并没有结束,而是从马的图像中向后退了一步。马的图像是一个平面,是一种二维的符号化。由此,我们可以抽象出一个维度,并且图形中意味的想象能够被再现为一维的。在大约 4 000 年前人们达到的这种抽象维度中,线性文本(尤其是字母符号)被发明了。借助摹写,字母将自己代表的内容再现为线条,并从二维的平面转码为一维,实现了符号的转换。这种进一步的抽象也导致了许多深刻的变化,与二维退到一维一样,三维的立体也可以转变为二维的图像。首先,新获得的图像可能是将单个图像元素(像素)从平面上撕下并串成一行(象形文字),但重组后的符号需要与之契合的更合适的象征。按字母顺序显示的图像否定了平面图像,它们是反传统的,因为它们将平面图像中表示的想象重新符号化为概念。字母文本是再现图像想象的概念,就像平面图像是主观感知的想象的再现一样;文本是被再现的再现,是抽离了具体体验(抽象化)的图像再抽离(再抽象)的图像。

这种抽象到一维的结果是过程性、历史性、逻辑性的因果意识。自从字母表被发明以来,一个又一个的想象被抽象为线性过程,而再现的主体逐渐更加明确地在过程的、历史的与"发展的"客体世界相遇。存在将自己再现为一个历史过程,再现为意识的流动。随着印刷技术的发展和义务教育的推广,一维再现的符号化在文化上占据主导地位,人们具体体验的所有东西都通过一维符号的网格(作为"中介")被过滤了。这里并不是说平面绘画不存在了,即不是说它不再具有更接近具体的再现形式了,但一维符号将具体的事物再现为一条线,这到目前为止还是文化的特征。假如"摹写"被定义为所谓的"它就是如此"的再现,那么文本也能够被定义为再现,即对所谓"作为线的它就是如此"的再现。

然而,即使使用线性符号,我们也尚未达到可能性最高的抽象阶段。人们可以从线抽象到零维的点,并制定出每一个(计算性)符号。人们可以将线性文本重新符号化为点的聚类(算法)。事实上,这种对零维的完全抽象至少与线性符号一样古老。前文考察的美索不达米亚平原的几何学学者必须有这样一个零维符号才能将他的设计付诸实践,并且那种类型的计算性零维符号一直包含在字母符号中——人们曾对"字母-数字"(alpha-numerischen)符号进行讨论。但是,直到 16

世纪和 17 世纪,这种最抽象的再现形式都嵌入了文本的行。虽然人们早就能够通过计算从具体退到"绝对性的无"(absolute Nichts),然后再退到零,但这种能力只是在现代科学发展的过程中才成为具体体验的一种再现形式。

有人说科学的世界是定理和算法的结构,是数字的结构。科学将存在再现为数字,即点元素或多或少地密集分散。这种存在的零维图像不仅意味着客观世界,即夸克和类似粒子的散射,还意味着主观世界,即信息位和决定的散射。这种抽象的再现方式再也无法被超越了,因为人们不能再否认对零的超越。否定的存在性态度在计算再现符号中找到了充分的表达——科学性的陈述是对虚无的再现,"原来如此"(so ist es)现在意味着"什么都不是"(nichts ist)。我们也可以换一种说法,即智人这个物种已经适应了生活世界的否定。这种态度一步步地催生了工具的物质文化、再现的想象文化、文本的历史文化,最后是再现"无"的非物质的算法文化。

从彼处是从客体出发,从此处是从主体出发,通过否定的态度(观点)引发的具体生活世界的破碎导致了具有特征性的认知(知识)问题:陌生化的主体如何认识客观世界?为了被识别,对象必须以什么形态再现于存在中?这一思考已经简要刻画出柏拉图对这个问题的回答。这个问题的第二个关键答案来自笛卡尔。在笛卡尔本体论中,客观世界是一个扩展的世界,主观世界是一个思维的世界,即一个算术的世界。客观世界是点完全集中到物体上的存在,主观世界是点通过缝隙"清晰而明显的"彼此分离的存在。对于大多数现代人来说,认知意味着使思维中的事物与对象相适应。对笛卡尔而言,离散(清晰而明显)的点与具体(无缝隙且集中)的点对齐。将扩展的东西重新编码为清晰而独特的点,即转换为数字符号,这是可以实现的。它们只要有可能在数字符号中再现,认知就是可能的。这种被称为"分析几何"的知识方法产生了所有客观存在的图景,通过微积分等的改进,它成为产生科学世界观并作为一切可识别事物的再现方法。

如果追溯这里概述的抽象路径(从工具开始,从时间被抽象的事物开始,通过无深度平面和无宽度线变成零维数字),人们便可以感受到否定的存在性态度如何开始滚动并转化为设计。在笛卡尔符号化的方法中,这种变化正好可以被分析。解析几何是从几何到算术,从立体到点,从扩展的事物到思考的事物的符号转换(重新编码)。然而,反过来说,这也是从算术思维到存在的设计。例如,我们可以说自由落体的数学公式是由思想设计的,同时它发现了思想的表象。有了这样一个完全抽象的世界的再现,人们是将这种再现解读为感知到的摹写,还是作为被感知的模型,这已经无关紧要了。当我们说一个水分子可以用两个氢原子和一个氧原子再现时,我们实际上到底在说什么呢?

我们认为,从物理世界的个别再现开始,在这个计算的摹写中,其像素被称为"原子"。我们可以提取两种类型的原子,将它们视为再现要设计的物体的可能性,并称其为"水分子",最后具体化这个物体。这种有点不寻常的描述表明,我们可以将以点的象征来编码的物理世界的部分作为未来生产所需(值)的模型;我们可以在一定程度上将科学提供的用数字和与数字可比较的象征性世界地图,作为生产替代性世界的指示。通过这种方式,我们不仅可以"再现"水,还可以"再现"理想世界中尚未出现的分子,如来自原子的高度复杂的聚合物。我们认为这是具体化设计的可能性。在基于数字编码的物理世界地图上,科学可以对替代性世界进行设计并使之具体化。

目前,人们将摹写转化为模范,将主观性转变为计划性,将第一意义上的再现转化为第二种意义上的再现是没有限制的。不仅可以再现替代性世界,还可以再现理想世界内不存在的要素。人们几乎可以在能量中表示物质(等离子体),并设计替代性、质料性世界。基因工程越来越有可能成为在具有可能性的点状元素（基因）中，对替代性生命进行设计并使之具体化的工程。这同样适用于分裂世界的另一面，即以前被视为给定的主体。例如，我们可以将主观决策呈现为一系列类似于点的决策，视它们为可能性，并将它们输入机器，同时这个机器也能够进行决策（如对西方象棋游戏作出决断）。换句话说，这一机器作为替代性的"人工智能"发挥着功能。或者，我们可以将姿态作为自由意志的表现，视其为所谓的身体运动。同时，它们是一系列点状的行动要素，可以作为机器的可能性。我们将行动要素输入机器，然后这个机器开始采取姿态，并作为行动者和人工智能发挥作用。在摹写向模范转换的所有这些事例中，当在实现摹写的完全抽象之时，抽象如何转变为具体的设计则是明确的。

在这一点上，我们有必要最后一次将自己放在美索不达米亚的几何先知的态度上。他用感性的凝视观照江水之流，并以理论之眼观照其背后"隐藏"的那些可能性。同时，他为了从这些可能性中创造模范，要对理论之眼进行计算。他站立的堆满垃圾的土坡为他提供了与江水的必要距离，以获得感知上的概观。这种概观是从生活环境中的具体经验中抽象出来的，因为人们不会遇到物体（立体）——这一景色是平面的。如果土坡上的那堆垃圾变得越来越高，变成一座金字塔，一座巴别塔，最后变成一座漂浮在云层之上的象牙塔，那么景色就会越来越抽象。这样一来，它就不再与另一种观点（理论观点）相区分。一个美索不达米亚的测量员站在这么高的塔楼上，只会形成理论观点，因为他离世界太远了，而且无法从其他角度观看。自从我们符号化了点状（数字）的再现以来，就一直站在这样的高塔上。我们可以将摹写转换为模范，因为两种类型的再现都在同一符号中加密。换句话说，我们的摹写现在也是理论性的。

尽管如此，我们仍然有必要至少尝试区分摹写和模范，如对科学世界观和可能的替代性世界的设计,因为一幅图像试图再现"什么是",而另一幅图像试图再现应该"是什么"。这仍然是正确的(有效的)。如果我们被迫放弃这种区别,继而放弃科学与技术、艺术与政治、"存在论"与"义务论"之间的区别,如果"存在"意味着一种外在而不是内在的态度,我们就应该中断明确存在的东西,因为那样就既没有内在,也没有外在,只存在具有可能性的领域。

甚至我们刚刚说出的虚无主义也可以变成乐观主义。我在这里试图以刚才考虑的精神来再现人类形成的过程。大约200万年前,由于东非某处的生态灾难,我们的祖先不得不将生存的树林换成没有树木的大草原。在找到这块区域之前,人们一直抓着树枝的手开始徒劳地晃来晃去。在这种情况下,可以排除相关的不便(如直立行走、肠子下垂和腹部不受环境保护等)。在这里,手的徒劳是有趣的。由于他们再也抓不住任何有用的东西,便开始尝试抓住无用的(不可食用的、无害的、不可分割的)东西,如石头和骨头。人们以这种方式理解的事物被从生活世界的语境中撕裂出来(从那里放置在此处),它们现在一动不动地站在理解它们(被理解)的人周围,转变为抽象运动(时间)的对象,并将理解它们的人转化为它们的主体。这就是人成为人的过程,即通过否定(撕裂事物)而消除存在(Existenz)与客观世界之间的深渊。自由晃动的双手将依赖双手的类人猿变成了从空旷的平原上直立行走①的人类。

然而,以这种方式站起来的人继续受到通过他自己的双手制作的客体的影响,他仍然是主体。为了将自己从这种主体性(Subjektivität)中解放出来,他开始进行再现。"再现"这一词语具有双重意义:人们开始面向客观世界摹写,以便在其中定位自己;人们要对未来的行动建模(建立模范),以便为对立的世界设计价值观。由于这种双重再现的方

---

① Homo erectus,拉丁语,意为直立行走的人。——译者注

法，人们逐渐远离客观世界，并越来越深入抽象。因此，客观世界变得越来越无条件，但对设计而言却越来越敏感了。直到最后，人们实现了程度尽可能高的抽象，当再现的零维符号化到来之时，（从本体论角度进行探讨）剩下的便只有虚无了。在这种虚无中，存在与应在、真实与可能、摹写与模范（科学与艺术）、否定与设计之间不再有任何区别，因为那时一切都是再现，也就意味着没有什么可以再现了。换句话说，这将是人类的历史。

根据我们在这里的思考，可以说，人类已经到达这个故事的结尾了——后历史已经开始。它再现于这样的一个事实，即我们不再是给定的客观世界的主体。我们如此成功地否认了世界，以至于没有什么可以影响我们了。否定的态度已经变得多余，因为没有什么可以被否认了，我们当然再也不用去再现什么东西的本质了。在这样一种后历史的虚无中，我们被迫自由——我们必须从顺从的态度转向设计的态度。这种从主体到计划的存在性转变可以被视作第二次直立行走——继东非大草原的第一次直立行走之后的第二次人类化（人成为人）发生在我们身上，它再现于我们开始设计替代性世界的事实中。从根据草图再现的替代性分子到根据草图再现的替代性生物，从根据草图再现的人工智能到根据草图再现的未来人造人，我们已经开始了将抽象具体化的过程——我们即将走向无限制性的想象。

虚无主义就这样变成了胜利主义。我们现在不再说"没有什么可以再现真实的东西"，而要说"由于模范的再现，一切可能的东西都可以被具体化"。我们将自身上升为设计者（而存在），为了再现逐渐指向更为具体化的东西，在"虚无"（纯粹的可能性）的混沌之中展开双手。换句话说，与西克斯图斯①（Sixtus）在西斯廷大教堂再现的那种东西一样

---

① 罗马教皇的名字。——译者注

的神圣造物主已经成为后历史人类的模范了。

然而,令人遗憾的是,对"何谓再现"这个问题的讨论不能以这种胜利的呐喊结束。这个问题的答案不是"如果你明白再现意味着根据设计而具体化的可能性,那么你们是与神一样的人①(eritis sicut Deus)"。若要看到这一点,请考虑一下桌子的全息影像。这种全息图直接来自算法(没有接口和接触面)的设计。这一全息图像对物质性的桌子进行再现,但我们无法区分进行再现的桌子和被再现的桌子。我们能够在被再现的桌子上放置铅笔,但这支铅笔是无法通过再现的桌子而掉落的。然而,我们可以想象以这样一种方式计算全息图设计的基础算法,即全息图粒子(如光子)与物质性桌子的微粒子(如电子)是一样的。在这种情况下,我们将不能在本体上区分再现的桌子和被再现的桌子——无论何种情况,铅笔都将被留在桌子的表面。存在与应在、摹写与模范、科学与艺术之间的区别必须被抛弃,我们周围的世界和我们自己都必须被视为设计的具体表现,即与神一样的人类。

具体的标准是集合粒子(计算)时所达到的散射密度。当全息图(桌子)的粒子与桌子的粒子同样密集地聚集时,桌子的全息影像将变得与桌子一样具体。这适用于所有再现。照片和电影比电子图像(如电视图像)和全息图的颗粒状更明显,但它们的具体原理是相同的。桌子的摄影的再现形式应该能够达到与全息影像和桌子本身相同程度的具体性。换句话说,齐奥塞斯库②(Nikolae Ceausescu)被处决的电视图

---

① "eritis sicut Deus"是拉丁语,出自《圣经·创世记》,即"Eritis sicut Deus, scientes bonum et malum",大意为"你们(若吃了这果子)眼睛就明亮了,你们便如神,能知善恶"。其中,拉丁语"scientes"有"知识"的含义,是"科学"一词的词源。——译者注
② 尼古拉·齐奥塞斯库是罗马尼亚共产党和罗马尼亚社会主义共和国的最高领导人,罗马尼亚社会主义共和国的第一任总统。他上台初期大力发展国民经济,增强综合国力,创造了罗马尼亚经济上的"黄金时代",后因决策失误和拒绝改革造成经济崩溃,社会动荡加剧。1989年12月,国内爆发革命,齐奥塞斯库和他的妻子被枪决。——译者注

像应该能够达到与这个场景或场景本身的移动的全息图相同的具体程度。如此一来，将电视画面称为对"处决的摹写"就不再具有意义了，它将成为一种既是摹写又是模范的再现。也就是说，它不再允许真实和可能在本体论上的分离（不允许它们具有存在论的区别）。罗马尼亚发生的事情绝没有达到我在这里所指的分散密度，那里的电视图像是糟糕的计算（设计）结果。同时，现实与可能之间再也无法被区分，即所谓的"革命"是将电视图像以摹写和模范的方式制造出来的，并且它是一场再现的革命。这是后历史之人，是与神一样的人类吗？这是对"何谓再现"这一疑问的回答吗？

虚无主义和胜利主义似乎都没有必要了，无论好坏，我们必须接受这样一个事实，即我们要对生活采取计划的态度。因此，我们必须改变所有范畴，"再现"已经不再意味着"表现"，而是意味着"展示"。但是，这并不一定迫使我们放弃现实与虚拟、真实与虚假、科学与艺术之间的区别。我们可能不得不以"具体抽象"的名义重新思考这些范畴，并面对"何谓再现"这一问题。在再现时，我们做了两件相反的事情，即我们或者从具体中抽象出来，或者使抽象的东西具体化。其中，第一个动作是科学的动作，第二个动作（包含技术）是艺术的动作；第一个动作诞生了如地图一样的摹写，第二个动作诞生了艺术的设计（是人们关注的前沿）。在当代术语中，"再现"主要指人造物体和主体的设计。然而，我们不应该忘记，"艺术"与"欺瞒"是密切相关的。只有当我们成功地使科学和艺术之间的区别变得明显时，"再现"所意味之物才能变得清晰。当然，我们目前还远未达到这一点。这可能不是一个令人满意的答案，但令人满意的答案不是好的答案，因为令人满意的答案会阻碍人们的进一步质疑。

（1991年）

8. 没有背景：
赋予表象以意义①

现代的世界观是这样的：我们作为所谓的主体，站在一个叫作"世界"的舞台前。在聚光灯下，我们面对的是幽灵。由于它们面向我们，我们将它们称为客体。舞台上变得越来越暗，后台发生了什么还有待弄清楚（可能没什么好事）。在那里，在隐藏于我们面前的角落里，存在着拉着移动幻影（对象）的电线（Drähte）。幕后坐着灰色的显赫人物（die grauen Eminenzen）、黑暗的人（die Dunkelmänner）和操作员（die Operatoren）。简而言之，整个木偶剧的动因都在那里。如果我们想要夺取权力并自己指挥幽灵（操控对象），我们就需要进入后台。我们将这种攻入背景的大行动称为"发展"（Fortschritt）。

然而，这个问题并不像我在这里描述的那样原始。现代性世界观在历经新时代的过程中逐渐变得成熟，人们将原本的巴洛克世界观融入多样化的建筑。例如，舞台变成了圆形剧场，主体被客体包围，剧院变成了布莱希特式的。如此一来，主体就可以渗透到舞台上，客体可以进入礼堂（观众的空间）。使客体出现的聚光灯已经内置于主体，所以

---

① 本文原标题为《背景》（Hintergründe），此处根据内容进行了调整。——译者注

主体成为照亮舞台的人，如"认知（感知）形式"。灰色的显赫人物、黑暗的人和操作员在很大程度上被证明是一种盲目的、没有动机的"自然法则"装置。然而矛盾的是，通过这些和其他不同建筑的转变，所谓"世界"的问题只会变得更倾向于巴洛克式。人们再也看不清楚它们了，不能很好地对主体和客体、客体和背景进行区分，并且到处都是电线。在这个过程中，原始的结构"主体-客体-背景"一直被保留到现代（新时代）。

不过，这个结构已经不再适合当前了。我们被迫抛开整个现代世界观，包括其中的所有改进。我这样说的原因有两个。第一，主体与客体的区分在理论和实践上都变得很荒谬。从理论上看，因为我们至少从海森堡开始就知道，观察者和被观察的事物在观察中都是模糊的。实际上，在人工智能中谈论主体和客体有什么意义呢？第二，那些客体变得透明，事实证明它们的背后根本没有背景。所有的对象，包括所有不再与它们区分开来的主体，目前都被证明是无底之物，在它们的背后找（搜索）不到任何东西——它们都是全息影像。

当你只看到前景时，你是如何想到将世界视为神秘的呢？答案是出于不信任。幻影（现象）具有欺骗性，它们是魔鬼的欺骗。你必须撕开它们的面纱，通过观察它们身后才能找到他们。是的，但我们为什么会有这种不信任呢？诚然，因为你对这个世界没有很好的体验。例如，人们相信一根蘸水的棍子已经弯曲了，或者地球上存在正义。这两种状况都需要很好的教导，但这种对世界的失望信念不足以解释这种不信任。一定是加上了人们对上帝的信仰失望，才导致现代人身上产生对现象的这种不信任。例如，这是一种与前苏格拉底主义者不同的不信任。前苏格拉底主义者相信他们可以发现幻影背后的伟大的理念（如真相），但现代人则相信，如果他们发现现象的背后，自己就可以将所有事情做得更好。科学（发现）对古人来说是通往上帝的一条道路，但对现代人来说，它是通往权力的途径。人们不信任幻影（现象），因为他们对上帝和世界失去了信心。

不用说，除了尼采（Nietzsche）之外，几乎没有人愿意将现代进步视为对上帝和世界失望的结果。对幽灵的不信任不能被解释为相信世界的邪恶。也就是说，相信魔鬼而不是相信上帝，这是希腊人追求真理的一种有纪律的延续。据称，不信任渗透于背景，以揭示幽灵之间的隐藏联系，从而揭示本真的事实。然而，即使在这种委婉的表述中，现代人对世界态度的质疑也不能被误解。世界是罪恶的，其必须被追溯。对于纯粹的人来说，所有的东西都是纯粹的，而对于肮脏的人来说，所有的东西都是污秽的。根据这一命题，现代人将世界视为肮脏的。

显然，这个世界看起来很绅士（绅士和对象此时是同义词），但污秽的动因潜伏在背景中。对背景的发展性渗透（逐步进入后台）是一种净化行动。人们的意图是揭开秘密势力的面具，自己夺取政权。指导进步的精神在针对共济会、犹太人、资本家或布尔什维克等秘密社会力量的净化行动中，比在针对自然力量的行动中更容易被识别。换句话说，在自然科学中，那些秘密力量（如引力或电磁力）看似在道德上是中立的。事实上，重力是一种共济会，电磁学是一种布尔什维克主义，因为如果不把它们从恶转化为善的力量，为什么我们还要费心去揭露这些力量，并使它们服从自己的意志呢？指导进步的精神在社会和自然领域，在政治和科学中是相同的，因为世界从根本上而言是坏的。我们必须指出这一点，然后一切都可以被做得更好。人们具有的这种认为可以做得更好的信念被称为"人文主义"（Humanismus），它建立于人类颤抖的双腿之上。

现代世界观将自己理解为古代观念的重生，现代人认为他们的人文主义是古代人类中心主义的复兴。经过几个世纪的中世纪暗黑之夜的干扰，人们认为在现代，进入幻影（现象）背景的经典路径已经得以恢复。我在上文提供的后现代考察表明，这种对现代的自我理解在很大程度上被误导了。古人撕裂幻影，是为了从欺骗中得到真理，继而从错误中得到智慧。激励他们的精神是哲学的。现代人为了证明世界的欺骗性而深入了解现象，从而抓住事件的缰绳。激励他们的精神是技术性的。古代人类中心主义应该引导人类走向美德（arete），这种美德被理解为人类屈服于智慧具有的秘密力量。现代人文主义应该引导人类统治秘密力量。在现代，人应该占据被废黜的中世纪神的位置，实际上是反对魔鬼，因为世界被视作恶魔。现代世界观不是古代世界观的重生，而是基督教世界观的颠倒。一次地狱之旅，目的是照亮地狱，从而把它变成人类的天堂。技术是作为实现人间天堂的方法，即在地狱中实现人间天堂的方法。

世界的背景是黑暗的，如果要将潜伏在那里的邪恶变成善良，就必须对其加以澄清。这大致就是启蒙运动座右铭的表述方式。被带入黑暗背景的光是人类理性的光，邪恶在这些光线的照射下变得善良。启蒙运动是现代性的顶峰，它基于两个先决条件。第一，它预先假定眼前的背景看似简单，却隐藏了极其复杂的东西。第二，它以人类理性为前提，即简化背景复杂性的能力。如果理性澄清了世界的背景（解释世界），那么世界就是在为人类服务。启蒙运动以理性作为基础，尤其是逻辑能力和数学能力。启蒙主义是人文主义的女儿，人文主义又以善良的信念作为基础（善是所有价值观中的最高价值）。

令人非常遗憾的是，被理性的光芒击中的邪恶不会变成善，而是会导致完全不同的事情——邪恶变得毫无价值。如果一个人理性地解释谋杀，澄清其背景，那么凶手也不会成为一个有德行的人（正如启蒙运动的教学法所意味的），但导致凶手行为的潜在动机被证明是相互关联的因果链，即作为心理、经济、社会、文化及其他原因和后果的相互作用。被宣布和查明的谋杀案已经在道德指控中得到解除，上升到道德中立的背景。对于这桩谋杀案来说，胜任（具有能力）的不再是法官，而是科学家。像米达斯①（Midas）一样，理性将它接触的一切进行转化——不是变成黄金，而是变成无价值的、道德中立的东西。我们越是深入背景，就越是摒弃伦理（道德）和政治，转而支持具有极权主义主张的科学，因为此时只有科学解释才适用。因此，启蒙运动和人文主义理所当然地都被剥夺了基础，因为当启蒙运动在解释中表明"善"和"恶"，即在理性面前无法立足的空洞概念（"意识形态"概念）之时，它怎么能化恶为善呢？当所有价值被证明是意识形态偏见时，人文主义怎么能在人身上被认知为最高的价值呢？换句话说，启蒙运动澄清并宣布"启蒙运动"和"人文主义"是意识形态。

然而，现代世界观不能被如此舒适地简化为荒谬。人们不能简单地责备说，一切隐藏于背景之中的恶（如共济会、犹太人、资本家和布尔什维克）如果得到宣布和启发，都必须转化为万有引力和电磁学，转化为道德中立的东西。道德上无法容忍"理解所有东西就必须宽容所有东西"（tout comprendre c'est tout pardonner）这句话。这种世界观的基本结构（主体-客体-背景）并不一定以"主体"和"理性"为前提。人们可以怀疑主体背后的背景，也可以怀疑客体背后的背景。这样一来，世界观的结构看上去是"背景-主体-客体-背景"，理性只代表主体的前景。这种世界观的转变是启蒙运动的拯救尝试，可以反驳上述反对意见，因为启蒙运动分裂成两只不同的臂膀：一只将理性之光带入客体的背景，被称为"自然科学"（它实际上导致了价值中立；另一只将理性之光（可以说是它自己）带入主体的背景和由他形成的社会（被称为"协商的启蒙"，并导致了设定价值观的自由）。外向理性和内向理性的双臂

---

① 也称迈达斯，是希腊神话中的弗里吉亚王，贪恋财富，曾求神赐予点物成金的法术，酒神狄俄尼索斯满足了他的愿望，最后连他的爱女和食物也都因此变成了金子。他无法生活下去，于是又向神祈祷，最终一切才恢复原状。——译者注

结合，使人成为世界的剥削者（利用者）。我们称这一结合为"技术"。

然而，仔细观察，我们会发现这种转变不仅对启蒙运动是毁灭性的，而且对整个现代世界观都是毁灭性的。如果人被视作表面上合理的（善）和微妙的不合理（恶）的结合，那么这对启蒙运动和人文主义都是毁灭性的。此时，潜伏在理性背后的是不合理的野兽，而它在启蒙的影响下接管了世界。除非"你"驯服野兽，但如果这样，出现的会是自由的终结。如果背景隐藏在主体后，那么这对现代世界观来说是毁灭性的。如此一来，这些背景就必须与对象背后的其他背景形成统一体吗？换句话说，它们必须形成应该统一的背景的统一体吗？在此，我必须表明，启蒙运动的两支武器是科学的和文化批判的（kulturkritische）实际上是一体的，即协商的启蒙运动。事实上，文化批判的启蒙运动最终导致了自然科学所擅长的领域（如神经生理学、生态学或遗传学）的萎缩。不仅是对"人文学科"，文化批判启蒙运动最终贬低了一切，而且现代世界观的结构会像空中楼阁一样摇摇欲坠。它不再意味着"这边的背景——主体"和"那边的客体——背景"，而是意味着现在"具有从外部正面呈现的主体和客体的背景"。同时，这种主体不再面对客观世界，并且与客观世界微妙联系着的世界观也已经不再能被称为"现代性的"了。

在开始时，启蒙运动将理性之光带入客体的背景。当它注意到这会导致所有价值观的瓦解时，它就远离了科学，继而将理性的光芒引导到人类和社会的背景上。它的特点是，在最后阶段，它拒绝诉诸自然科学来解释人类和社会背景。它理所当然地担心，不道德和非政治的科学思维方式会感染启蒙精神，即通过揭露来实现化恶为善的意图。但是，尽管对科学精神有这种反动的抵制，它也没能减缓自然科学在文化领域的进步。因此，评价性的启蒙运动被价值毁灭的科学吞噬了。在这个过程中，基于对世界邪恶和人类善良的信念的现代世界观崩溃了。

8. 没有背景：赋予表象以意义

如果全面审视目前摆在人们面前的现代世界观，我们首先会对其奇特的术语印象深刻。这是关于光的隐喻，与"幻影"（现象）有关，即发光或被照亮的现象。同时，它也是关于"黑暗"的背景，与"解释""理性之光"和"启蒙"有关。我们并不是说在其他世界观中找不到这种隐喻。在佛教中，它与"觉悟之光"（Erleuchtung）有关；在犹太教中，它与面容闪耀的摩西（Antlitz Moses）有关；它是希腊人谈论的"现象"；它也是中世纪圣人的光韵（Heiligenscheine）。然而，现代光的隐喻却不同了——与现代人一起，光也被带入了黑暗。这是有光明的世界观（luziferisches Weltbild）。与其说是光明之子与黑暗之子间的摩尼教斗争（manichäischen Kampf），不如说是从天而降的普罗米修斯的火炬照亮了人们在世界与冥界的藏身之处。如果你认真对待这个轻松的比喻，你就会明白为什么秃鹫目前正在入侵现代（新时代）人的肝脏。

随后，人们认识到现代世界观目前的消亡是如何埋在现代世界观的种子中的。灯光隐喻将主体显示为火炬手，并将客体世界及其背景显示为不透明的屏幕，它在被火炬照亮时会发光。只要主体没有打开聚光灯，世界舞台就处于黑暗之中。如果人们追求这种光的隐喻，它就被证明是激进理想主义的隐喻。这一隐喻基本上是说，没有任何东西未被主体照亮，所以没有什么是未被感知的。这一隐喻说的就是一种光的隐喻，即存在的就是认知（感知）的（Esse est percipi）。将火炬带入黑暗是感知领域的扩展，所以也是世界的扩展。当美洲被发现时，世界变得更大了，所以发现也是发明——在发现之前，美国并不"存在"。火炬的传递始于美洲的发现和自由落体定律，它导致了原子粒子和海森堡因子的发现。继续前进的火炬找到了自己，即在所有原因中，在最遥远的地方发现了自己，并发明了自己。世界不再是非透明的，而是变得透明。然而，已经发现自己的火炬再没有什么可以去照亮了。

自启蒙运动以来，这种对自己在一切背后的戏剧性发现已经开始成为理性的光芒。即便如此,一个令人不安的问题还是出现了:光实际上来自哪里?我们如何用它来解释背景?这些问题像手套一样扭转了理智,即它的光线必须与自己对抗。因此,"理性批判"具有照亮光明的特殊任务。这既是现代唯心主义的胜利,也是现代唯心主义失败的开始。快速变化的启蒙运动被迫批判理性,而不是批评合理或不合理的东西,它面临着标准问题:理性批评自己的标准是否合理?从休谟和康德到黑格尔和马克思,再到新实证主义和存在主义,这种批判的历史表明了光的隐喻是如何慢慢结束的。

然而,将以光之比喻武装起来的现代世界观击碎并非思辨性的游戏,也不具有飞跃性的意义,而只是在字面意义上阐释光。光学是光明的世界观的凶手,它表明客体及其背景的世界并不透明。同时,光具有幽灵属性,呈现为啮合在一起的电磁场。隐藏在客体后面的不是黑暗,而是辐射(如放射性辐射);它没有隐藏,而是被物体遮盖。当然,用比喻来取笑启蒙运动是不公平的,因为它将光线保持在耀眼的事物(如原子弹爆炸引发的蘑菇云)中。然而,如果一个比喻是歪斜的,那么所有依赖它的东西都会滑向深渊。

自从科学承认光是电磁辐射以来,技术已经能够操作光。因此,光的隐喻在现代世界观中变得荒谬了。在这个比喻中,光被视为赋予主体的东西,主体用它来操作对象。如果科学改变了光的本体论位置,即它不再从主体发散到客体,而是从客体发散出去,那么光的隐喻位置也不同了。所有轻松的寓言,如"现象""解释""启蒙",尤其是"思辨"(Spekulation)和"反映"(Reflektion),都获得了与前一个寓言几乎相反的含义。它们不再指主体对客体的影响,而是指客体对主体的影响。然而,最重要的是,这种转变表明,光是主体的实际对象,它不必面对黑暗、隐藏、秘密,而是面对辐射、开放、威胁性的爆炸。

当然,这摧毁了现代性的世界观,即秘密、谜语、神秘的东西,所以

8. 没有背景：赋予表象以意义

也是犯罪——它不再存在于外部的世界，而是存在于主体。在外部世界里，没有什么可以解释谜题、进行发现，并需要进一步阐释。那个世界是以原来的状态存在，并且是光的发散。秘密就在我们的黑洞中，而且正是在此处，我们吞噬了光的这种发散。我们在外部世界里不必追踪犯罪行为，这一步骤应在内部进行。整个现代世界观被证明是从我们这里挣脱出去，继而将罪责转嫁给外部世界的。启蒙被证明是将罪恶、阴暗从我们这里转嫁到世界的运动。事实证明，这种启蒙是一种反启蒙主义，是将光线切断的行动。同时，这种启蒙是射向其目标之外的。启蒙本想曝光世界的假面，却将自己的假面脱了下来。根据尼采的话，新时代被证明是想要使神将死罪从我们那里转嫁给（历经400年的）世界的意图。

摄影可以被视作现代终结的开始，这是第一个技术上训练有素的关于光的游戏。同时，这是光线第一次被视为客体并用于制造一些东西。如果人们认为光是"非物质的"（正如目前流行的那样），那么摄影就是取代现代文化的"非物质"文化的第一个产物。但是，摄影并没有显示黑暗是如何从世界转移到我们自己身上的——暗室仍然是一个背景，而不是一种人工智能。只有有了人工智能，再使用全息图，这里的作用才能变得明显——所有的背景都会消失，取而代之的是虚无。

人工智能是对大脑功能的模拟（Simulationen）。根据我们神经生理学知识的现状，这些功能可以追溯到神经突触之间的跳跃电子。人工智能模拟这些跳跃，并将这些射线计算成量子。通过这种方式，科学家为理性是光的隐喻的正确性提供了实际的证据，因为人工智能是理性的（人工智能计算、写作、下达命令）。人工智能可以部署决定，这样做是因为它调节了辐射。但是，这个证据破坏了这一比喻。它表明，除了辐射爆发之外，理性背后什么都没有了，而这回击了在人工智能中模拟理性的人类。一些以前被视作主观的过程（尤其是决策的过程）已经从颅壳投射到世界上，并在其中发挥着作用，但我们现在必须撤回这种投射。这种退出表明，所有主观的东西都可以被简化为神经生理过程，并最终简化为量子飞跃。换句话说，所有主观的东西都可以被模拟，但主体背后却什么都没有——所有诸如"精神""灵魂""身份"或"我"的概念都是空洞的概念，它们的意识形态意图是掩盖主体的无根。人工智能是第一个技术上的证明，即证明了所有背景的缺失。人工智能表明，主体不是对世界的立场（观点），而是对世界的一种否定。同时，人工智能并非思辨性的，而是实践性的。

全息图是被捆绑在一起以模拟物质实体的辐射束。但是，我们现在难道不知道所有物质都只不过是捆绑在一起的射线吗？那么，全息影像与物质对象又有何不同呢？有人会说，在物质物体中，光线比全息图更密集，所以它们不仅欺骗了我们的眼睛，还欺骗了我们的手指。然而，事实并非如此。我们知道，即使是物质物体也是点状粒子嗡嗡作响的虚无。物质和"非物质"对象之间的区别不在于它们本身，而在于产生它们的意图。全息图的目的是显示所有物体的透明度，即显示一般的客观世界的透明性。从技术上讲，创建欺骗人类手指的全息影像是可能的，但这样的全息图不再是任何东西，而是物质对象。或者，从反面来说，物质对象是全息图，它们也会欺骗我们的手指。因此，全息图实际上表明客观世界背后是没有背景的，它是透明的，并且它一直在假装不透明。全息图还表明，这种欺骗与人们的手指和眼睛有关，也与人类感官的微妙之处有关。欺骗我们的不是世界，而是我们自己——我们在光上投下阴影，物质对象正是蒙昧主义的结果。外面的世界什么都没有，我们把它粗糙地简化成某种东西，然后我们只检查了那个东西，却没有检查我们的粗鲁。全息图不是思辨的（如唯心主义哲学），而是以实践的方式进行了展示。

人工智能实际上表明主体背后没有任何内容，全息图在客体方面

8. 没有背景：赋予表象以意义

也显示了相同的内容。它们都表明没有背景，而只存在前景，即捆绑成智能的射线和捆绑成客体的光线。如果不捆绑，这些射线就什么都不是。简而言之，这就是后现代的世界观。与现代相比，它是虚无主义的，主体和客体的幽灵像雾一样聚集在那里，不知从哪里凝结，并潜回了光明。在这种聚集中，它们相互交织，形成一团相互关系的云。尽管这种世界观可以与现代世界观相提并论，但它的好处是瓦解了对诞生于失望之中的神和世界的不信任。一种完全不同的精神在其中吹拂，这是一种能够向神秘敞开心扉的精神。歌德(Goethe)指出，"我们在现象背后只找到了虚无，而这些现象本身就是秘密"。维特根斯坦补充说，这个谜团并不存在。按照现代世界观，秘密和谜语是相同的，但秘密如同谜语一般被解开了，科学是猜测秘密的方法。当前，我们准备再次承担秘密。这意味着我们准备好了要去承担自己无法猜测、无法解读、没有意义的东西。对我们来说，神秘和谜语不再是相同的，神秘开始与荒谬走在一起了。当我们认识世界和自己时，无根（无底）是我们的秘密。后现代主义精神、"非物质"文化的精神与现代精神最明显的区别在于，我们有意识地接受了这样一个事实，即我们荒谬地处于一个荒谬的世界。这个事实没有什么可猜测的，我们只能赋予这个无意义的奥秘以意义。

现代世界观是我们面临的一个谜语，我们正在努力解开它。为了解开它，我们必须深入神秘现象的背景。这些进步是由科学取得的，其目标是掌握已解开的谜团，即这个已经不存在麻烦的世界。奇怪的是，这个目标确实已经实现了——虽然世界没有了麻烦，但它也不再有问题了。套用维特根斯坦的话，如果所有的问题都被解决了，除了不会再有问题之外，什么都不会改变（没有任何变化）了。我们不再面对一个谜团，而是在一个谜团的中间，即处于荒诞的奥秘内部。我们不再试图破译这个谜团，因为它是不可解读的，但我们试图赋予它意义，也就是将我们自己的符号投射在上面。在我们新出现的世界观中，背景是不存在的——世界变成了一个肤浅的、不加掩饰的表面。这一世界观是电影院的屏幕，我们在银幕上对意义进行设计。但是，意义的设计并非将屏幕视为投影仪，而是将它作为存在于屏幕结构中的结。基于此，这种暂时无法想象的世界观就是未来信息社会的世界观。

与文章有关的说明

《表象的礼赞或抽象游戏》（中文版译为《抽象游戏：人类文化史的再考察》）

推测写于 1983 年，首次出版于 1993 年的德文版 *Lob der Oberflächlichkeit: Für eine Phänomenologie der Medien*（以下简称德文版）。

《符号化的世界》（中文版译为《符号化的世界：价值危机的出现》）

首次发表于 *Merkur. Deutsche Zeitschrift für europäisches Denken*, Nr.359, 32. Jg, Heft 4, April 1978。

《信仰丧失》（中文版译为《信仰丧失："不信"的信仰奠基人》）

写于 1978 年，首次出版于 1993 年的德文版。

《论背叛》（中文版译为《论背叛：秘密的泄露与精英的背叛》）

首次出版于 1993 年的德文版。

《标准-危机-批评》（中文版译为《批判性思维：标准、危机与批评》）

本文是 1984 年 11 月 2—3 日第五届比勒费尔德摄影研讨会上弗卢塞尔的演讲稿。首次出版时收录于 *Gegen die Indifferenz der Fotografie. Die Bielefelder Symposien über Fotografie 1979-1985*，由此勒费尔德应用科学大学的摄影研究与发展中心于 1986 年出版。

《为了电子出版而进行的书写》（中文版译为《参与公共对话：为了电子出版而进行的书写》）

弗卢塞尔 1989 年 3 月 2 日在卡尔斯鲁厄核研究中心演讲的题为《为了电子出版而进行的书写》的手稿。实际的演讲与手稿有所不同，实际上成为卡尔斯鲁厄核研究中心应用系统分析系部门（AFAS）的实验"弗卢塞尔-超文本"（Flusser-Hypertextes）的基础。首次出版于 1993 年的德文版。

《符号转换》（中文版译为《符号转换：思维方式的重新编码》）

本文是 1988 年 8 月 25—28 日，在阿尔高（Allgäu）河畔的魏勒（Weiler）举办的第五届国际科恩豪斯（Internationalen Kornhaus）研讨会上，弗卢塞尔发表的题为《方言和成熟性》（Mundart und Mündigkeit）的演讲手稿。首次出版于 1993 年的德文版。

《色彩而非形式》（中文版译为《色彩而非形式：弥合现代科学与艺术思维的鸿沟》）

本文是 1989 年 3 月 31 日—4 月 2 日，弗卢塞尔与卡尔·加里斯纳在罗比翁（Robion）会面时的手稿。该会议是为了准备"Casa da Cor"项目。首次出版于 1993 年的德文版。

《图像的地位》（中文版译为《图像的地位：图像与装置》）

写于 1991 年，首次发表于 *Metropolis. Internationale Kunstausstellung Berlin 1991*（Stuttgart：1991，Edition Cantz）。该书由克里斯托斯·M. 约阿希姆德斯（Christos M. Joachimides）和诺曼·罗森塔尔（Norman Rosenthal）主编。

《新媒介内的图像》（中文版译为《新媒介内的图像：对三种图像的理解》）

本文是 1989 年 5 月 12 日弗卢塞尔在巴塞尔设计博物馆（Museum für Gestaltung in Basel）进行演讲时的手稿。首次出版于 1993 年的德文版。

《电影生产和电影消费》（中文版译为《技术想象的境况：电影生产与电影消费》）

写于 1979 年，首次出版于 1993 年的德文版。

《描写》（中文版译为《描写与象征：区分现实与虚拟的意义》）

推测写于 1974 年，首次出版于 1993 年的德文版。

《野性之眼》（中文版译为《对〈野性之眼〉》的解析：一种现象学视角》）

原标题为葡萄牙语"Do olho selvagem"，首次发表于 *O Estado de São Paulo*, 8. Mar. 1969。弗卢塞尔的妻子伊迪斯（Edith Flusser）于 1969 年 3 月 8 日将它翻译为德语。

《电视现象学》（中文版译为《电视：一种现象学的阐释》）

本文是 1974 年 1 月弗卢塞尔在纽约现代艺术博物馆举行的"电视

的未来"(The Future of TV)会议上的演讲手稿,它还有两个较短的版本。首次出版于 1993 年的德文版。

《QUBE 与自由的问题》(中文版译为《QUBE 与自由的问题:具有决断的行动者》)

首次发表于 *Merkur. Deutsche Zeitschrift für europäisches Denken*, Nr. 373, 33. Jg., Heft 6, Juni 1979;法文版发表于 *Communication et langages*, Paris, Nr. 47, 3. Trimester 1980;西班牙文版发表于 *Documentos Internacionales de Communication*, Barcelona, Mai 1981。

《RTL Plus 的"脱口秀"》(中文版译为《RTL Plus 的"脱口秀":文化的境况与知识分子的良心》)

这篇文章是对 1989 年 6 月 7 日播出的电视节目 *Die Woche. Menschen im Gespräch* 作出的回应。首次出版于 1993 年的德文版。

《关于电视前缀"tele-"》(中文版译为《电视与前缀"tele-":理解装置对距离的操纵》)

首次发表于 *W & M. Weiterbildung und Medien. Die Zeitschrift aus dem Adolf-Grimme-Institut*, Heft 1/1991。

《黎巴嫩与视频》(中文版译为《黎巴嫩与视频:社会共识的呈现》)

法文标题为"Le Liban et la Vidéo",推测写于 1982 年末或 1983 年初。首次出版于 1993 年的德文版,由乌尔里克·贝克尔(Ulrike Becker)和斯特凡·博尔曼(Stefan Bollmann)翻译为德语。

《明科夫的镜子》(中文版译为《明科夫的镜子:一个辩证法问题》)

推测写于 1972 年，首次出版时收录于 *National-Zeitung*，Bern，1973。

《录像视频探究》（中文版译为《录像视频探究：发现隐藏的可能性》）

法文原标题为"Art/Animation/Video"，推测写于 1975 年末或 1976 年初。首次出版于 1993 年的德文版，由乌尔里克·贝克尔和斯特凡·博尔曼翻译为德语。

《技术图像时代的政治》（中文版译为《技术图像时代的政治：后历史时代的魔术》）

1990 年 4 月 6—7 日，弗卢塞尔为布达佩斯的研讨会"The Media Are with Us!"（媒体与我们同在！）所写的手稿（原文为英文）《罗马尼亚革命中的公共空间范畴》(The Categories of Public Space in the Light of the Romanian Revolution)。

首次发表于 *Falter. Wochenzeitschrift für Kultur und Politik*，Wien，Nr. 26/1990。在 1990 年 4 月 7 日弗卢塞尔演讲结束后，由克劳斯·努希特恩（Klaus Nüchtern）翻译为德语出版，标题为"Fernsehbild und politische Sphäre im Lichte der rumänischen Revolution"，载于 *Von der Bürokratie zur Telekratie. Rumänien im Fernsehen* (Berlin: 1990, Merve Verlag)，编辑是 Keiko Sei。

《没有图像的伊斯兰》（中文版译为《没有图像的伊斯兰：一种后历史的视角》）

首次发表于 *Falter. Wochenzeitschrift für Kultur und Politik*，Wien, Nr. 8/1991。

《计算机化》（中文版译为《计算机化：知识分子的任务》）

首次发表于 *Kultur Revolution. Zeitschrift für angewandte Diskurstheorie*, Nr. 17/18, Mai 1988, Essen (Klartext Verlag)。

《分散与集合》（中文版译为《分散与集合：关于信任的问题》）

写于 1991 年，首次出版于 1993 年的德文版。

《艺术与计算机》（中文版译为《艺术与计算机：新的意识维度的转换》）

本文是 1984 年 10 月 27 日，弗卢塞尔在比利时列日（Lüttich）的演讲手稿，首次出版于 1993 年的德文版。

《想象》（中文版译为《想象：走出传统并创造一个新领域》）

写于 1989 年，首次出版于 1993 年的德文版。

《数字虚拟》（中文版译为《数字虚拟：一种形式性、数学性的思维》）

首次出版于 *Digitaler Schein. Ästhetik der elektronischen Medien*。该书由弗洛林·罗哲（Florian Rötzer）主编。1991 年，其删减版收录于在法兰克福出版的 *Leonardo spezial*（Suhrkamp）中；同年 10 月，发表于 *Arch*＋. *Zeitschrift für Architektur und Städtebau*, Nr. 111, März 1992。

《物质的表象》（中文版译为《物质的表象：质料与形式》）

首次发表于 *Bildlicht. Malerei zwischen Material und Immaterialität*（Wien 1991），由沃尔夫冈·德雷克斯勒（Wolfgang Drechsler）和彼得·韦伯尔（Peter Weibel）策划。

《摹写-模范:何谓再现》

写于 1991 年,首次出版于 1993 年的德文版。

《背景》(中文版译为《没有背景:赋予表象以意义》)

首次出版于 1993 年的德文版。

第二版编辑说明

此处呈现的第 1 卷《弗卢塞尔文集》(*Der Schriften Vilém Flusser*)，与第 2 卷《后历史：修订的历史技术》(*Nachgeschichte: Für eine korrigierte Geschichtsschreibung*，以下简称《后历史》)已于 1993 年秋季出版。这两卷书都不是由作者威廉·弗卢塞尔亲自策划出版的，因为他已于 1991 年 11 月 27 日在一次交通事故中丧生，所以这两卷书都是由编辑负责汇编的。编辑按照弗卢塞尔的意图、主题对图书进行设计，甚至以他的表达作为指导。这几乎是不需要强调的事实。编辑在作者的遗产中发现了一份未经发表的手稿，弗卢塞尔将其命名为《表象的礼赞或抽象游戏》(*Lob der Oberflächlichkeit oder Das Abstraktionsspiel*)。媒介哲学家和评论家弗卢塞尔展开了相关的研究，并衍生出他整体研究范畴的早期雏形，从而形成了第 1 卷的概念和标题。第 2 卷的标题、主题和第一部分体现为德语，目前只出版过简化版，并且《后历史》已然绝版。当然，《后历史》在文集的框架内，应作为文集的一部分出版。

弗卢塞尔的文集主要是由遗稿构成的。我们出版文集的核心关注点是 20 世纪一位伟大的哲学家及其丰富的遗产，不能使他的"遗珠蒙尘"。虽然他本人也从不甘心只将著作藏于抽屉之中，但他与 20 世纪密切相关的文章大多书写良久，却仍深藏于抽屉中。弗卢塞尔作为双

第二版编辑说明

重移民,即 18 岁时从布拉格经伦敦移民到巴西,30 年后从圣保罗回到欧洲,在普罗旺斯的一个小村庄落脚,这种经历构成了他独特的思维方式,并影响了他人生(传记)的背景,从而使他跳出这种不利的生活状况,并发现其中的特别之处。但是,这种思维方式并没有被赋予悠长的哲学气息。因此,当弗卢塞尔到达一定年龄时,用他自己的表述就是已经"委婉成熟",于是他决定书写"一个好的、美丽的、正确的,简言之,一种具有确定性的文本、一篇总结(Summa)"。在他人生走到终点之前仅仅几个月的时间里,他还在书写一篇名为《化身》(Menschwerdung,即成为人)的文章,而它最终成了一篇未完成的作品。另一份手稿《从主体到规划》(Vom Subjekt zum Projekt)虽然在作者有生之年没有出版,但已经完成了最后一章。《化身》与《从主体到规划》现已收录于弗卢塞尔文集的第 3 卷(已出版)。

正如弗卢塞尔自己所说,除了遗稿的研究内容,本书首先旨在全面地展示哲学散文家、传播学学者的主题和文体的多样性。因此,一方面,除了未发表的文本,本版还包含作者在不同地方发表的许多文章(演讲稿),收录的前提是它们与弗卢塞尔特定主题的呈现和事实相关。另一方面,本版不包含作者生前已经出版的专著内容,如《书写》(*Die Schrift*)或《姿态》(*Gesten*)等(目前已出版了平装本)。本书各部分的主题并非按照时间顺序排列,而是试图更加公正地表现弗卢塞尔作品的独特性(和书写方式等)。弗卢塞尔曾用四种语言(德语、葡萄牙语、英语和法语)写作,并通过经常将自己的文本翻译成另一种语言来重新挪用它们(有时是在用一种语言写成文章后不久,有时是在几年后)。当然,在这个过程中,他也会改变它们。因此,本书收录文章的发布时间是混乱的,汇编时虽原封不动地保留了他的主题,但变形在所难免。特此声明。

斯特凡·博尔曼

译后记

弗卢塞尔在《表象的礼赞：媒介现象学》一书中，从现象学的视角考察了媒介现象，对数字媒介的现象学展开了论述，通过展示图像媒介的表面肯定了表象，并将技术图像世界的社会图景呈现于读者眼前。

何谓表象的礼赞？"礼赞"是赞赏的书面语，在这里含有肯定与推崇之意。礼赞的对象指向"表象"，所以揭示表象的含义就尤为重要。表象、生活中的事物与自在之物是有区别的。举例而言，一个苹果，当我们不去看它时，它是自在之物；当我们看向它时，它就是生活中的事物。无论是作为自在之物，还是生活中的事物，苹果都呈现为一种物理状态。表象则不同，它是外在之物在人眼中的呈现，通过人的五感（眼耳鼻舌身）作用于人的意识，并再现为外物的意识状态。从信息的角度来看，物承载着信息，表象不是信息的物理状态，而是信息的意识状态，即表象是经过人的感觉器官加工过的信息。因此，表象区别于自在之物和生活中的事物，是人在接触外物（接受外物的信息刺激）时，外物对人的意识（知觉）的一种自我呈现。换句话说，表象具有意向性的特征。

由此，表象的形成与人、物、信息的传播媒介产生关联。举例而言，"两小儿辩日"的故事传递出的信息是太阳的远近（客观事物的位置）给人的视觉造成不同的认知；"横看成岭侧成峰"是由于观察者的立场（位置)不同,造成同一事物产生了不同的景观(呈现);"筷子在水中变弯"是光线折射后给人的视觉传递了错误的信息。

综上所述,"表象的礼赞"肯定了表象是外物在人眼中呈现的正当性,并从信息的视角肯定信息作为意识的状态,指向人的知觉的意向性特征。现象学(phenomenology)的研究对象(appearance)是人类经验世界中的各种现象。此外,现象学是研究意识显现与构成的哲学,即研究外在对象对人的意识的显现(再现)。"象"无论是柏拉图所说的"idea",还是在《周易》里,都表现为一种"样子"(事物本来的样子与事物表现出来的样子),需要人去解读。"象"呈现("显")出来的样子则指向人的意识(具有意向性)。如此看来,现象学研究超越了传统哲学研究对"真理"与"理性"的执着,进而从关系的视域下,以主体的责任与"诚"(truthfulness)去考察事物对我们的呈现。

在《表象的礼赞:媒介现象学》中,弗卢塞尔对表象加以礼赞是基于我们面对的世界只有"表面"这一认知,即在我们所处的世界图景中,在光线的照射之下,光亮的背后并不存在背景,存在的只有世界的表面,如电话、电影、电视、电脑,以及互联网、宣传画与广告产生的各种显象。随着媒介的快速更迭,呈现和再现的方式也加速迭代,问题就产生了:传播(交流)媒介的变化使信息环境日趋复杂,不同的媒介呈现会造就不同的送信者、收信者和传播过程。如今的媒介环境与传统的媒介环境差异明显。例如,在柏拉图时代,人们认为秘密并不在于现象本身。我们通过柏拉图的天空与洞穴的隐喻可知,洞穴里的现象是一种秘密,而只有走出洞穴去外部的天空中寻找真实(太阳),才能破解秘密,找到秘密背后的被遮盖之物。在当今世界,人们不再试图破解秘密,因为我们本身就处于秘密的中心。同时,人们不再解读秘密,而是试图将原有的符号(文字符号等)投射到秘密之上。弗卢塞尔为我们描绘的正是当前及未来技术图像世界,即信息社会的世界图景。

歌德说过，"现象的本身就是秘密"，意指"我们无法在现象之后找到任何东西"。换句话说，现象本身就可以通达秘密，我们无须破解现象寻找其背后的东西。数字媒介时代的秘密并不需要揭示，而是需要人们赋予其意义。除此之外，我们别无事情可做。因此，数字媒介时代的世界观与以往世界观的差异就在于人们意识能力的不同。传统时代，人们具有以文字为中心的逻辑思维能力；在数字媒介时代，人们具有弗卢塞尔所言的以技术图像为中心的数字思维能力，即"新的想象力"。

如果我们想走进弗卢塞尔认知的媒介现象学，首先需要理解他的"媒介"概念。弗卢塞尔从符号的视角理解媒介，认为媒介是一种结构，是作为象征系统的符号（象征系统）在其内部运转的结构。其次，我们需要理解弗卢塞尔对人类传播的理解。他将人类传播视为两人（及以上）通过媒介进行信息交换的技巧性行为。同时，弗卢塞尔将人类的文化史视为以媒介为中心的人类传播史。弗卢塞尔通过考察符号的不同媒介载体的发展历史，对人类文化史进行了解读，他关注的中心主题是如何理解媒介，以及理解媒介中的哪些重要内容。

综上所述，弗卢塞尔的媒介现象学研究基于媒介中人与对象的相关关系视角，重点考察人类传播中使用的媒介，以及如何理解媒介的呈现。具体而言，就是研究人们在技术图像世界中如何将原有的（文本等）符号投射到技术图像符号之上，并用新的想象力（技术想象能力）赋予技术图像符号以意义。除此之外，弗卢塞尔的现象学肯定了表象性，即肯定了我们所处的技术图像的世界有且只有表面，进而揭示了媒介的虚拟性。

如今，在新闻传播学或媒介研究中，数字媒介相关的研究蒸蒸日上。然而，关于媒介的历史、哲学背景等的研究却很不完善。借助弗卢塞尔的著作，相关的研究可以得到更多的启发。作者从维朗多尔夫的维纳斯雕像开始,到拉斯科的壁画与乌加里特的楔形文字,再到如今的计算机图像世界,从媒介史的角度对这些符号的实际意义进行现象学研究。弗卢塞尔从他独特的视角,即从传统图像(绘画等)的魔术思维到文本(文字)的逻辑思维,再到如今的技术想象思维(基于电话、电视、计算机等媒介技术),对媒介的历史进行了划分。其中,弗卢塞尔将计算机图像(技术图像)这一新生成的现象视为一种"表象性"的存在,并对此展开了深刻的分析。具体而言,对表象进行操作就是对图像进行操作,即礼赞图像、表面。这并非怀着一种要返回拉斯科的希望,他甚至都根本没有想过要达到这种目的。事实上,弗卢塞尔寄希望于现象,渴望通过对表面和表象的礼赞,使人的指尖服务于眼睛,使技术(电脑)服务于想象,使装置服务于世界和人对世界的观照。换句话说,弗卢塞尔寄希望于一种新的思维能力,即技术想象能力。

他的这种想象力是从光中生发的。在自然科学将光与电磁紧密联系起来之后,技术能够对光进行操作。早期的人们认为,主体是将光照进客体的阴暗之处,并进行"启蒙"(这是"光的比喻"),但这种认知在如今失去了意义。此时,自然科学改变了光的存在论地位——它不再是从主体发散到客体上,而是从客体上反射出来的。那些光的比喻,如"现象""说明""启蒙""思辨""省察"等,在当前有了与传统意义相反的意义——它们不再是主体施加于客体的效果,而是客体施加于主体的效果。据此,"现代性"的世界图景瓦解了,技术图像时代的新世界图景(后现代的世界图景)正在生成。

照片的发明预示着新时代的终结,而人工智能则展示了主体的背后不存在任何事物的事实。正如人工智能技术的发展使全息图像成为可能,黑暗的背景已然消散,存在的只有由客体(反射光线)形成的表面而已。弗卢塞尔将这种光的地位的变化称为"后现代的世界图景"。与现代性世界图景相比,后现代的世界图景具有虚无主义的属性(因为前者认为现象背后存在着什么,而后者认为现象背后什么也没有)。但是,弗卢塞尔认为,即便与现代性世界图景相比,后现代世界图景具有虚无主义的特性,它却也有一个长处,即这种世界图景再也无法从(失望中诞生的)神和(对世界不信任的)精神中获得支持。在后现代世界图景中,一种完全不同的精神在发挥作用,并且这种精神具有破除神秘而将人解放的一种能力。

由此可见,在本书中,弗卢塞尔一以贯之地以其批判性的笔触恪守了他作为一名数字思想家的本分。他强调作为规划者的媒介使用者,其实践和技术性想象的媒介素养应该得到开发,这也是其思想与学术的功用。基于此,我们对弗卢塞尔的称谓可以再增加一个,即一名有责任感的媒介教育家。

弗卢塞尔的思维大体上可以总结为以下四点,这是他所有著作中都明确体现出来的"问题意识"。

第一,弗卢塞尔认为存在一种新媒介技术与媒介环境的认识论转向视角。他超越了欧洲学问的基底(辩证法),通过人工智能技术对新的媒介环境进行了分析。这是弗卢塞尔的一大创新。他没有将自己的研究限于欧洲传统的解释学,而是指向媒介与技术的无人之地(这是一种学术探险)。他的这种思维具有通过转向人工性的"第二自然"(zweite Natur)而逐渐忘掉"第一自然"的特点。换句话说,他认为符号成为一种第二自然,并且我们正生活于符号化的世界,如存在着点头、交通信号、家具等的人们目之所及的现象世界并非本来的自然,而是人造的织物——我们正在忘掉这一点[1]。

第二,弗卢塞尔将人类传播视作一种人为的过程,到如今互联网时

---

[1] [巴西]威廉·弗卢塞尔:《传播学:历史、理论与哲学》,周海宁译,复旦大学出版社2022年版,第2页。

代产生作为数字化存在的人类为止,人类文化史产生的现象是人类逐渐丧失"实际"的人为过程。这是人类的一种反自然行为,是一种"抽象游戏"①。在时间和空间中形成的实体(物体)在抽象的游戏中被创造成多样化的"非实际"世界,如雕塑的世界是立体的世界(时间被抽象化),传统图像(绘画)的世界是平面的世界(深度被抽象化),文本的世界是线的世界(平面被抽象化),技术图像是以电脑媒介为中心的点的世界(线被抽象化)。如果我们反向追溯,那么可以描述为点的世界通过移动(向前一步)生成线的世界,线的世界通过移动生成平面的世界,平面的世界通过移动生成立体的世界,立体的世界通过移动生成"实际"的世界。换句话说,点+时间=线,线+时间=平面,平面+时间=立体,立体+时间="实际"。

抽象游戏是人类在想象状态中的一种技巧,是将实际上存在的"实在"状态通过想象力转换成规范上、事实上应该存在的"应在"状态②。抽象游戏说明人类成了"艺术家",能够进行一种价值创造的行为。同时,抽象游戏也是使人类成为人类的一种过程。从这个角度来说,人之为人的基础在于人可以进行人为的抽象游戏。抽象游戏宿命般的结果是,事物在不断的抽象中最终归零(一无所有)。据此,这个抽象游戏便走向了终结,因为它的最终阶段是将零维的点组合在一起的计算机化阶段(组合游戏阶段),衡量这个阶段的实际或具体的标准是那些(被计算之物的)微粒子在集合(计算机化)时所达到的分散密度。

我们能够感觉到像弗卢塞尔一样为抽象游戏提供决定性法则的古希腊哲学家们(苏格拉底之前)的智慧。"实际之物"的基本结构是一种"一切皆流"的游戏,即赫拉克利特所说的"人不能两次踏入同一条河

---

① 参见本书第1部分的第1篇文章《抽象游戏:人类文化史的再考察》。
② 关于"实在"与"应在"的论述,参见本书第4部分的第7篇文章《摹写-模范:何谓再现》。

流"。换句话说,赫拉克利特预见了历史的世界,德谟克利特则提出了一种组合的游戏,即"原子具有连接链条,并使原子偶然地结合"。换句话说,德谟克利特预见了后历史的世界。最重要的是,我们还可以说德谟克利特预见了计算机的世界,因为他预言了线能够在比特中被分解的事实。

计算机化的点的世界是大张着嘴的"无",点的世界是零维的"无"嗡嗡作响并胡乱飞舞的世界。在这个世界里,所有的东西都能成为抽象之物,并且人们再没有什么可被赋予的东西了。为了给站立在抽象世界中的人们以感官刺激,设置于无与无之间的巨大缝隙上的模型被创造出来。随之而来的结果是,将我们包围的所有东西都被人类模型化(符号化)了。换句话说,这种来自"无"的模型化是从历史世界进入点的后历史世界的典型特征。对于人类而言,要洞察至此是十分艰难的,因为这要求我们放弃所有的存在论、存在方式上的区别,特别是要强制放弃对"赋予之物"和"人为创造之物"的区别。此处需要强调的是,在做出抽象行动之前,我们需要完全远离具体体验到的原来存在的实际世界。

第三,在弗卢塞尔的思想中,存在对精英主义与法西斯极权主义的批判视角,他还提出了网状对话带来的新的可能性。弗卢塞尔提出了装置操作者,从而与麦克卢汉以不同的视角对媒介进行了考察,即并非以媒介为中心,而是将媒介与人作为统一体。换句话说,他在媒介与人的关系视角下考察"媒介-人"(复合体)对人和社会的影响。在这个考察过程中,弗卢塞尔的问题意识是基于作为装置操作者的精英如何侵入大众的无意识并"欺瞒"大众的。他进一步指出,精英主义的问题不在于专业的精英(专业的媒介组织)对大众意识的煽动和扰乱,而在于精英主义者使大众的感觉与认知变得标准化且毫无个性。马克思主义的唯物史观认为,社会存在决定社会意识,所以任何脱离时代背景的历史分析都是一种扭曲。研究者在对事实展开历史分析时,使用现代的认知框架去审视历史问题是一种视角,但辩证地结合历史情境考察事实本身则是一种必要。弗卢塞尔是法西斯极权主义的受害者,他被迫与亲人死别,独自流亡他乡。这些经历是弗卢塞尔一生追求"意义之路"的出发点,他始终通过批判性的笔触保持对精英主义与法西斯极权主义的警惕。因此,即使他提出了"远程信息社会"①这一概念,并认为由于对话性和参与性的可能,人类第一次成为真正意义上的人(信息的游戏者),所以远程信息社会是人类历史上最早的自由社会。但是,他依然警惕地认为,在远程信息社会中,装置的操作者如果为了贯彻特定的思想与利益,还是容易制造出法西斯主义的效果。换句话说,在装置的作者操作"技术符号"的过程中,由于误操作可能会对社会发生的问题作出一种歪曲的诊断,进而左右舆论。由此可见,弗卢塞尔绝非持有一种进步性的技术乐观主义,而是一直对技术现象持有辩证的视角。也就是说,弗卢塞尔展示了技术赋权的网络对话的可能性,对未来的社会持有一种乐观的预见性态度,也对媒介技术可能显现的法西斯主义倾向进行了批判性分析,呼吁社会对媒介技术的发展保持警惕。基于此,弗卢塞尔对传播的认知就不仅仅局限于"互动式的对话",它更是一种"完美功能性的计算",即对话并非目的,而是一种达成目的的手段而已。

第四,在弗卢塞尔的思想中,存在对(不是作为主体,而是作为规划者的)媒介使用者的思考和对技术想象的可能性的思考。具体而言,这种思考指向媒介使用者的技术想象能力,即媒介化社会中媒介使用者

---

① "在这种新社会中,人类针对偶然、对抗熵的倾向会第一次自由地延伸出来,人们也第一次运用基于知觉性的技术来有条不紊地生产信息(而不仅仅是生产经验性信息)。……只有当我们以负熵的倾向来定义人类时,人类才第一次成为真正的人类,即信息的游戏者。远程信息社会将是真正的'信息社会',也将是空前的、真正自由的社会。"参见[巴西]威廉·弗卢塞尔:《技术图像的宇宙》,李一君译,复旦大学出版社 2021 年版,第 66 页。

的一种媒介素养。

所谓的技术想象能力指将概念创造为图像,然后再将图像解读为象征性概念的能力①。这一能力是弗卢塞尔认为的人们生活在远程信息社会(指通过电话、电视、计算机而展开的新的人类文明)中所必备的基本能力。弗卢塞尔的设想是,在远程信息社会中,对话与话语的传播指向一种均衡的分布。远程信息社会是一种网状的社会,其中的网状对话是新的社会功能。在这种新功能的辅助下,传播革命便由此生发,即传递信息的对话式传播结构的变革生成了。这种变革的推动力不仅仅来自技术本体,也依赖媒介使用者的技术想象能力。具体而言,技术想象能力是一种双向能力,是通过图像、文字或概念创造新事物的能力,也是对已经被创造出来的技术图像进行评价、欣赏的接收、使用能力。进入以互联网媒介技术为中心的短视频时代之后,新媒体要求人们具有这种双向能力的需求尤为突出:无数媒介使用者以新创造出来的形式(如短视频技术图像)将已有的图像、文字或概念上传至SNS空间,而技术图像(移动短视频)的使用者则将自己的思想和评价反馈到网络空间。由此可见,弗卢塞尔预见的远程信息社会是一种网状对话和话语均衡的社会,但究其本质,还是以互联网媒介技术为基础的网状对话(开放式)结构对传统话语(封闭式)传播结构的一种反抗。

基于此,在弗卢塞尔预见的这种网状对话式社会中,人与人的对话并非传统的面对面对话,而是基于媒介的一种具有"远距现存"②体验的新人际交往模式。不过,这种新体验并非"新生的",电话时代甚至电报

---

① [巴西]威廉·弗卢塞尔:《传播学:历史、理论与哲学》,周海宁译,复旦大学出版社2022年版,第169页。
② 关于"tele-"前缀的阐释,参见本书第3部分的第9篇文章《电视与前缀"tele-":理解装置对距离的操纵》。

时代早就已经为它做好了"基础教育"。换句话说,在远程信息社会到来之前,人们已经开始生活在第二自然,即人工自然(另一种现实)之中了。

总结而言,技术想象能力对应两种重要对象:一是"远距现存"的体验能力;二是在"技术图像"中人类对现实的不同理解力,即虚拟现实(数字化)生存能力。

技术图像之所以重要,是因为它作为新符号出现,它能够为人类对现实迸发新的想象而助力,也是为了确保人类能够进化出这种新的想象力而被创造出来的。技术图像是简单化地处理实际现象的一种记述(书写、复制),它还可以使想象力发挥自己的功能,如互联网、智能手机中的照片、视频等。进而言之,技术图像不仅是传统意义上图像的认识论的、伦理的、美学的观点的投射,还是基于文字符号生成的概念,可以将图像的意义延伸至特定的方向。换句话说,技术图像的本质(源泉)在于文字符号的概念。基于此,弗卢塞尔也强调,一般的媒介使用者(大众)也应该熟知创造大众媒介的技术图像的符号化原理和结构。这是因为大众媒介创造出来的技术图像以大众符号为基础,能够以亲切的影像和简单的说明给大众提供舒适感。

综上,我们可以看到媒介的使用者通过自身的技术想象能力,面对媒介、装置等不再是被动的抵抗,而是进化出一种创造性的想象,并有能力将自身塑造成技术图像的制造者——创造性的想象家。在远程信息社会中,媒介的使用者通过参与对话网络的能动性,可以对多样化的图像进行概念性的转换,或者对概念进行图像式的转换,从而使技术想象能力得以实现。在这里,这种创造性的想象家与传统图像或文字文本不同,他们能够解读技术性的操作和符号化机制,并在此基础上展开想象。我们需要了解的是,这种技术想象的本质源自文字文本符号。由此,与传统上通过劳动而获得劳动价值的观念不同,技术想象能力的拥有者具有游戏者的创造力，能够通过游戏弥合生产与消费的边界，从而生成一种新的媒介使用者形象。这样一来，从人与媒介互动的视角来看，新的媒介时代造就了新生的人，新生的人使用新媒介便将造就新的社会。

本书与弗卢塞尔的另一本专著《传播学：历史、理论与哲学》构建了他完整的数字化理论，体现了弗卢塞尔作为"数字思想家"的具体内容。至此，弗卢塞尔的两部传播学理论著作《表象的礼赞：媒介现象学》与《传播学：历史、理论与哲学》的中译本将一起呈现在中国读者的面前，希望这两部作品能够引导读者理解弗卢塞尔传播哲学与数字媒介哲学的内容。翻译此书实属不易，其中若有谬误或晦涩难懂之处，敬请读者谅解，我也真诚地期待读者的批评与指正。

在译后记的结尾，我要表达我的敬意与谢意。首先，要感谢我家人对我的体贴与爱，他们为我创造了一个适于学习与写作的环境。同时，感谢我尊敬的博士导师金成在（Kim Seongjae）教授。作为我硕士、博士求学阶段的导师和我的人生导师，他在德行与学业上都是我的榜样。依据德文原版翻译《表象的礼赞：媒介现象学》和《传播学：历史、理论与哲学》的中译本时，在获得金成在教授的许可后，我参考了他翻译的韩语版。其次，我要感谢本书的另外两位译者许凌波和周轩的贡献。许凌波是我的学生，也是我译著的第一位读者，在研读与探讨的过程中，他为我提供了很多宝贵的意见，并在书稿的校读方面作出了很大的贡献。周轩毕业于德国莱比锡电信学院、克劳斯塔尔工业大学，专攻信息学专业，现执教于青岛恒星科技学院（信息工程学院）人工智能专业，他以娴熟的德语能力和深厚的学科知识为本书德语术语的翻译和修正提供了极大的帮助。再次，我要感谢本书的责任编辑、复旦大学出版社的刘畅老师。本书是我与刘老师合作出版的第二本译著，她的严谨与真诚让我受益匪浅，也让我更加明确作为一名译者的责任与担当。最后，一本译著的出版除了要有情怀和专业性,还需要特别的赞助,所以在这里我要特别感谢青岛恒星科技学院和徐爱民、韩伟、李林、王鲁漫、王莹莹等老师能够消除"壁垒"与"偏见",通力协助,让"威廉·弗卢塞尔系列"译著早日呈现在国内读者面前。

周海宁

2023 年 6 月

图书在版编目(CIP)数据

表象的礼赞:媒介现象学/(巴西)威廉·弗卢塞尔著;(德)斯特凡·博尔曼编;周海宁,许凌波,周轩译. —上海:复旦大学出版社,2023.9
ISBN 978-7-309-13193-2

Ⅰ.①表… Ⅱ.①威… ②斯… ③周… ④许… ⑤周… Ⅲ.①传播媒介-哲学-研究 Ⅳ.①G206.2

中国国家版本馆 CIP 数据核字(2023)第 138838 号

Lob der Oberflächlichkeit:Für eine Phänomenologie der Medien by Vilém Flusser/ ISBN:9783927901360
Copyright © 2013 by Vilém Flusser
Chinese Simplified language edition published by FUDAN UNIVERSITY PRESS CO., LTD. Copyright © 2023. This edition is authorized for sale throughout Mainland of China. No part of the publication may be reproduced or distributed by any means, or stored in a database or retrieval system, without the prior written permission of the publisher. 本书中文简体翻译版授权由复旦大学出版社有限公司独家出版并限在中国大陆地区销售。未经出版者书面许可,不得以任何方式复制或发行本书的任何部分。

上海市版权局著作权合同登记号　图字 09-2023-0815

表象的礼赞:媒介现象学
[巴西]威廉·弗卢塞尔　著
[德]斯特凡·博尔曼　编
周海宁　许凌波　周轩　译
责任编辑/刘　畅

复旦大学出版社有限公司出版发行
上海市国权路 579 号　邮编:200433
网址:fupnet@ fudanpress.com　http://www.fudanpress.com
门市零售:86-21-65102580　　团体订购:86-21-65104505
出版部电话:86-21-65642845
上海四维数字图文有限公司

开本 787×960　1/16　印张 21　字数 262 千
2023 年 9 月第 1 版
2023 年 9 月第 1 版第 1 次印刷

ISBN 978-7-309-13193-2/G·1753
定价:68.00 元

如有印装质量问题,请向复旦大学出版社有限公司出版部调换。
版权所有　侵权必究